_____ 님께

관심을 가지면 다름과 차별이 보이고
세월이 흐르자 하나 됨도 있었습니다.
버리기 아까운 것을 모아 한 권의 책을 엮었습니다.

저자 **조평래(조여항)** 謹拜

내 걸음으로도
저 산을 넘을 수 있다네

조여항 에세이 산책

| 작가의 말 |

'아는 것만큼 보인다'는 말이 있다. 가까운 이웃에 있어도 몰랐으나, 관심을 가지고 주위를 돌아보니 훌륭한 사람이 많이 보였다. 같은 시대 가까운 거리에 한 분야에 일가를 이룬 예능인·예술인들을 살펴보면 특별하고 독특한 무엇이 있었다. 이분들은 남다른 삶을 살아 제대로 이해하고 기록하고 알리기 위해서는 각자 소설 한 권으로 모자라지만, 간략하게 요약하여 10여 명을 포함시켰다.

우리 역사책을 읽으면서 생전에 이룬 업적에 비해 보는 시각차, 당색, 편견으로 조명을 받지 못하는 인물들이 있어, 안타깝게 생각해오다 내가 보는 시각으로 몇 사람 소개하는 글을 실었다.

책을 읽고 쓰기 위해 넘어야 할 산들이 있었다. 다른 사람의 조언을 구하기 위해 메모해 두었다가 모임에서 발표를 하기도 했다. 장자莊子, 헤겔, 아나키즘 등에 관한 책은 작가가 읽어야 할 필독서라 생각하고, 각종 소모임에서 발표한 후 소감을 정리한 정도의 글이다. 평생 전공으로 정하고 연구하는 사람들이 보면 허술하다는 생각을 할 수 있을 것 같다. 관심을 가지고 조언을 해준다면 영광으로 생각할 것이다.

집 근처에 큰 하천이 있어, 하천가로 자주 산책을 나간다. 장마철에 큰 홍수가 한 번 지나가고, 며칠 후 물이 빠진 냇가를 걸으면 출발지와 사연이 다르고, 모양이 각기 다른 깨끗한 자갈이 모습을 드러낸다. 하나하나 혹은 전체를 시인이 보면 시어詩語가 되기도 하고, 화가에게는 그림의 소재가 되고, 건축가를 거치면 건축물의 소재로 탄생하기도 한다.

주변에 쉽게 묻히거나 잊어버리기에 아까운 스토리를 가진 건축물, 지형 등이 끊임없이 흐르는 시간의 홍수와 함께 나타나고 소멸해 가는 것이 보인다. 긴 흐름 속에서 일어나는 생성, 변화, 소멸에 애착을 갖는 자체가 모두 하찮고 부질없는 일로 보일 수 있으나, 이 땅에 태어나 살면서 감각과 감정이 살아 있어 호기심과 관심이 가는 것이 많이 있었다.

관심을 가지면 다름과 차별이 보이기 시작하고, 하나 되어 아름다움이 보이고 가치가 부여되어 보석으로 보이는 게 많았다. 세월이 흘러가는 냇가에 서서, 드러나는 것과 흩어져 있는 것 중에, 버릴 것은 과감하게 버리고, 버리기 아까운 것을 모아 한 권의 책으로 엮는다.

2025. 11.

차 례

작가의 말 • 2

PART 1
한길을 걷는 예능인들

01 한 편의 시극詩劇 같기도 지난밤의 꿈 같기도 하더라 • 10
　　 함안낙화놀이 기능보유자 김현규 옹翁

02 '삶이 곧 농악' 함안 상쇠의 뜨거운 농악 사랑 • 15
　　 함안화천농악 예능보유자 배병호

03 절도·위엄 있는 무희들의 '칼군무' 열정을 잇다 • 21
　　 진주검무 예능보유자 유영희

04 운명이 이끈 춤꾼의 삶, 통영 승전무(칼춤) • 27
　　 예능보유자 엄옥자

05 천년을 이어온 춤, 진주 고유놀이로 새 천년 잇고파 • 33
　　 진주포구락무 예능보유자 박설자

06 아흔의 나이 '영원한 춤꾼'의 식지 않는 춤 사랑 • 38
　　 진주한량무 예능보유자 정행금

07 조선시대 함안 조씨 출신 화가들 • 44
　　 관아재 조영석, 임전 조정규, 소림 조석진

4

PART 2
예술을 잇는 젊은 맥박들

01	비보이계 살아 있는 전설, 전설은 계속된다 피직스PHYSICX 김효근	• 54
02	매서운 의기의 기백, 당당한 기세로 잇다 진주검무 전수자 김정수	• 59
03	니트족으로 지낸 기간, 글쓰기가 내 삶의 전환점이 됐다 Z세대의 글쓰기 박은비	• 64
04	연극과 딱 어울리는 음악 위해 오늘도 작곡 중입니다 연극음악 감독 이영섭	• 69
05	존재가치 빛내준 거창서 음악으로 거창을 빛내다 바이올리니스트 이혜명	• 74

PART 3
재평가가 필요한 역사적 인물

01	조선 세종 때 6진 개척에 활약한, 이호성 장군	• 80
02	동지들의 희생으로 살아남은, 생육신 조려	• 91
03	《주역》으로 풀어본 조려趙旅의 이름	• 107
04	정여립의 딸 삼옥三玉과 정철의 시 〈가인佳人〉	• 113
05	광해군 때 악역의 주인공, 관송 이이첨	• 128
06	간도의 주인들	• 143

PART 4
발상의 전환, 마음의 눈

01	장주莊周의 《장자》	• 154
02	《장자莊子》 인식론에서 미美	• 156
03	헤겔 철학에서 자유自由	• 164
04	아나키스트는 두려운 존재인가	• 170
05	줄기세포가 미래 사회에 끼칠 영향	• 179

PART 5

여행, 마음속의 보석

01	옛 기차역은 사라져도 추억은 그대로	• 190
02	암행어사 박문수와 함안 미산령	• 196
03	오래된 목조 건축물 하나, 함안군 구 괴산재槐山齋	• 203
04	통영 승전무와 한산도 생미역	• 212
05	함안차사 주인공 노아蘆兒의 무덤	• 217
06	진주 선학산 만죽동 시절	• 223
07	무진정無盡亭 돌아보기	• 228
08	장량이 잠든 장가계	• 244
09	중국 장강 유역	• 256
10	중국 서안으로 가다	• 271
11	나의 문학기행	• 306

PART 6
일상도 때로는 보석

01	우주여행을 떠나는 친구에게	• 314
02	한 민초의 뜨거운 삶, 정기철 선생	• 317
03	아스피린과 거머리 해프닝	• 324
04	언어의 역할과 오해	• 331
05	정인홍과 광해군의 리더십과 전략 남명학을 통한 광해군의 국가 경영	• 336
06	AI 시대, 얼마나 자유로울까?	• 341

PART
01
—

한길을
걷는
예능인들

01

한 편의 시극詩劇 같기도
지난밤의 꿈 같기도 하더라

함안낙화놀이 기능보유자 **김현규 옹翁**

완성된 낙화봉을 들어 보이는 함안낙화놀이 기능보유자 김현규 옹翁

함안군 함안면 괴항마을에서 뒷산으로 약 100m 정도 올라가면 괴산재(구 槐山齋)라는 서당이 있다. 1670년경 건립한 원래 괴산재는 조금 아래에 있었으나, 1899년 노후화된 함안동헌 건물 자재를 매입하여 조금 위쪽에 지어 문화를 전수해 왔다. 일제강점기 마을과 가까운 곳에 신학문을 가르치는 학교가 문을 열자 괴산재는 서서히 기능과 열기를 잃어가다, 결국 문을 닫고 현재는 건물만 쓸쓸하게 남아 있다. 어느 시대라도 청소년기는 지적·육체적 성장이 왕성하게 일어나는 시기라 공부만 할 수 없어 괴산재의 학동들도 청춘의 뜨거운 열정과 낭만을 표현할 놀이가 필요로 했다.

미국에서 찍어 흥행에 성공한 〈죽은 시인의 사회〉라는 영화가 동·서양과 시대를 넘어 사람들에게 잔잔한 감동을 주는 것은 학생들의 내면을 잘 묘사했기 때문일 것이다. 조선시대 괴산재 학동들이 주축이 되어 음력 사월 초파일 밤, 마을 앞 무진정 연당에서 펼치는 낙화놀이는 예술을 매개로 학동들의 단합과 주변 사람들과 소통하는 방법이기도 했다.

낙화놀이 때 하얀 광목으로 포장된 40cm 정도 되는 낙화봉 속의 까맣게 탄 숯가루가 어둠 속에서 불을 만나 점점이 빛으로 바람에 날리며 검푸른 물 위로 떨어지는 장면은, 감수성이 예민한 학동들에게 표현하기 어려운 시적 환상을 체험하는 경험이었을 것이다. 아무런 대사 없이 연출되는 시극詩劇을 보기 위해 춥지도 덥지도 않은 계절의 여왕 오월의 밤에(음력 사월 초파일) 인근 주민들도 시들어가는 시심에 불이 붙어, 저절로 터져 나오는 탄성과 함께 아낌없는 박수갈채를 보내지 않을 수 없었을 것이다.

신학문에 밀려 괴산재가 문을 닫고, 또 광복 전후 혼란기와 동족상잔의 격동기를 겪으면서 낙화놀이 문화가 잠시 단절된 적이 있었다. 한국전쟁 직후인 1950년대 중반에 마을의 청년들이 복원하자는 뜻을 모아 시작은 했으나 많은 어려움이 있었다. 가장 주요한 낙화봉 만드는 방법을 몰라 김현규 씨를 비롯한 마을의 청년들이 괴산재에서 공부를 했던 유학자 조영규(함인향교 전교 역임, 1957년 작고) 씨와 연로한 노인들을 찾아다니며 자문을 구해 복원하게 된다.

경남무형문화재 제13호 함안낙화놀이 기능보유자 김현규(2022년 현재, 89세) 씨는 1933년생으로 당시 20세를 막 넘긴 청년이었다. 1960년대부터 급속한 경제 성장에 따른 이농현상으로 마을의 청년들이 도회지로 떠났지만, 그는 고향에 남아 낙화놀이를 할 때마다 중심에서 활약했다.

김현규 씨에 따르면 전쟁 직후 마을 주변에 나무는 없고 행사를 하려면 숯의 양이 많이 들어가기 때문에 우선 많은 나무를 구해야 했다. 여러 집이 분담하여 이산 저산 뛰어다니며 나무를 마련했다고 한다. 어떤 나무라도 태우면 숯이 나오기 때문에 전쟁 직후에 큰 나무가 귀해 주로 어린나무로 숯을 만들었으며, 숯이 나오면 절구통에 넣어 가루로 만든 후 가는 체에 쳐서 최대한 미세하게 만들어야 했다. 숯이 덜된 것이나 입자가 크면, 불이 물에 떨어질 때 덩어리로 쏟아져 내려 효과를 제대로 못 내고, 미세하게 잘 만들어진 숯이라야 불에 탈 때 바람이 불면 불꽃이 바람을 타고 멋지게 휘날리며 떨어진다고 한다.

필요한 양의 좋은 숯가루가 만들어졌다고 생각되면 제단된 한지 위에 숯을 고르게 깔고 소리와 빛을 더하기 위해 소금과 화약 같은 것을 첨가한 후 가운데에 심지를 심은 후 꼬아서 만다. 한지 속의 숯이 풀리지 않게 바깥에 광목으로 한 번 더 싸서 꽈배기 과자처럼 꼬아 봉을 만드는데, 광목도 불에 잘 타게 하려면 시장에서 사 온 그대로 사용하면 안 된다. 잿물을 녹인 물에 광목을 삶는데 정확한 데이터를 가지기 위해 저울에 잿물과 광목을 달아가며 매년 비교하니 자신만의 방법이 생기더라고 했다.

숯을 취급하다 보면 자연히 옷이나 얼굴에 묻히게 되어 천한 일로 생각해 숯 만지는 일을 사람들이 마음속으로 꺼렸으나, 김현규 기능보유자는 남들이 싫어하는 일을 자신이 도맡아 한결같이 해왔다. 이런 공로가 인정되어 2008년 기능보유가 될 수 있었다.

전통을 계승 발전시키기 위해 2004년 보존회가 탄생되었고, 현재는 보존회의 김용희 씨(64세)와 이응주 씨(67세) 등이 열정으로 전통을 잇고 있으며, 개선된 낙화봉을 만들기 위해 노력하고 있다.

많은 사람들이 낙화놀이 유래에 대해 관심을 가지고 궁금해한다. 민속학자들은 불교의 연등회와 밀접한 관계가 있을 것으로 보고 있다. 낙화놀이가 오랫동안 사월 초팔일을 고집하며 행해지고 있는 것을 볼 때 타당성이 있는 주장으로 보인다.

불교가 탄생한 인도에서는 불(火)에 대해 어떤 생각을 했는지 살펴보면 조금 도움이 될 것 같다. 러시아와 이란 사이에 있는 코카서스 쪽에서 유목민 아리안족들이 인도로 흘러 들어가 척박한 환경을 극복하면서, 불렀던 베다veda(지혜) 속에 불은 더럽고 악한 것을 태워 없앤다는 생각이 녹아 있으며 신격화되어 나타난다. 베다시대 이후 힌두교 때도 불은 베다 때와 거의 같은 대접을 받았다. 미신이 판치던 힌

두고 문화 속에서 탄생한 불교는 온갖 미신을 타파한 혁명적인 사상이라 할 수 있지만, 불에 대한 경외敬畏의 마음은 그대로 유지되었다.

삼국시대 중국대륙과 남쪽의 해양을 통해 이 땅에 불교와 그 문화가 함께 들어오게 된다. 불교가 들어오기 전 선조들은 불에 대해 어떤 생각을 했는지 문헌이 없어 말하기가 조심스럽다. 불교는 삼국시대를 지나 고려 때까지 성행했고, 불교문화인 연등회는 국가 명절로 대접을 받았다. 주로 음력 2월에 하던 연등행사를 고려 의종부터 조선 초 태조까지는 정월 보름에 하다가, 태조에 의해 왕명으로 연등행사는 완전히 사라지고 농업장려책 일환으로 풍년 기원제 성격을 띤 달집태우기 놀이가 정월 보름에 대신 성행하게 된다.

조선조에 들어와 달집태우기에 밀린 연등행사는 성인의 탄생을 축하하는 정도로 사월 초파일에 유행하다 후대로 내려오면서 불교적 의례보다 놀이 색채를 더 많이 띠게 된 것 같다.

경남의 여러 시·군에서도 낙화놀이가 있었으나, 이 마을의 것이 문화재로 등록될 수 있었던 것은 오횡묵 함안군수가 1890년 4월 초파일에 남루南樓에 올라가 무진정 낙화놀이를 보고《함안총쇄록咸安叢鎖錄》에 기록한 문헌과 1963년 마을에서 낙화놀이 행사 후 동민들이 사진으로 자료를 남겨, 다른 경쟁지역을 물리치고 비교적 쉽게 문화재가 될 수 있었다.

원형이 잘 보존된 함안낙화놀이 시극 공연을 보기 위해 매년 사월 초파일 밤이 되면 관객들이 모여들고 이 순간만은 살아 있는 시인의 사회로 돌아가 모두가 시인이 되고 사진작가로 변한다.

―《우리 문화》312호, 한국문화원연합회(2022. 10.)

02
'삶이 곧 농악' 함안 상쇠의 뜨거운 농악 사랑

함안화천농악 예능보유자 **배병호**

함안 화천농악 상쇠 배병호 예능보유자

사람의 마음을 빠르게 움직이게 하는 것은 소리의 예술 음악만 한 게 없을 것이다. 운동 시합에 참가한 선수들이 막간을 이용해 음악으로 기분을 상승시키는 모습을 TV를 통해 종종 보게 되고 집회, 전쟁, 고된 농사일을 극복하는 데도 음악이 빠지지 않았다.

농업을 기반으로 하여 긴 역사를 가진 함안군에 1960~70년대까지 마을마다 조금씩 다른 농악이 있었으나 경제성장과 산업화에 따른 이농현상으로 지금은 모두 사라지고 칠북면 화천마을에 내려오던 화천농악 하나만 살아남아 전해지고 있다.

배병호 예능보유자는 1969년 경남 함안군 가야읍에서 태어났다. 성장과정에 '농악을 간접적으로 조금씩 접하면서 스펀지에 물이 스며들 듯 농악인이 된 것 같다'는 말을 한다. 초등학교 시절엔 가야읍에 거주하는 주민들도 대부분 농사를 지었고, 모내기 철이 되면 부녀들은 새벽부터 밤늦게까지 모심기를 해야 했다.

모내기를 하면서 회차(모꼬지)의 날을 잡고 계획하는 일은 고된 노동을 극복하는 하나의 방법이었다. 모내기가 끝나면 배병호 씨가 살았던 가야읍 원동마을의 부녀들은 말이산고분군 언덕배기에서 연례행사처럼 하루 신나게 마시고 춤추며 노는 회차가 당시에 유일한 오락이었다. 마을에 장구를 잘 치고 옷도 맵시 있게 잘 입는 아주머니 한 사람이 있었는데, 마을에서 연예인처럼 인기가 좋았다. 초등학생 배병호가 이분을 모시러 다니는 심부름을 여러 번 했고, 그분이 치는 장구 소리가 오랫동안 마음에 여운으로 남아 있었다.

고등학교를 마산에서 다녔는데, 일 학년 때 영·호남 친선 배구 시합이 있었다. 농악인의 딸로 함안에서 마산으로 공부하러 간 여자친구가 J여고 민속반에서 동아리 활동을 했는데, 그 여자친구가 어려서부터 익힌 꽹과리로 응원전을 펼치며 많은 관중을 이끄는 멋진 모습과 그 쇠 소리가 뇌리에 오랫동안 선명하게 남아 있었다. 고등학교를 졸업하면서 교사가 되기 위해 공주사범대학 교육학과에 진학했고, 대학 때 알게 된 친구 하나가 전주대사습놀이를 구경 갔다가 내 고향이 함안이라는 것을 알고, 함안에서 참가한 화천농악을 응원했다는 말과 함안팀이 장원한 소식을 전해 주어 화천농악에 관심을 가지게 된다.

대학을 졸업하던 해 여름에 함안종고 학생들이 화천농악 연수를 받을 때 함께 참가한 후 화천농악에 깊숙이 빠져들었다. 당시 연습할 장소가 마땅히 없어 주로 함안군 칠북면 화천마을에 있는 분성 배씨 재실과 칠북초등학교 강당을 이용했다. 화천농악을 배우면서 당시 주변 마을의 농악을 살펴보니 법수면 사정농악과 군북면 백이농악이 그때까지 명맥이 유지되고 있었으나, 얼마 가지 않아 모두 사라지고 말았다. 이후 배병호 씨는 시간만 나면 화천농악을 찾았고, 1995년 화천농악의 구심점이 되는 전수관이 건립되자 교사의 길을 접고 농악인이 되는 가시밭길에 뛰어들었다.

젊은 나이에 농악에 몰입해 연습하자 얼마 가지 않아 재능과 열정을 인정받게 되어 경남무형문화재 제13호 함안화천농악 상쇠부문 이수자를 거쳐 전수 조교가 될 수 있었다.

조교로 보존회 사무국장을 겸하면서 원로들과 화천농악을 바라보는 시각 차이로 어려움이 따랐다. 사무국장직을 내려놓고 경상대학교 민속문화학과에서 함안화천농악으로 석사학위를 받았고, 이론공부를 더 한 후 2010년 상쇠부문 예능보유자 후보가 되었으며, 2014년 40대

중반에 화천농악 예능보유자가 될 수 있었다.

화천농악의 정립은 1대 예능보유자 상쇠 박동욱(1932~2002) 선생의 공이 컸다. 1960년대 경제성장과 함께 농악대회가 여러 곳에서 개최되자 참가하게 되고, 가는 곳마다 좋은 성적을 거두게 된다. 특히 1963년 전국민속예술경연대회에서는 농악으로는 최초인 대통령상을 받았다.

이때부터 화천농악이 세상에 빠르게 알려지는 계기가 된다. 일제강점기 때는 농악에 대한 억압으로 명맥만 유지되었고, 박동욱 씨의 아버지 박정길 씨도 화천농악의 상쇠였다고 하는 것으로 보아 역사가 꽤 오래된 것으로 보인다. 박동욱 선생은 아버지에게도 배웠지만 여러 유명한 사람을 찾아다니며 더 배웠다.

배병호 예능보유자에게 다른 농악과 함안화천농악의 차이를 묻자 다음과 같이 말했다. 화천농악은 풍농안택을 기원하는 전형적인 두레농악으로 공동체 의식을 심화시키는 중심적 역할을 해 왔다. 구성은 지신밟기굿과 판굿으로 구분되고, 판굿은 열두 마당으로 되어 있다. 장단은 살풀이 장단, 덧배기 장단, 영산다드래기 장단, 호호굿 장단 등으로 이루어져 있으며 다른 농악과 차별되는 점이 많다고 말한다.

상쇠가 농악을 지휘하며 치는 꽹과리의 두께는 다른 지역의 것보다 얇고, 꽹과리를 치는 쇠채는 비교가 될 정도로 크다. 그래서 다른 지역의 꽹과리 소리를 멀리서 들으면 '탱 탱' 하는 소리로 들리지만, 화천농악의 꽹과리 소리는 저음으로 '찰찰' 흐르는 시냇물 소리처럼 맑고 고운 소리를 내기 때문에 귀로 금세 구분이 된다. 또, 다른 농악에서 들을 수 없는 삼접 엇가락이 있고, 다양한 변주 가락과 타법이 화려해 쇠가락의 박자로도 구분을 할 수 있다고 한다.

상모는 무거운 납덩이를 사용해 바람을 잘 타지 않고 꼬리가 길다. 다른 지역에서는 상모의 원이 하나로 보이지만 화천농악의 상모는 꼬리가 길어 작은 원이 하나 더 생겨 상모로도 구분이 된다. 무엇보다 화천농악은 남에게 보여주기 위한 농악이 아닌 스스로 즐기는 농악으로, 농사일로 생기는 피곤함을 음악으로 해소하는데 있다고 강조했다.

배병호 예능보유자는 30년 가까이 함안군 내 여러 초등학교·함안문화원·화천농악 전수관에서 한눈팔지 않고 상쇠로서 농악을 가르치는 지도자의 길을 걸어왔다.

농악에서 상쇠란 꽹과리로 시간 조정, 연출 등을 총지휘하는 사람을 말한다. 부쇠와 종쇠는 상쇠의 동작을 보면서 꽹과리로 상쇠를 돕는데, 이들이 잘해야 상쇠가 빛이 나고 권위가 선다고 한다.

훌륭한 상쇠는 꽹과리를 연인에게 속삭이듯 노래하듯 친다고 했다. 박동욱 선생은 생전에 신바람이 절정에 이르면 꽹과리와 징 소리가 없는 '쇠 끊음'으로 쇠를 높이 들고 춤만 덩실덩실 추었다고 말했다.

코로나19로 2년 정도 대면이 제한되자 배병호 예능보유자는 경상대학교 문화콘텐츠학과 박사과정에서 이론공부를 열심히 했고, 현재 논문 제출만 남은 상태다. 그는 2015년부터 화천농악에서 영역을 조금 넓혀 함안 아라가야문화제 사무국장으로 일하고 있다. 그를 아는 사람들은 신명 나는 화천농악의 흥과 리듬을 축제에 접목시키려 하고 있음을 안다. 공연과 체험 중심의 참여형 축제로 기획하여, 재미있고 차별화될 수 있게 치밀한 준비와 점검을 하고 있다.

배병호 예능보유자가 요즘 가장 안타까워하며 관심을 가지는 일은 농악은 계속 발전되어 가고 있는데, 농악을 탄생시킨 농촌이 피폐화되고 붕괴되어 가는 현실을 지켜보는 일이다. 전수관에서 농악만 가르치고 돌아올 게 아니라 농촌에 뛰어들 생각을 하고 있다. 직접 작목을 하면서 농악과 농요를 하고, 나아가 생태체험을 할 수 있는 화천무형문화재 민속 마을을 만드는 게 꿈이라고 말한다.

―《경남신문》(2022. 6. 23.)

03

절도·위엄 있는 무희들의 '칼군무' 열정을 잇다

진주검무 예능보유자 **유영희**

진주검무 예능보유자 유영희

한류가 전 세계를 강타하고 있다. 하루아침에 하늘에서 떨어져 갑자기 생겨난 현상은 아니다. 긴 역사와 문화 속에 잠재해 내려오던 것이 자극에 의해 표출되어 터져 나왔다고 볼 수 있다. 고대로부터 우리 민족은 음주 가무를 좋아해 전해져 내려온 여러 종류의 춤이 있었고, 그중에서 가장 사랑을 받았던 춤 중 하나가 칼을 들고 춤을 추는 검무였다. 수천km 상공을 미사일이 날아다니는 세상이 되었지만, 능수능란하게 권총을 다루는 서부영화가 아직도 인기가 있듯이 검무에 빠져 사는 사람이 있다.

(사)진주민속예술보존회 이사장으로 진주검무를 보급하고 있는 유영희 예능보유자는 1947년 경남 산청에서 태어나, 함양에서 여중을 졸업할 때까지 그곳에서 살았다. 고등학교와 대학은 서울에서 다녔으며, 대학에서는 현대무용을 전공했다. 아버지가 진주로 이사해 큰 서점을 경영하면서 여가만 나면 시조창과 기타를 치고 노래하기를 좋아했고, 어머니도 강순영 선생에게 가야금을 배운 이수자였다. 집안 분위기가 이러다 보니 진주의 비중 있는 예술인들과 자연스럽게 연결되었고, 서점 주인의 딸이 무용한다는 말을 듣고 2대 진주검무 예능보유자 성계옥 선생이 집으로 찾아와 검무를 배워 볼 것을 여러 차례 권유했으나, 대학을 갓 졸업한 20대 아가씨 유영희는 관심조차 두지 않았다.

그러다 정금순 한량무 예능보유자가 적극적으로 권유하자 한량무를 먼저 시작했다. 얼마 후 공연이 있어 주모 역을 맡으면서 여러 원로들부터 재능과 끼를 인정받았다. 쉽게 말해 이때 떴고 이때부터 열정을 가지기 시작했다.

부모님의 영향으로 어릴 때부터 음악을 좋아했고 대학에서 서양무용을 하다 보니 장단과 박자에 귀가 열려 있었다고 한다. 민속 무용은 춤만 잘 추면 된다고 생각할 수 있으나, 장단과 노래와 춤이 함께 가야 하고 무엇보다 호흡이 중요하다고 강조한다. 정금순 선생을 따라다니며 학생을 지도한 적이 있는데, 학생들에게 이 점을 강조하며 시범을 보이기 위해 장구를 치니까, 정금순 선생님이 웃으며 장구 치는 법을 좀 가르쳐 달라고 하기도 했다.

한량무를 배울 때 성계옥 선생을 자주 찾아가 검무에 대해서 많은 질문을 했다. 전승되어 오던 춤을 해석 없이 그대로만 추는 것 같아 귀찮아할 정도로 질문을 했으나, 성 선생님은 성격이 소탈하고 열정적이라 짜증 내지 않고 잘 가르쳐 주셨다. 만난 지 얼마 안 됐을 때였다. 선생님이 검무 시범을 보이며 발을 들어 올리면서 "진흙 바닥에 붙어 있는 발을 들어 올리는 기분으로 찐득하게 올려야 한다" 하며 설명을 했다. 제자 유영희의 눈으로 볼 때 선생님은 설명과 다르게 발이 바닥을 굴리듯 춤을 추어, 이를 지적하자 대가이신 성 선생님께서 웃으시며 쉽게 인정해 놀라기도 했다. 한량무 이수자 시험을 볼 자격이 되었으나 못 보고, 검무 시험을 먼저 보고 이수자가 되었다. 다른 분야도 비슷하지만 이수자가 되면 다음 단계 전수 조교가 되기 위해 전통으로 내려오는 틀에서 벗어나지 못하고 수동적이 되지만, 유영희 이수자는 좀 달랐다.

어릴 때부터 배우는 것이 중요하다고 생각해 바로 진주시내 여러 초등학교에 전화해서 무료봉사로 학생을 가르치겠다고 설득했으나 반응이 없었다. 그러다 한 곳의 교장이 최초로 승낙해 그 학교 학생을

2년을 가르친 후 유등축제 때 수상 무대에서 15명 정도 어린 학생이 4분 정도 공연을 선보이자 반향이 아주 좋아, 그 후 여러 초등학교와 여중학교에서 검무 지도를 할 수 있었다. 검무의 미래와 바른 인식을 위해 교사를 배출하는 진주교육대학 학생들에게 가르치고자 노력했다. 1년 정도 공을 들이자 송 모 교수로부터 자신도 배우고 싶다며 연락이 와서 매우 기쁜 마음으로 학생들을 가르칠 수 있었다. 끊임없이 많은 학생들을 지도했는데, 2010년 예능보유자가 될 때 큰 도움이 된 것 같다고 말했다.

유영희 예능보유자의 설명에 의하면 옛날에 남자들이 긴 칼을 가지고 추던 춤을 기녀들이 추자 선풍적으로 인기가 좋았다. 검무가 궁중으로 들어가면서 왕의 신변 안전을 위해 칼이 짧아졌고, 주어진 공간인 돗자리 안에서 주로 2명이 추었으며, 예술과 상징을 강조하면서 정형화되어 속도가 느려졌다. 현재의 빠른 춤에 익숙한 시각으로 보면 검무는 느리고 지루하게 보이지만, 옛날 시각에서는 빠른 춤으로 여겨졌다고 한다.

진주검무의 역사가 얼마나 오래되었는지 정확하게는 알 수 없지만, 문헌으로는 정약용이 1781년경 진주에 왔다가 성행하고 있는 검무를 보고, 지은 시 〈무검편 증미인舞劍篇 贈美人〉과 진주목사 정현석이 1872년 쓴 《교방가요》를 통해 볼 때 진주검무가 꽤 오래전부터 있었음을 알 수 있다.

진주의 기녀(예기)들이 오래전부터 논개의 혼을 위로하기 위해, 남강 백사장에서 검무를 추었다는 말과 진주 기녀들이 검무를 잘 추어 궁중에 불려가 상을 받아 온 사람이 많았다고, 진주지역에 구전으로 내려오고 있다.

 구한말 최순이라는 분은 진주교방에서 뽑혀 궁중에 가서 10년 정도 검무를 추다, 조선왕조가 망하자 진주로 돌아와 1918년경부터 권번에서 검무를 가르쳐 오늘까지 전승될 수 있었다. 진주검무는 교방에서 주로 4명이나 6명이 추었지만, 흔히들 8검무로 알려져 있는 것은 1967년 국가무형문화재 제12호로 지정될 때, 최순이의 제자들이 1대 예능보유자로 한 번에 8명이 지정되자, 시중에 8검무란 명칭이 입에 익은 것에서 유래되었다. 2대 예능보유자는 성계옥·정필순이었으나 이분들도 모두 작고했으며, 현재 3대 진주검무 예능보유자로 유영희·김태연 두 분이 활약하고 있다.

 진주검무와 함께 통영칼춤이 유명한데 두 검무의 차이는 통영칼춤의 검은 목이 꺾여 있으나, 진주 검은 一자 검을 사용해 검을 돌릴 때 상당한 숙련이 필요로 한다. 검무복으로 옷 위에 입는 쾌자는 통영은 아래로 내려가면서 조금 넓어지는 A자이지만, 진주는 선이 일직선으로 내려간다.

 진주검무복으로 입는 치마·저고리는 궁중 여인들의 평상복이며, 전대와 전복은 조선시대 무인들의 전통복장이다. 유영희 예능보유자에게 싸이나 비티에스 춤을 보는지 묻자, 자주 본다고 하며 이들의 춤에서 힌트와 영감을 얻기도 한다고 했다. 열린 마음으로 변화와 도전을 두려워하기보다 즐기는 편인 것 같다.

 2010년 진주에서 개최된 제91회 전국체전 폐막식 때 타악기에 맞추어 50여 명이 6분 정도 진주검무로 매스 게임을 펼치기도 했고, 2016년 KBS 가요무대 진주특집 때 트로트 음악에 맞추어 오프닝 쇼로 진주검무를 선보이자 원형에서 벗어났다는 신랄한 비난을 받기도 했다.

원형은 지켜져야 하겠지만 시대와 사람이 바뀌면 변화하지 않을 수 없다고 강조한다. 발레를 동작으로 표현하듯 검무도 동작으로 표현하는 것이 있는지 묻자 다음과 같이 말했다. 처음엔 맨손으로 춤을 추다 검을 들 때는 신중함과 위엄이 묻어 있어야 하고, 3진 3퇴는 서로가 실력을 탐색하는 과정이며, 활쏘기(깍지때기)는 '나 활도 잘 쏠 수 있다'고 뽐내면서 '너도 활을 쏠 수 있니?'라고 묻는 동작이라 한다. 연풍대는 함께 친할 수 있음을 표현하고, 한번 친해 보자는 동작이라고 설명했다. 검무에서 보이지 않게 중요한 역할을 하는 것은 장구와 북이고, 장단과 박자를 알아야 검무를 잘 출 수 있다고 거듭 강조했다.

—《경남신문》(2022. 7. 29.)

04

운명이 이끈 춤꾼의 삶, 통영 승전무(칼춤)

예능보유자 **엄옥자**

1960년대 후반, 정순남 선생에게 칼춤을 배우던 시기

한 분야에 업적을 남긴 예술인은 우선 재능을 타고나야 하지만, 주변에 성장할 수 있는 자양분과 운명적인 만남이 없다면 지속적인 성장을 거쳐 결실을 거두기 어렵기에 엄옥자 예능보유자를 만나 이를 중심으로 듣고자 했다.

국가무형문화재 제21호 승전무(칼춤) 엄옥자 예능보유자는 교육계에서 40여 년을 근무하면서 춤에 대한 논문 30여 편, 60여 회의 학술발표, 150여 회가 넘는 공연, 세계 30여 개국을 오가며 세계민속무용페스티벌에 참가하기도 했으며, 틈틈이 책을 집필하여 4권의 저서를 발표한 한국무용 분야에서 우리 시대의 명인이라 할 수 있다.

그가 성장한 통영이 예향이 될 수 있었던 배경은 임진왜란 때 통영 주변이 격전지로 변하고 군사 전략상 요충지가 되면서, 삼도수군통제영이 1604년경 이곳으로 옮겨오자 군사도시로 성장하면서 세상에 널리 알려지게 되고, 많은 인구가 유입되었다. 통제영 소속으로 예술의 혼이 깃든 공예품을 만들던 12 공방과 기녀(예기)와 악사를 양성하던 교방청과 취고수청吹鼓手廳이 있어 통영은 수백 년 동안 예맥이 이어졌고 많은 예술인을 탄생시킬 수 있었다.

엄옥자 예능보유자는 1943년 경남 충무시 향남동에서 출생했으며 아버지가 한의사를 하여 어린 시절 부유한 가정에서 성장했다. 아버지가 춤, 시조창, 가무를 즐겼고, 장구와 북을 잘 쳤으며 소금도 잘 불었다. 또, 운동을 좋아해 경남 대표로 전국 국궁대회에도 나가 입상을 할 정도로 풍류객이었다. 아버지가 손님 접대를 위해 요정 출입을 자주 하였고, 어린 엄옥자는 어머니 심부름으로 약방에 근무하던 아저씨와 함께 아버지를 모시러 다니면서, 자연스럽게 어깨너머로 기방 구경을 하면서 기녀들의 춤과 노래를 보고 들으며 자랐다.

어머니도 춤을 좋아해 명인으로부터 춤을 배웠는데, 어릴 때 어머니 손을 잡고 따라다니며 춤을 배울 수 있었다. 유치원부터 고등학교까지도 늘 춤과 함께했고, 고등학교 때 성적이 좋아 아버지의 권유에 못 이겨 서울에 있는 모 여자대학 약학대학에 지원하여 합격통지서를 받았으나, 아버지께는 떨어졌다고 거짓말을 하고 경희대 체육과에서 한국무용을 전공했다.

대학 졸업을 앞둔 1965년 경남여고에 교생으로 가니 통영(충무) 출신 유치환 시인이 교장으로 있었다. 교생을 하면서 마음속으로 경남여고에서 교사를 하고 싶었다. 그런데, 어느 날 유치환 교장으로부터 면담이 있어 갔더니 전혀 예측하지 못한 뜻밖의 이야기를 했다. 고향에서 너를 기다리는 사람이 있으니 교생이 끝나면 빨리 통영으로 가서 모교인 통영여고 이민기 교감을 만나라고 했다. 이민기 교감은 시인으로 청마 유치환과 잘 통하는 사이였다. 그를 만나자 사라질 위기에 있는 승전무에 대한 이야기를 했고, 이민기 교감의 설득으로 1965년 모교의 무용 교사가 되었다.

그 후 통영문화에 관심이 많았던 김희룡 교장, 이민기 교감, 당시 통영에서 최고의 한량으로 통하던 김태현, 엄옥자 등이 서호동 마돈나 다방에서 모임을 가지고 승전무 발굴에 뜻을 모았다.

이민기 교감이 곧 통영 한산대첩제전이 열릴 것이니, 군점행렬 속 8선녀가 등장하는데, 8선녀가 추는 춤을 잘 보라고 했다. 이즈음 김태현의 동거인이며 마지막 승전무 춤꾼인 정순남에 대한 이야기를 듣게 된다. 정순남은 13세에 권번에 들어가 김해근으로부터 3년간 입춤, 검무, 북춤을 배웠다. 소질이 뛰어나 16세부터 이충무공 관련 각종 향연에 불려 다니며 35세까지 춤을 추었으나, 그 후 1945년 광복과 1950년 한국전쟁 등 혼돈사회가 계속되자 춤출 기회를 잃었고, 지금은 평범한 부인으로 있으며 나이는 60세 정도라고 했다.

정순남을 만나자 자신이 과거에 기녀였던 것이 드러날까 망설이며 좀처럼 마음을 열지 않았다. 김태현이 세상이 바뀐 것과 춤의 중요성을 여러 차례 강조하며, "앞으로 좋은 시절이 올 것 같으니, 이제 춤을 추어도 되지 않겠느냐?"며 격려하자 그가 마음을 조금씩 열었다. 이리하여 정순남(1906~1983)을 스승으로 모시고 입춤, 칼춤, 북춤을 사사하며 승전무 발굴에 본격적으로 뛰어들었다.

처음에 배울 장소가 없어 서울대 약대를 나와 서호동에서 약국을 하던 숙부 댁 거실, 통영여고 교실과 운동장, 세병관 등으로 옮겨 다니며 배워야 했다. 운동장에 회오리바람이라도 불면 먼지를 다 뒤집어쓰고 입으로 모래가 들어와 씹히기까지 했다.

임진왜란 때 이순신 장군이 승전무로 장졸들의 사기를 북돋고, 전쟁에 승리하면 축하 공연에 무희들이 나와 이 춤을 추었다고 전한다. 이순신 장군 작고 후에는 탄신제, 기신제 등에도 이 춤이 빠지지 않았을 정도로 이순신 장군과 밀접한 관계가 있다.

이런 전통이 오랫동안 계승되어 오다 갑오개혁으로 제도개혁이 크게 일어났고, 1896년 통제영이 혁파되고 얼마 후 조선이 망하는 곡절 속에 춤도 위기를 맞이한다. 기생을 양성하던 교방청과 악공을 양성하던 취고수청은 통제영과 함께 사라지게 되고, 그 후 일제강점기 때 기생조합과 악공조합이 생겨났다. 교방청에 소속되어 있던 김해근이 기생조합에서 이국희, 정순남 등 제자를 양성시키게 된다. 통영 승전무가 지금까지 계승될 수 있었던 것은 정순남과 그의 스승 김해근을 빼놓고 말할 수가 없을 것이다.

정부에서 우리 문화의 소중함을 깨닫고 1968년 문화재 지정 때 당시 정순남 선생이 생존해 있어서 전승될 수 있었다. 그는 춤을 가르치면서 "기상은 당당하게, 용맹 있게 춰라"라는 말을 자주 강조했다고 한다. 1968년 문화재 지정 때 칼춤과 북춤을 합친 것이 승전무인데 칼춤(검무)은 진주검무가 있다며 제외되었고, 북춤만 국가중요문화재 제21호로 정순남, 엄옥자, 이갑조(장구), 주봉진(젓대)이 인정된다. 엄옥자는 이때 26세에 전국 최연소 예능보유자로 인정받았으나, 1971년 나이가 너무 젊어 인정에서 해제되었다.

인정에서 해제되었을 당시 많이 서운했을 것 같아, 그때 심정을 물었더니 집안이 넉넉해서 별로 서운한 마음은 없었다고 한다. 다만 공부를 더해야겠다는 생각이 들어 경희대 석사과정에 입학하여 1974년 〈영남검무의 춤사위 연구〉로 석사학위를 받았고, 그 후 1977년부터 부산대학에서 32년 8개월간 무용을 가르치면서 지속적으로 승전무 보급에 힘썼다. 1987년 통영 승전무에 다시 칼춤이 포함되자 준보유자가 되고, 예능보유자에서 해제된 지 26년이 지난 1996년 다시 칼춤으로 예능보유자에 재인정되었다.

엄옥자 예능보유자에게 다른 지역 칼춤과의 차별화에 대해 묻자, "진주에서는 명칭을 한자어인 검무란 용어를 사용하지만, 통영은 옛날 어른들이 사용해온 우리말 그대로 칼춤이라 부르고 있다"고 한다. "진주검무가 외향적이고 대범한 엇사위가 많다면, 통영칼춤은 내향

적이고 세련된 잦은 사위와 겨드랑 사위가 많다"며 차이를 말한다. 이런 원인은 전수과정에 아마 통영 오광대의 영향을 받은 것 같고, 통영칼춤은 공연 장소가 주로 협소한 배 안이나 좁은 공간에서 연희를 많이 해서 그런 것 같다고 해석했다.

 2008년 부산대학교에서 퇴직 후, 2009년부터 국립부산국악원 초대 예술감독을 맡아 4년 동안 영남지역의 춤을 전수하고 창작하는 일에 몰두하였으며, 현재도 부산과 통영을 오가며 후학지도에 여념이 없다. 살면서 운 좋게 만난 이국희, 정순남, 이매방, 한영숙, 김숙자 등 여러 대가로부터 배운 춤을 바탕으로 그의 호號 원향遠香이란 명칭을 붙여 원향살풀이춤, 수건춤, 진춤, 외손부채춤, 산조춤, 유희삼매무, 긴살풀이춤, 통영기방입춤 등을 발굴·전승·보급하고 있다.

—《경남신문》(2022. 9. 1.)

05

천년을 이어온 춤,
진주 고유놀이로 새 천년 잇고파

진주포구락무 예능보유자 **박설자**

진주포구락무 예능보유자 박설자

1,000년의 역사를 가지고 있는 포구락무는 연주, 노래, 춤, 놀이가 결합된 종합예술이다. 고려 문종 때 송나라로부터 궁중에 들어와 인기를 누리다 점차 지방의 교방청까지 퍼져 나갔다. 긴 시간과 우여곡절을 겪으며 궁중 형식은 국립국악원을 통해 명맥이 유지되고 있으며, 지방문화재로는 진주포구락무가 유일하게 계승되고 있다.

　박설자 진주포구락무 예능보유자는 1943년 일본에서 태어났다. 부모님은 산청 사람이었으나 광복 후 진주에 살게 되자 어린 시절을 진주에서 보내게 된다.

　중안국민학교를 졸업하고 진주여중 3학년 때 아버지가 몸이 안 좋아 의료시설이 더 좋은 부산으로 이사했다. 부산에서 야간고등학교를 다녔는데, 마침 집 가까이에 무용학원이 있었다. 춤이 너무 좋아 시간만 나면 학원에 살다시피 하며 무용을 했다.

　부모님이 다시 진주로 돌아오게 되어 그 후 줄곧 진주에서 살았다. 진주로 오자마자 김수악 선생이 운영하는 학원에 가서 전통무용을 배웠고, 김정애 선생이 운영하는 무용학원에서는 승무 북가락을 배웠다. 김정애 선생은 나중에 이리로 가서 거문고 줄풍류로 예능보유자가 된다. 박설자는 배우는 게 너무 좋아 정필순 선생에게 학춤과 양반춤을, 정행금 선생에게 가야금과 한량무를, 정금순 선생께는 시조창과 남무(선비춤)을 배웠다.

　젊었을 때 몸이 심하게 아프다가도 새로 배울 것이 생기고, 배우러 가면 몸이 씻은 듯이 낫기도 했다. 보존회에서 운영하는 국악학교에서 대금을 배운 것과 강순영 선생께 가야금 병창을 배운 것도 훗날 국악을 전반적으로 이해하는데 큰 도움이 되었다고 한다. 가야금이 좋아 진주에서 남원 국립민속국악원까지 주 1~2회로 10년 가까이 배우러 다닌 적도 있었다.

우리 전통예술에 푹 빠져 있을 시기 친구 소개로 진주검무 예능보유자 성계옥 선생을 만났고, 성계옥 선생 권유로 진주검무를 배웠다. 진주에서 전통문화를 계승하고 선양하는 일에 독보적인 역할을 한 운창芸窓 성계옥 선생이 진주목사 정현석(1817~1899)이 남긴《교방가요教坊歌謠》와, 그 밖에《고려악지》,《악학궤범》,《정재무도홀기》등을 참고로 하고, 일제강점기 때 권번에서 최완자 선생으로부터 검무와 포구락무를 배운 적이 있는 이윤례 씨가 당시 생존해 있어, 이분들의 고증을 거쳐 진주포구락무를 복원할 수 있었다.

복원된 진주포구락무로 1984년 5월 경남민속예술경연대회에 참가하여 최우수상을 수상하고, 1985년 9월 제26회 전국민속예술경연대회에 참가하여 문화공보부장관상을 수상한 후, 1991년 경남무형문화재 제12호로 인정받았다.

정금순 선생이 초대 예능보유자가 되어 활동하다 작고하자, 2004년 박설자 선생이 뒤를 이어 예능보유자가 되었고, 보존회 회장을 맡아 현재까지 이끌고 있다.

박설자 예능보유자는 "다른 춤도 마찬가지지만, 특히 포구락무는 연주와 춤과 노래가 함께 가기 때문에 장단 박자를 알아야 잘할 수 있다"고 한다. 전수관이나 어린 학생들에게 포구락무를 가르칠 때 장단 박자를 가장 중시하며 장구로 자세를 잡아 준다.

전통방식의 진주포구락무 공연은 포구문을 가운데에 두고, 무녀 12명, 봉필 2명, 봉화 2명, 창사 2명 총 18명이 나온다. 손에 한삼을 착용한 무녀가 한편에 6명씩 2편으로 나누어 입장하고, 양쪽 편에 각 봉필 1명과 봉화 1명이 선다. 창사가 부르는 노래에 맞추어 양쪽 6명의 무녀가 짝이 되어 음악에 따라 포구문을 돌면서 한바탕 춤을 춘 후 한삼을 벗어놓고, 다시 춤을 추면서 포구문 위쪽에 있는 풍류 안에 수술이 달린 채구(공)를 들고 어르다 던져서 들어가면, 축하로 지화자를 합창해 준다. 던진 무녀가 자리에 앉으면 봉화는 준비하고 있던 삼지화 꽃을 머리에 꽂아주고, 못 넣은 편에서는 앉아서 축하 박수를 보낸다. 다음 차례로 한 쌍의 무희가 나와 채구를 들고 어르다 던져서 못 넣으면 봉필이 눈가에 퉁방울을 그려 주는 놀이로 눈가에 그려진 퉁방울이 개구리 짝눈 같기도 하여 보는 이로 하여금 저절로 웃음을 자아내게 한다.

음악은 세령산 타령·잦은 타령·향단고주·경기 굿거리가 주를 이루고, 춤사위로는 평사위·쌍어리·절화부·회수부·팔수부 등을 춘다. 음악과 춤에 맞추어 손을 뻗으면서 채구를 던져 넣어야 하기에 쉽게 들어가지는 않는다. 끝날 때는 참가한 무녀들이 포구문 주위를 돌면서 창사가 부르는 선비가의 후렴을 받으며 한바탕 어우러져 춤을 추면서 퇴장한다.

악사는 박 1명, 대금 1명, 피리 2명, 해금 1명, 장구 2명으로 총 7명으로 이루어지고, 음악이 있어 춤을 추는 이도 보는 이도 아주 흥겹다. 볼거리가 없던 시절에 기녀들이 시각적으로 예쁜 옷을 차려입고 음악에 맞추어 진행되는 공연이라 인기가 높았을 것으로 보인다.

현재 참가 인원은 공연장 사정과 시간에 따라 조정이 된다. 옛날 진주 감영의 주요 행사에는 빠지지 않고 등장했던 춤이었으나, 지금은

연 1회 정기공연과 4월부터 10월 사이에 한 달에 2~3번 진주성 안에서 공연을 하고, 진주시내 학교를 방문해 방과 후 지도를 오랫동안 해 오고 있다.

궁중에서 하던 포구락무와 진주포구락무의 차이를 묻자, 궁중에서는 무희들이 궁중복을 입었고, 머리에 화려한 화관을 썼으며, 별로 받는 먹 점을 뺨에 그렸지만, 진주포구락무는 화관이 없고, 평상복을 입으며, 먹 점은 눈 주위에 퉁방울을 그린다 했다. 죽간자는 당악 정재에만 사용했기 때문에 진주포구락무에는 사용하지 않고 있다. 궁중 포구락무는 정형화되어 음악이 매우 느리지만, 진주포구락무는 서민적이라 음악이 경쾌하면서 빠르고 흥겹다고 요약했다.

느린 전통춤으로 격렬하고 빠른 탱고, 자이브, 왈츠와 같은 춤에 익숙한 사람들의 관심을 끌기에는 어려움이 있을 것 같아 보급에 관해 묻자, 진주시내 대부분의 초등학교에 공연을 다니기 때문에 진주포구락무를 모르는 학생은 없으며, 원형은 보존하되 현장 상황에 맞게 변형된 공연을 하고 있다고 한다. 가령 학생들이 채구를 넣지 못하면 벌칙으로 먹물의 퉁망울 대신 볼에 재미있는 스티커를 붙인다. 팀원 간의 단합과 성취를 통해 사회성을 키우는 교육적 효과가 있음을 언급했다. 연령과 환경을 참고로 하여 초등학생과 노인들을 위한 신나는 실내 놀이로 길을 찾고 있었다.

—《경남신문》(2022. 10. 7.)

06
아흔의 나이 '영원한 춤꾼'의 식지 않는 춤 사랑

진주한량무 예능보유자 **정행금**

가야금에 일가견을 가진 정행금 선생

정행금 선생은 1933년생으로(호적에는 36년) 2022년 현재 89세이며, 진주한량무의 전설적인 인물인 그의 스승의 스승인 최순이(1884~1969) 선생과도 동시대 인물이다.

진주목사 정현석이 1872년 기록한 《교방가요》에 나오는 승무는 춤과 음악만으로 펼치는 무언의 공연 예술인 오늘날 진주한량무의 전신이다. 진주에서 한량무에 대한 문헌으로 정현석 이전의 것은 찾아보기 어렵지만, 1711년 임수간이 경상도 의성에서 공연을 보고 기록한 《동사일기》에 나오는 승무는 《교방가요》에 나오는 승무와 일맥상통할 것으로 보이고, 진주한량무는 시대에 따라 변화와 진화를 계속해 왔다.

정행금 선생은 선배들로부터 구전으로 들었다며 진주한량무의 역사가 약 300년 정도라고 강조했는데, 그럴 수 있겠다는 생각이 든다. 조선 영·정조 때부터 농업 혁명이라 할 수 있는 이모작이 유행하게 되자 당시 우리 문화와 생활에 폭발적인 변화가 있었던 시기라 설득력이 있어 보인다. 영·정조 때 경제적으로 여유가 생기자 1,000년 넘게 매년 반복적으로 나무를 교체해 가며 사용하던 전국의 목빙고가 석빙고로 바뀌고, 중국 것만 추종하던 그림에서도 풍속화가 탄생하는 등 조선의 르네상스 시기라 여러 정황을 종합해 볼 때, 이 시기에 승무가 지방 관아에서 유행했다는 말은 신빙성이 높아 보인다.

정행금은 거제군 동부면에서 태어나 그곳에서 초등학교를 졸업하고, 이웃에 있는 통영여중과 통영여고를 졸업했다. 학교 다닐 때 춤이 좋았으나, 완고한 부모님으로 무용을 하겠다는 말을 입 밖으로 꺼내보지 못하고 살았다. 부모님이 작고한 후 30대 중반까지도 가슴속에는 춤에 대한 뜨거운 불씨가 그대로 살아있어 춤을 배우기 위해 무작정 진주로 갔다.

마침 가정주부들에게 춤을 가르친다는 모집 광고를 보고 찾아간 곳이 광복 후 1세대 진주검무 예능보유자 강귀례 선생이 운영하는 학원이었다. 열정이 있어 보통 사람보다 검무를 빨리 배울 수 있었고, 이수자가 되어 학교에 가서 전수 활동을 하기도 했다. 늦게 입문했으나, 기억력이 좋고 열정을 가지고 배우자 강귀례 선생이 특별히 예뻐했고, 바느질을 업으로 아이를 키우는 것을 알고 "야, 이년아 너는 바느질로 먹고살 년이 아니다. 빨리 집어치우고 춤이나 더 열심히 추어"라고 하는 말을 자주 들었다.

선생님께서 시키는 대로 직업을 바꾸기 위해 통영과 진주에 학원을 개원하여 열심히 가르치면서 배웠다. 그의 스승 강귀례(1906~1978)는 황해도 해주와 경성의 종로 권번에서 춤을 가르치다 진주에 정착한 후, 궁중 무희였던 최순이 선생을 만나 다시 검무와 한량무 등 여러 춤을 배웠고, 1969년 사라질 뻔한 〈승무〉를 재연하고 명칭을 '한량무'로 고쳤다.

강귀례 선생이 춘 한량무는 한량, 색시, 승려, 상좌가 나오는 4인역이었다. 1976년 재연에 성공한 한량무를 가지고 개천예술제와 경상남도 민속예술경연대회에 나가 입상을 하고, 다음 해인 1977년에 경상남도 민속예술경연대회에 다시 출전해 문화공보부 장관상을 받았다.

강귀례 선생은 노후에 심한 관절염으로 고생했는데, 춤을 더 가르치지 못해 안타깝다는 말을 하시다 1978년 작고하셨다. 1979년 진주

한량무 보존과 계승을 위해 김자진, 박세제 씨가 주축이 되어 한량무를 잘 춘다는 양산의 김덕명 선생을 초빙했다. 김덕명 선생이 진주로 와서 주모, 마당쇠, 별감 역이 기존의 한량무에 보태어져 7인의 한량무가 되어 더 재미있게 진화되었다.

1979년 단체가 경남무형문화재 제3호로 등록되고, 1989년 역할별로 색시 역의 정행금 선생을 포함한 7명이 예능보유자가 되었고, 그 후 문제가 생기자 2016년 예능보유자에 대한 재심을 하게 되어 정행금 선생 혼자 예능보유자가 되는 재정비가 있었다.

현재의 진주한량무는 7역 9과장으로 이루어져 있고, 마당쇠와 별감이 한 과장씩 나오고, 주모가 두 과장, 승려가 세 과장, 한량이 네 과장, 색시가 일곱 과장에 등장한다.

진주한량무의 명칭은 시대상을 대변해 왔다. 조선시대 때 승려 중에 내세來歲를 무기로 삼아, 일은 안 하고 바람이나 피고 놀고먹는 파계승에 대해 좋지 않게 생각하여, 그를 무대에 세워 '승무'라 부르며 비판과 풍자의 대상으로 삼았고, 그 후 놀고먹는 사람의 대명사로 통하던 명칭인 '한량'을 부각하여 해학과 웃음의 제물로 삼았다.

한량이란 단어는 오래전부터 있었으나, 시대에 따라 개념은 좀 다르게 사용되었다. 조선 초는 대체로 무과에 급제하고 직을 못 받은 사람을 한량이란 명칭으로 불렀고, 조선 후기로 내려오면 무과에 오르지 못하고 특별한 직업 없이 놀고먹는 사람도 한량이라 부르는 경우가 많았다. 대체로 무과에 도전할 정도로 학문적 지식, 예술적 소양, 재력이 있는 사람들이었다. 승려나 한량은 모두 주류 사회에서 밀려난 사람들로 지조 없이 흔들리는 색시와 삼각관계를 이루며 풍자와 웃음의 소재가 되고 있다. 남자 중심사회에서 명칭을 '승무', '한량무'라 부르며 남성을 앞세우고 있으나 극에서 사실상의 주인공은 여성인 색시이다. 승려와 한량이 소품으로 꽃신을 들고 색시를 유혹하는데, 꽃신은 재물과 성애의 상징으로 해석될 수 있어 에로틱한 공연예술이기도 하다.

사람이 사는 곳에서는 실제 이런 경우가 흔히 일어나는 일이라 더 실감 난다. 미국의 배우이자 가수이며 모델로 활동한 유명한 섹스 심벌 마릴린 먼로가(1926~1962) 남성 중심의 미국 사회에서 잘나가는 남성들과 세 번의 연애와 결혼으로 남자 중심사회를 농락하여 세계를 떠들썩하게 뒤흔든 스캔들도 이런 경우라 할 수 있다. 재물과 욕망 앞에 인간은 얼마나 나약한 존재인가를 우리 선조들은 일찍이 알았고, 이를 이야기로 엮고 무언의 몸짓극으로 만든 것이다.

악기는 장구 1명, 대금 1명, 아쟁 1명, 쇄납 1명 총 4명이 나와 연주를 하고, 장단은 자진모리, 굿거리, 염불, 타령이 주를 이루고 있다. 춤사위는 주모가 음악에 맞추어 엉덩이를 좌우로 흔들며 추는 꽁닭춤, 마당쇠가 추는 깨금춤, 양반은 양팔 배김 사위·양팔 젖기 사위·배김 사위가 있고, 색시는 일자 사위·낯가림 사위·태극선 사위·연풍대 사위·한삼 모아뿌림 사위 등 역에 맞는 다양한 춤사위들이 등장한다.

선생의 자택 벽면에 걸린 가야금이 예사롭지가 않아 누구에게 배웠는지 묻자 가야금의 대가들인 김취란, 황병주 선생께 배웠으며 제자들을 모아 지도한 적이 있다고 한다.

젊었을 때 사진을 보고 "미인 소리를 들었을 것 같다"고 하자, 시원하게 웃으며 "내가 젊었을 때 한 인물 했다"며 부정하지 않았다. 90을 바라보는 연륜에 정신은 맑았고, 말은 마치 또랑또랑하게 책을 읽어 내려가는 것 같았다.

—《경남신문》(2022. 10. 21.)

07

조선시대
함안 조씨 출신 화가들

관아재 **조영석**, 임전 **조정규**, 소림 **조석진**

조선 풍속화의 선구자, 조영석趙榮祏

관아재觀我齋 조영석(1686~1761)은 '어진御眞을 그려라'라는 왕명을 두 번이나 거절했으나, 형과 스승의 초상화는 자청하여 그린 특이한 경력을 가진 화가다. 그는 군수 조해趙楷의 아들로 태어났고, 영조 때 경상감사와 도승지를 역임한 조영복趙榮福의 아우이고, 정조 때 6조 판서를 역임한 조중회趙重晦의 숙부이자 자신 또한 여러 곳의 현감과 군수를 역임한 사대부 출신 화가이다.

아마 조선과 중국의 차별화되고 가장 독창적인 문화를 말하라면 나는 조선의 풍속화를 빼놓지 않을 것이다. 조선의 풍속화는 하루아침에 갑자기 탄생한 문화가 아니고 긴 역사적 배경과 선구자들의 뼈를 깎는 산통이 있었다.

　역사를 살펴보면 문화와 경제는 불가분의 관계였고, 경제가 많은 분야에 영향력을 발휘해 왔음을 알 수 있다. 신라 지증왕 때 소 한 마리가 사람 40여 명의 일을 한다는 소를 이용한 우경이 시작되자, 당시로써는 폭발적인 식량 증산과 노동력이 남아 여름에 얼음을 먹겠다는 사치한 발상으로 목빙고木氷庫를 만들게 되고, 대외적으로는 이때 우산국을 복속시켰으며 최초로 신라라는 국호를 쓰게 된다.

　조선 영·정조 때 2차 농업혁명이라 할 수 있는 논농사에 이모작이 일반화되자 경제 여건이 다시 한 단계 도약하면서 많은 변화를 겪게 되는데, 신라 지증왕 때부터 지속되어 온 전국의 목빙고는 이때부터 석빙고로 바뀌었고, 사회 전반에 여유와 자신감이 생기자 문화계 일부 선각자들에 의해 차츰 중국과 차별화된 독자적인 우리 문화에 대한 자신감을 가지게 된다.

　영·정조 이전에는 산수나 인물을 그려도 중국의 화법과 중국을 배경으로 하는 중국의 영향권에서 벗어나지 못했으나, 영·정조에 들어서면 서서히 우리의 인물이나 풍속에 관심을 가지고 그리기 시작했다.

　이 땅의 아름다운 산수를 본격적으로 그리기 시작한 사람은 겸재謙齋 정선鄭敾(1676~1759)이었는데, 미술사에서는 이런 정선의 그림을 진경산수화眞景山水畵라며 높이 평가하기도 한다. 진경산수화와 함께 풍속화의 시도는 관아재 조영석보다 연대가 약간 앞선 시대에 공재恭齋 윤두서尹斗緒(1668~1759)에 의해 본격화되었다.

　관아재 조영석은 진경산수를 그렸던 정선과 동시대인으로 같은 마

조영석의 풍속화

을에 살면서 그림을 통해 30여 년간 교류했고, 정선이 우리의 산하에 몰두할 때 조영석은 주로 이 땅에 사는 사람과 우리의 일상적인 풍속과 삶에 대한 그림을 그려 그의 그림을 두고 진경풍속화라고도 부른다.

사대주의에 벗어나지 못한 사람들은 관아재의 이런 그림을 속俗된 그림이라 천시하며 속화俗畵라며 멸시와 비아냥을 보냈다. 문헌에 의하면 관아재는 속화를 300여 점 그렸던 것으로 알려져 있으나, 지금까지 전하는 것은 많지 않고 '오로첩五老帖', 미완성 화첩인 '사제첩麝臍帖'이 전해지고 있어 관아재 화풍의 일면을 볼 수 있다.

사제麝臍란 사향노루의 배꼽이란 말로 사향노루는 배꼽에서 나는 좋은 향내 때문에 생명을 단축하게 된다는 말을 끌어와 경계하는 표제로 삼고 있는데, 이 화첩의 표제 옆에 '물시인범자비오자손勿示人 犯者 非吾子孫(남에게 보이지 말라, 어기는 자는 나의 자손이 아니다)'을 써 놓고 세상에 함부로 알리지 말 것을 당부했다.

관아재가 그림을 떳떳하게 세상에 내어놓지 못한 것은 아직 시대적 분위기가 성숙하지 못했음을 알고 경계했던 것 같다. 그는 '대상을 직접 보고 그려야 살아 있는 그림이 된다'며 사실주의에 입각해 간결한 필선과 맑은 담채로 정밀하게 등장인물의 나이, 신분에 걸맞은 의관, 심리 상태까지 정확하게 그리고자 했다. 그래서 관아재의 그림은 당시의 복식연구나 문화연구에 중요한 자료가 되기도 한다.

그가 그림을 천시하는 사회적 냉대에 어느 정도 저항할 힘과 경제적 배경은 비교적 좋았으나, 선비가 저속한 그림을 그린다는 보이지 않은 사회적 냉대는 참기가 어려웠던 것으로 보인다.

당시 시대적 분위기를 모르고 관아재가 명분에 얽매여 온몸을 던져 그림을 그리지 못했고, 화가를 멸시하는 사회의 부조리와 당당하게 싸우지 못한 것은, 그림에 대한 애정의 부족과 용기가 없었기 때문이라며 비평하는 사람들이 있다. 관아재는 영조 때 세조의 어진을 모사하는 일에 불응하여 투옥된 바 있고, 숙종 어진 모사에 감동監董으로 참여하라는 명령에도 불응하여 위기에 빠진 적도 있었다. 절대권력에 조금만 순응하면 유리한 혜택이 얼마든지 주어질 절호의 기회였으나, 단호히 거부했던 것은 그림에 대한 열정이 약해서가 아니라, 틀에 박힌 화원보다 아무것에도 얽매이고 싶지 않은 자유로운 예술인이 되고 싶었기 때문일 것이다. 그의 형 조영복이 영춘으로 귀양 가자 혹시 형의 운명이 그곳에서 끝날까 염려하여 영춘으로 달려가 형의 초상화를 직접 그리면서 화원들이 그리던 틀에서 벗어난 방법으로 그렸던 점이나, 스승 이희조李喜朝가 작고하자 스승을 추모하며 자발적으로 초상화를 그렸던 것으로 봐 얼마나 자유를 추구했던 예술인이었나를 짐작할 수 있다.

조선조의 문화 중에 가장 창의적이라는 평을 받는 풍속화는 공재恭齋 윤두수와 관아재觀我齋 조영석으로부터 싹이 돋아 다음 세대인 김홍도(1745~?), 신윤복(1758~?) 등에 의해 꽃이 활짝 피게 된다.

근대 미술로 넘어가는 교량 역할을 한
임전琳田 조정규趙廷奎

민중의 땀 냄새 나는 노동 현장이나 에로틱하기까지 했던 풍속화를 두고 문기文氣가 결여된 속된 그림이라며, 추사 김정희가 주도한 복고적復古的인 화가 집단으로부터 혹독한 평가와 강력한 도전으로 위축되던 시기에 활동한 조정규(1791~?)는 함안 조씨 출신의 명성이 높았던 화가다.

조정규趙廷奎는 화원으로 관직이 첨절제사僉節制使(종3품 무관)에 올랐으며, 산수와 인물 등을 잘 그렸고, 특히 어해도魚蟹圖에 능했다. 그는 중국 화풍과 과거로 돌아가려는 복고적인 김정희 사단을 추종하지 않았고, 그렇다고 풍속화를 고집하지도 않았다. 하지만, 나름대로 일가를 이룬 산수화는 근대적인 진경 표현에 영향을 끼쳤고, 인물이나 풍속보다는 새로운 분야에 관심을 가졌다. 물을 떠난 물고기나 게를

그리는 것을 특징으로 하는 어해도를 많이 그렸다. 이런 어해도법은 손자인 조석진에게 이어져 전통 화단에 많은 영향을 주었다.

  조정규의 그림은 산뜻한 담채와 건필, 대담한 윤묵의 구사를 특색으로 하고 있다는 평가를 받는다. 이는 조선 후기에 이색적이고, 독특한 작품 세계를 이룩하여 근대로 넘어가는 교량 역할을 했음을 말한다.

제자를 통해 서울대 미대, 홍익대 미대 설립에 초석을 깐, 소림小琳 조석진 趙錫晉

조선 마지막 화원 조석진의 그림

조석진은(1853~1920) 황해도 옹진에서 태어나 어려서부터 할아버지 임전琳田 조정규에게 학문과 화기를 배워 학문뿐만 아니라, 산수, 인물, 기명, 화조, 절지, 어해에 이르기까지 모두 능했다. 고종의 초상화를 그린 공으로 영천군수(종4품)가 되고 나중에 정3품 당상관에 올랐으며, 1911년 서화 미술원이 설립되자 안중식과 함께 교수가 되어 후진 양성에 힘썼다.

심전心田 안중식安中植 (1861~1919)은 19세 때 김윤식의 영선사로 중국 천진에 신무기 제조와 조련법을 배우러 가다, 일행 중 당시 28세로 그림 분야에 명성을 얻고 있던 조석진을 만나 미술에 입문하고 두 사람은 평생 지기가 된다.

조정규 조석진 변관식의 그림

조석진의 제자로 김은호, 이상범, 이용우, 오일영, 노수현, 최우석, 박승무, 허백련, 변관식 등이 있는데, 이때의 기라성 같은 제자들은 훗날 한국화단에 지대한 영향력을 발휘한다.

제자 중 노수현은 서울대 미대가 설립되자 교수가 되어 산수화를 지도하고, 김은호의 제자 장우성도 서울대 미대에서 인물화와 화조화를 지도했다. 다른 제자 중 한 사람인 이상범은 홍익대 미대가 설립되자 교수가 되어 산수화를 지도하며 홍익대 미대를 미술분야 명문대학으로 끌어올리는 일에 일조한다.

한국 현대화가 6대가 중 한 사람이며 한국미술협회 회장을 역임한 소정 변관식은 소림의 제자이면서 외손자이다. 혈연관계인 조정규 조석진 변관식의 작품 전시회가 2006년 연말에 서울에서 열려 전라남도 진도 운림산방 허씨 일가와 함께 대를 이은 화가 명문 집안으로 여러 언론에 소개되자 장안에 화제가 되기도 했다.

조선조 성리학을 집대성한 주자학이 정치이념으로 교조화되면서 화가를 천시하고 냉대하는 악습 속에서, 함안 조씨 출신으로 관아재 조영석, 임전 조정규, 소림 조석진과 같은 분이 용기를 잃지 않고 그림을 그릴 수 있었던 것은 고려 말에서 조선 초에 공조전서를 지낸 조열趙悅이라는 분이 이미 시詩, 서書, 화畵, 금琴에 대가로 활동한 전례가 있어서, 조선조 때 다른 문중보다 그림에 대해 관대한 시각이 남아있어 소질을 타고난 화가들이 운신의 폭이 넓었던 것 같다. 화가에 대한 관대한 가풍은 화가를 멸시하던 시대적인 분위기에 쉽게 매몰되지 않았고, 조선 풍속화를 꽃피게 한 관아재觀我齋 조영석과 현대미술로 넘어가는 교량 역할을 한 심전心田 조석진이 나올 수 있었을 것이다.

—《함안 조씨 대종회보》(2008. 10.)

PART
02

예술을 잇는 젊은 맥박들

01

비보이계 살아 있는 전설,
전설은 계속된다

피직스PHYSICX **김효근**

후배들의 공연을 축하하고 있다(오른쪽).

2023년 4월 22일 함안 군민의 날 행사 일환으로 함안 스트리트 댄스 페스티벌 대회가 함안문화예술회관 대공연장에서 열렸다. 주로 음악회, 연극, 뮤지컬 등을 공연해 오던 곳에 길거리 문화로 통하는 스트리트 댄스 대회 유치는 처음부터 매우 파격적인 기획이었고, 청소년들의 뜨거운 인기로 대회가 열리기 30분 전에 좌석이 꽉 찼다.

 함안면 신교 출신 김효근은 비보이B-boy 분야에서 세계적인 인물로 통하고 있다. 피직스PHYSICX로 더 많이 알려져 있으며 올해 38세로 (2023년 현재, 1984년생) '우주에서 온 괴물'로 통하며 신화를 써온 전설적인 인물이다.

 2002년 한국 축구팀이 월드컵에서 4강 신화를 이루자 화제가 온통 그곳에 빠져 있을 때, 한국의 비보이들은 뼈를 깎는 훈련을 거듭하며 자신들의 길을 묵묵히 걸어가고 있었다. 피직스는 2002년 18세 때 처음 비보이 국가대표가 되어 영국에서 열린 U.K 대회에 참가해, 예선을 거쳐 결승에서 강팀 프랑스와 맞붙게 되어 우열을 가리지 못하자 연장전까지 가게 된다. 축구로 비교하면 승부차기와 같은 것으로 다시 각 팀에서 2명씩 나와 겨룰 때 피직스가 마지막 댄서로 출전하여 우승한다.

 그 후 자신의 역사이면서 한국 비보이 역사가 되는 새로운 역사를 계속 써 왔다. EURO PRO AM 우승(2003년), U.K 챔피언십 SOLO & CREW 우승(2004년), 프랑스 힙합 플래닛 우승(2004년), U.K 챔피언십 CREW 우승(2005년), KMTV 오리지널 무브 우승(2005년), 리바이스 배틀 마스터 우승(2005년), KBS SKY ARMORY컵 우승(2006년), 프랑스 그라운드 컨트롤 1대 1 배틀 우승(2006년), R-16 팀

배틀 우승(2007년) 등 전 세계 큰 대회를 휩쓸었다.

피직스에게 특기가 많다. 효리 끌기(자신의 이름에서 명명), 허리 돌리기, 번개 발, 엘보 스핀 등은 어느 것 하나 쉽게 흉내 내기조차 어렵다. 한 동작을 완성하기 위해서는 타고난 재능에다 엄청난 노력과 시간을 쏟아부어야 한다.

2004년 U.K 챔피언십에서 보여준 엘보 스핀 15.5바퀴 회전은 아직도 회자되는 전설로 남아 있다. 피직스가 엘보 스핀(팔목을 바닥에 대고 도는)을 완성하기 위해 매일 3시간 이상 약 8개월 정도 연습하니까 10바퀴는 쉽게 돌 수 있었다고 한다.

김효근이 본격적으로 연습을 하기는 중학생 때부터였다. 그를 따르는 초등학교 후배들 5~6명과 함께 특별한 일이 없는 한 방과 후 매일 말이산고분군에 있는 3·1독립운동기념탑에 모여 연습했다. 어린 학생들이 나름대로 물색해 본 장소로는 가야읍에선 이곳이 제일 좋았다.

우선 사람들이 많이 다니지 않았고, 탑이 있는 바닥이 대리석으로 되어 있어 헤드 스핀(머리를 바닥에 대고 도는)을 연습할 수 있는 곳이었다. 연습이 조금만 잘못되면 난간에 부딪혀 무릎과 발이 터지고 피가 흘렀다. 다치는 경우보다 그들이 극복하기 가장 어려웠던 것은 어른들이 학교와 공부하기가 싫어 몰려다니는 불량청소년으로 보는 선입견이었다.

탑이 있는 곳에서 최대한 사람들의 눈을 피해 연습을 했고, 김효근은 밤에 혼자 올라가 연습한 경우가 많았다. 이런 악조건 속에서 꿈을 키우고 있던 그들에게도 간절하면 길이 열리듯 구원의 손길이 있었다.

하루는 탑 옆을 지나가던 함안군청 공무원 전호열 씨가 어린 학생들이 모여 있는 것을 보고, 관심을 보이며 다가가 이것저것 물어본 후 그들의 사정과 고충을 파악하고 그냥 지나치지 않았다. 전호열 씨 머리에 제일 먼저 떠오른 게 군청 청사 출입구 복도였다. 군청에 양해를 구하고 연습을 하게 해주었으나, 며칠 해보니 공무원들 퇴근 동선에 불편을 주기도 하고 일부 공무원들은 탐탁하게 생각하지 않아 3층 회의실에 연습할 수 있게 편의를 마련해 주었다.

연습을 하는 3층 회의실 바로 아래층이 행정과 전호열 씨가 근무하는 자리라 학생들이 연습한다고 쿵쿵거려 불편을 주었지만, 그들의 처지를 잘 알아 빨리 적응이 되었다고 한다.

어린 비보이들은 이때부터 누군가 자신들을 인정해 주는 사람이 있고, 그것도 군청에서 연습한다는 것은 심리적 큰 울타리가 되었다. 불량청소년으로 바라보는 분위기, 부상이 빈번하던 위험, 비가 오거나 추운 날씨에 대한 고민이 일시에 해결된 셈이었다.

당시 영·호남 화합과 교류 증진을 위해 함안군과 전남 장성군과 자매결연을 맺고 친선 교류를 하고 있었는데, 1999년 장성군에서 제1회 홍길동 축제를 개최하자 전호열 씨가 비보이 김효근 팀을 장성군 축제 무대에 설 수 있게 공문을 내어 주선해 주었고, 2000년 장성군 제2회 홍길동 축제 때도 김효근 팀을 보냈다.

2001년 전호열 씨가 함안면 사무소로 발령이 나자 이번에는 함안면 무진정에서 열리는 함안낙화놀이 공연에 추천하여 연당 가운데 설치된 수중 무대에서 비보이 김효근의 공연을 선보이게 했다. 함안낙화놀이 무대에 선 바로 다음 해 2002년 김효근은 18세에 비보이 국가대표가 되어 영국에서 열린 U.K 챔피언십 한국 단체팀에 소속되어 세계적인 스타가 되었고, 이때부터 한국 비보이의 중심에서 역사를 써 나가게 된다.

전호열 씨가 주어진 행정 업무만 보는 공무원이었다면, 업무 외 생소한 어린 비보이들에게까지 관심을 가지지 못했을 것이다. 그는 젊은 시절 부산대학에서 자유분방하게 다방면으로 많은 지식을 쌓은 후 공무원을 시작했고, 열린 생각과 따뜻한 시각으로 보이지 않는 곳까지 많은 영향을 끼쳤다고 본다.

현재 함안군청에서 청소년들의 사랑을 받는 비보이 대회 개최를 준비하고 있다. 사업차 중국 상해에 거주하고 있는 피직스의 고향 방문에 맞추어 정보 교환과 업무 협조를 위해 1월 20일 오후 2시 함안면 '무진정 카페'에서 티타임 시간을 가졌다. 전호열 행정국장, 관계 담당 공무원들, 피직스, 필자가 함께 자리를 한 후, 피직스에게 추억이 있는 곳에서 함께 산책했다.

쌀쌀한 한파 속에 함안낙화놀이 공연 때 수중 무대를 설치했던 무진정 연당, 말이산고분군에 있었던 '3·1독립운동기념탑'의 빈터도 함께 둘러보았다. 탑이 있던 곳은 피직스가 고향에 오면 꼭 둘러본다는 마음속의 성지임을 밝히기도 했다. 조국 광복을 위해 헌신한 영령들이 매일 찾아와 연습하던 어린아이들을 기특하게 보고 돌봐주지 않았을까 하는 생각이 스쳐 갔다.

—《경남신문》(2023. 5. 26.)

02

매서운 의기의 기백,
당당한 기세로 잇다

진주검무 전수자 **김정수**

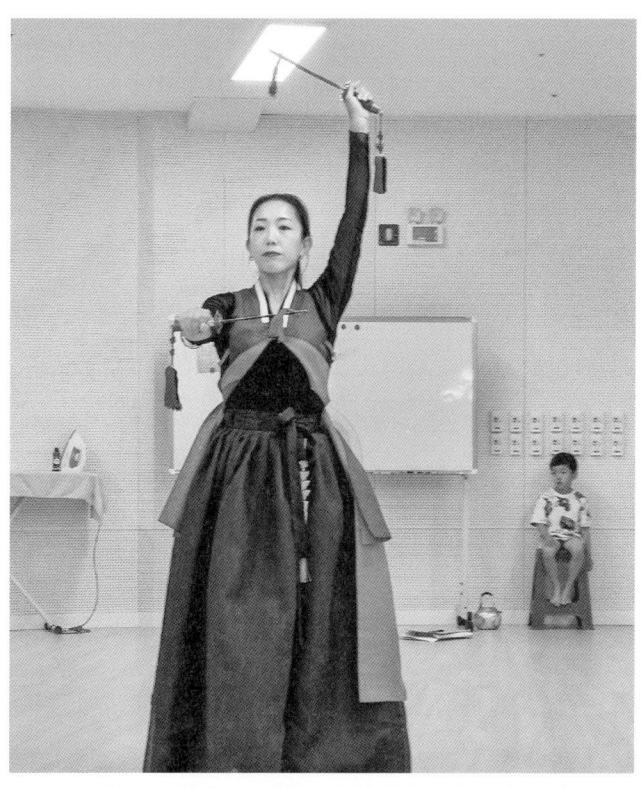

폴댄스로 근력을 길러 칼을 잡은 손목의 힘을 느낄 수 있다

젊었을 때 우리 문화의 가치를 발견하는 경우는 많이 있지만, 용기를 가지고 온몸을 던져 뛰어드는 사람은 많지 않다. 진주검무에 재능과 열정을 가진 청년이 진주검무에 흠뻑 빠져 있다면 주목하지 않을 수 없다.

김정수 씨는 창원에서 태어나 초등학교 때 학원에서 발레를 배우다 김해로 이사하면서 무용을 잠시 쉬었으나, 중1 때부터 집 근처에 있는 학원에서 한국무용을 배웠다. 고등학생으로 경주시가 주최하는 학생 민속무용경연대회에 도전하여 금상을 두 번, 세계교류협회가 주최하는 제1회 전국무용경연대회에서도 금상을 받는 등 여러 콩쿠르에 나가 크고 작은 상을 받았다. 중·고등학교 때 한국전통무용, 창작무용, 현대무용, 발레의 기초를 습득한 후 창원대학교 무용과에 입학한다. 대학 4년간 장학금을 받으며 무용을 공부했고, 같은 과 교수와 선후배들로 구성된 학생무용단에 소속되어 매년 한 번씩 동유럽을 도는 순회공연을 다닌 적이 있었는데, 이때 무용 전반에 대해 견문과 시야를 넓히는 좋은 기회였다고 말한다. 그는 그 후 창원대 석사과정에서 이론공부를 더한 후 수료했다.

그를 만나기 위해 김해시 흥동로에 있는 개인 연습실을 방문하자, 지하 1층 약 30평 정도 되는 연습실에 여러 용도의 장구와 북이 벽면에 질서정연하게 정돈되어 있었다. 한쪽에 폴대가 서 있어 건축물 보완재로 알았으나, 폴댄스를 연습하는 도구라는 설명을 듣고 놀랐다.

진주검무와 폴댄스? 너무나 뜻밖이고, 기발한 발상에 충격을 받았다. 보통 사람은 폴대에 잠시 매달려 있기도 힘든데, 폴댄스는 폴대에서 몇 분간 바닥에 내려오지 않고 연속적으로 여러 고난도의 기술을 보이는 몸짓 공연을 해야 하니 대단한 지구력과 근력 없이는 엄두도 내지 못하는 운동이 아닌가?

김정수 씨의 설명에 의하면 어떤 공연도 마찬가지겠지만, 특히 진주검무는 넓은 공간을 활용하여 두 손에 칼을 들고 춤을 추기 때문에 체력과 인내력이 필요하다고 했다. 진주검무를 잘 추기 위해 몸의 유연성과 강한 근력을 키우는 자기만의 방법이라며 웃었다.

진주검무를 알게 된 경위와 현재 어떻게 연습하고 있는지 묻자, "어머니가 진주검무 이수자라 어머니의 영향이 있었고, 매주 한 번씩 진주시 전통예술회관에 가서 국가무형문화재 제12호 진주검무 예능보유자 유영희, 김태연 선생님으로부터 지도를 받는다"고 했다.

진주검무가 어떤 춤인지의 물음에 "여러 춤을 추어 보았으나, 진주검무는 매우 어려운 춤이고 계속 단련해야 하는 춤이라 끊임없이 연습하고 있다"고 말한다.

무용수로 가장 어려웠거나 현재 어려운 점이 있으면 무엇인가라는 질문에 "체중과의 싸움"이라며 짧게 답했다. 프로 복싱 선수들에게 가장 힘든 점을 물으면 상대 선수보다 체중과 싸움이라는 말을 많이 들었는데, 김정수 씨도 같은 처지였다. "체중조절을 위해 먹고 싶은 것을 앞에 두고 먹지 못하고, 다이어트를 해야 할 때가 가장 어렵고 고통스럽다"고 했다.

언제 가장 보람을 느끼고 즐거운가라는 질문에는, "아이들을 가르칠 때 즐겁고, 가르친 후 아이들이 다음 시간을 기대하고 기다려 줄 때 가장 보람을 느낀다"라는 말을 했다. 그는 현재 진주검무를 배우는 전수자이면서, 한편으로 문화예술교육사 2급 자격증을 가지고 한국문화예술교육진흥원 학교예술 강사로 제자들을 가르치고 있다.

 진주시 진양호 공원 안에 있는 진주시 전통예술회관으로 그를 다시 찾아갔을 때 곁에 마침 어머니 박명주 진주검무 이수자와 함께 있었다. "딸이 아닌 제자로서 현재 김정수 씨의 진주검무에 대해 어떻게 생각하는지?"를 묻자, "정수가 춤의 자세는 좋지만, 아이를 낳고 키우면서 공백 기간이 있었기 때문에 노력이 많이 필요하다"라는 말로 평가했다.

 김정수 전수자에게 사진 촬영을 위해 장구 장단에 맞추어 동작을 보여주기를 부탁했다. 그가 보여 준 동작에서 힘과 유연성과 절도를 읽을 수 있었다. 오래전부터 전해져 오는 진주검무의 동작 순서와 사위의 범위 안에서 자신의 해석이 있는 아름다운 춤을 추고 있었지만, 칼끝·칼날 면·손목의 움직임에서 칼의 추상같이 매서운 기백이 살아 있었다.

 진주검무의 정신적인 지주는 논개라고 말할 수 있다. 매년 5월 진주성에서 의암별제라는 논개에 대한 추모 행사가 열리고, 여기에 가장 중요하고 빠지지 않고 올라가는 것이 진주검무다. 진주에서 논개를 모르고 검무를 추는 것은, 화가가 석고 데생을 할 때 그리고 있는 인물이 어떤 사람이었는지 모르고 그리는 격이 될 것이다.

 1593년 6월 진주성이 왜적의 정예 9만의 침략으로 함락되고, 성안에 있던 7만 군·관·민이 거의 몰살당하는 비극이 있었다. 전쟁에 이긴 왜적이 큰 잔치를 열 때 간혹 살아 숨어 있던 부녀자를 끌고 와 노리개로 삼았다. 가족을 잃고 끌려 나온 자들은 원통함과 분노가 하늘에 닿았지만, 어찌해 볼 힘이 없었다. 승전기념 잔치 분위기가 무르익었을 때 논개가 조선 침략 9번대 중에서 가장 잔인하고 악명 높았던 2번대를 이끈 가등청정의 부장을 유혹한 후 촉석루에서 남강으로 내려가 그를 껴안고 푸른 강물에 몸을 날려 힘께 죽자, 조신인의 저항과 분노의 불씨에 왜적들은 당황하지 않을 수 없었다.

그 후 조선시대 진주에 주둔한 군인들에게 최고의 인기는 예기들이 추는 진주검무였다. 예기를 자칫 하찮게 취급할 수 있지만, 나라가 위기에 빠지면 예기들도 언제든지 군인과 같이 나라를 위해 한목숨 초개와 같이 던질 수 있는 논개의 후예라는 다짐을 하고 인식시키는 추모제를 열어왔다.

김정수 전수자도 특별한 일이 없으면 추모제인 의암별제 때 헌무에 참여한다고 한다. 그가 의암별제를 이야기하면서 2019년 뮤지컬 공연 때 공연자 중 한 사람이 연기에 몰두하다 옷에 불이 옮겨붙은 줄도 모르고 열연했던 해프닝을 들려주었다.

김정수 씨는 진주검무에 빠져 사는 젊은 무용인이지만, 새로운 활기와 재충전을 위한 방법으로 제빵과 옷 만드는 취미를 가지고 있었다. 시간이 나면 빵의 원료를 직접 선택하고 구입하여 케이크·소금빵·다양한 베이커리 등을 만들어 나누어 먹기도 하고, 옷은 원피스, 아이들 상·하복, 생활복 등 필요한 웬만한 옷은 직접 만들면서 피로를 푼다고 했다.

2022년 9월 진해에서 열린 전국국악대전에 주변의 권유와 실력을 점검해 볼 겸 무용 일반부에 진주검무로 도전하여 은상을 받기도 했다.

—《경남신문》(2023. 7. 7.)

03

니트족으로 지낸 기간,
글쓰기가 내 삶의 전환점이 됐다

Z세대의 글쓰기 **박은비**

미디어 담당자로 일하고 있는 화천농악전수관 앞에서 박은비

MZ세대(1980~2010년 출생)를 기성세대의 시각이나 가치관으로 이해하기 힘들어 신인류라고 부른다. 오랫동안 30년을 한 세대로 구분해 왔으나, 사회가 급격하게 변해가자 언론에서 한 세대를 15년 단위로 구분하기도 한다. M세대(1980~1994년 출생)를 잇는 Z세대는 1995년 이후부터 2010년 사이에 탄생한 젊은 층을 말하며 이들의 특징은 어릴 때부터 스마트폰 사용, 동영상 콘텐츠 제작, SNS 등이 일상화되어 능수능란하다.

박은비 소설가는 1995년 출생하여 올해 28세(2023년 현재)이며 여러 소설 공모전에 장원과 대상을 받았고, 저서 2권을 출간했다. 기성 문단에서 볼 때도 어엿한 작가로 Z세대를 대표하는 작가 중 한 사람이라 말할 수 있다.

Z세대로 취업할 의사가 전혀 없는 백수를 '니트족Not in Education, Employment or Training'이라 부르기도 하는데, Z세대이면서 소설가인 박은비는 바로 자신의 문제이고 가까운 주변의 이야기인 니트족에 관심을 가지고 이들을 대변하는 글을 쓰자, 논문을 준비하는 대학원생이나 연구원의 주목을 받아 심층 인터뷰를 하기도 했고, 영자신문《The Korea Times》기자가 찾아와 인터뷰를 요청하자 응한 적도 있었다.

박은비는 경남 양산에서 태어나 창원 대산에서 자랐으며, 어려서부터 글쓰기를 좋아했다. 창원 대산고 때 대학 진학을 준비하면서 처음에 세운 계획을 중도에 흔들림이나 망설임 없이 경상대학교 국어국문과에 진학했다.

문학의 여러 장르 중에 왜 소설을 특별히 좋아하는지 묻자, "만약을 가정하고 자유롭게 이야기를 서술할 수 있기 때문"이라 했다. 대학 2학년 때 단편소설 〈둥지 위로 나는 새〉로 교내 국어국문과 주최 배달문학 응모전에서 소설부문 우수상을 받았다. 같은 해 전교생에게 기회가 주어지는 《개척자》 공모전에 단편소설 〈밥그릇을 깨뜨리는 손〉을 응모했다. 가부장적 분위기에서 가족들이 서로에게 상처를 주고받는 구성원들의 갈등을 통해 과거의 아픔을 딛고 가족이 성숙해 가는 과정을 그려 최우수상을 받았다

대학 3학년 때 교내 학술문예공모전에 단편소설 〈닳아지는 살들〉을 응모했다. 평범한 20대 대학생이 아르바이트하면서 편의점에서 유통기간이 지난 폐기 음식을 가져다 먹다가 위장병을 얻어 일상에 균열이 생기고, 평소 알지 못했던 자신의 삭막하고 궁상맞은 현실을 깨닫고 낙담하며, 한편으로 가족의 사랑으로 다시 삶의 의미를 찾아가는 이야기를 그려 최우수상을 받았다.

박은비는 대학을 졸업하면서 생계를 위해 잠시 작가의 꿈을 접고 취업했다. 두 군데 직장에서 1년 10개월 정도 근무하였으나, 적응하기 힘든 문화와 건강 문제까지 겹쳐 직장을 그만두었다. 그 후 3년 동안 직장 구할 생각이 없어 쉬면서 Z세대 니트족으로 생활한다.

그 당시를 그는 이렇게 말하고 있다. "무능하고 무력함에 자책, 좌절하면서 삶에 회의를 느꼈던 시기로 어느 날은 숨 쉬는 것조차 버거웠고, 그냥 이대로 죽고 싶었다"며 회고했다. 놀면서 너무 무료하여 대학 때 쓴 작품 중에 애정이 가는 시 35편과 단편소설 9편을 골라 《우울한 성장통》이란 이름으로 문집을 출간했다.

어려운 여건에서 경비를 아끼기 위해 독립출판 사이트에 들어가 원고를 작성하고 퇴고·편집·판매까지 했으나 영업 실적은 아주 미미

했다. 하지만, 책이 되는 전 과정을 체험한 좋은 경험이었고, 이는 앞으로 작가로 성장함에 밑거름과 자양분이 될 것 같다는 말을 했다.

무직으로 3년을 보내면서 계속 무의미하게 시간을 보낼 수 없어 다시 사회에 편입되기 위해 준비하는 과정에 '니트 컴퍼니 프로젝트'가 있음을 알았고, 재활을 위한 재미있는 기획이라 생각되어 참여했다. 니트족으로 같은 어려움을 겪고 있는 청년들과 소통하며 가상의 회사 생활을 하는 12주였는데, 이때 업무와 직책은 스스로 정했다.

그는 매일 하루 한 개씩 브런치(글 쓰는 사이트)에 글을 업로드하는 일을 맡았고, 종무식 때 성과물을 가지고 전시회를 계획하다 여태 쓴 글을 모아 《니트 컴퍼니로 출근합니다》란 책을 펴냈다.

이 책에서 '니트족' 족이 되어버린 20대 청년의 시선으로 '청년 히키코모리(니트족으로 사회생활을 거부하고 장기간 늘 방 안에 틀어박혀 있는 사람)'에 대한 이야기를 집요할 정도로 깊이 있게 다루었다. 책의 판매량은 많지 않았으나, 이때부터 주변에서 작가로 인정해 주었고, 이름도 세상에 알려지게 되었다.

박은비 작가가 2020년 제2회 장수문학상 대상을 받은 단편소설 〈호상好喪〉은 치매에 걸린 할머니를 보살피는 효진의 이야기이다. 할머니의 죽음에 내심 홀가분한 마음도 있지만, 생전에 수면유도제를 복용시켰던 자신만의 비밀이 죄책감으로 남아 괴로워하는 이야기를 다루어, 심사위원들로부터 주제 선정과 심리 묘사를 잘했다는 평을 받았다.

어떤 소설가와 작품을 좋아하는지 묻자, "학창시절에는 구병모의 〈위즈드 베이커리〉를 재미있게 읽었는데, 독특한 소재를 독특한 방식으로 풀어내고 있어 좋았다고 한다. 김영하의 〈살인자의 기억법〉〈엘리베이터에 낀 남자〉를 재미있게 읽었는데, 깊게 생각해보지 않은 일상적인 소재를 독특한 시선에서 풀어나가고 있어 좋았다. 황정은 작가는 "사물이나 세상을 바라보는 시선이 예리하고 생각이 깊어 좋았는데, 그의 여러 작품 중에 가장 강렬한 기억을 남긴 작품은 〈마더〉이다"고 했다.

박은비 작가가 좋아하는 소설가의 특징을 요약하면 독특한 발상으로 시작하여 탁월한 구성으로 이야기를 전개하면서, 작가의 깊이 있는 성찰이 들어가야 한다는 말로 요약할 수 있을 것 같다.

현재 그는 함안군 칠북면에 거주하고 있다. 이곳으로 오게 된 계기를 물었더니, "약혼자가 함안 화천농악을 사랑해서 함안으로 먼저 왔고, 나는 사랑하는 사람을 따라 함안으로 왔다"고 말했다. 현재 함안 화천농악보존회 사무국에서 미디어 담당자로 일하면서 업무에 관계된 글을 쓰고 있다. 긴장 속에서 지속적으로 소설을 쓰고 싶어 함안문인협회에도 가입했다. 앞으로 작품활동에 대한 계획을 묻자, "지역사회를 배경으로 청년의 시선에서 풀어낼 수 있는 문제의식이나 소재로 이야기를 풀어 나가고 싶다"는 포부를 밝혔다.

―《경남신문》(2023. 7. 28.)

04

연극과 딱 어울리는 음악 위해
오늘도 작곡 중입니다

연극음악 감독 **이영섭**

단원들과 시나리오를 보면서 의견을 교환하는 이영섭 음악감독

연극 공연이 성공하기 위해서는 다른 요소도 중요하지만, 음악이 그 상황에 지나치지도 부족하지도 않고 딱 들어맞아야 한다. 음악이 너무 튀면 배우의 연기가 죽고, 음악이 재역할 못 하면 극적 효과가 떨어진다. 공연에서 성공하기 위해 음악감독은 배우와 함께 음악을 만들어 가지만, 그 역할에 비해 겉으로 잘 드러나지 않고 알아주는 사람 없이 지나가는 경우가 많다.

양산시 문화예술회관 상주단체인 '극단 아시랑(단장 손민규)'의 이영섭 음악감독은 35세(2023년 현재, 1988년생)로 연극계에서 젊은 음악감독으로 돋보이는 활약을 하고 있다. 2022년(22회) 밀양공연예술축제와, 같은 해에 있었던 40회 대한민국연극제 In 밀양 주제가를 작곡했으며, 매년 연극음악 20여 곡을 작곡하고 있다.

9월 초 강의가 있는 날을 택해 양산시 '극단 아시랑'으로 그를 찾아갔다. 희곡이 문학의 꽃밭에서 한 장르의 꽃이라면 배우나 관계자는 꽃을 찾는 벌과 나비와 같은 존재일 것이다. 꽃이 아무리 아름다워도 벌과 나비와 같은 손님이 없다면 빛을 발산하지 못하고 쓸쓸할 것이라는 생각을 하면서 그를 만났다. 배우 지망생들이 양산문화예술회관 지하에 모여서 막을 올릴 제목 '아름다운 사인(장진 작作)'을 준비하느라 분주하게 움직이고 있었다. 연습장엔 모두 시작 시간보다 일찍 나와 예습하면서 즐거운 웃음이 넘치고 있었다.

양산시에서 처음 어떻게 시작했고 어려움은 없었는지 이영섭 음악감독에게 물었더니, "상주단체로 지정된 후 수강생 20명 정원으로 모집공고를 내자, 연극공부를 하겠다는 39명이 신청서를 냈다. 면접 과정에 신청자들의 의욕이 너무 뜨거운 것을 보고 회의를 열어 모두 다

받은 후 2개 반으로 나누어 수업을 진행하고 있다"고 했다. 수업 진행은 이영섭 음악감독, 김수현 배우, 최원봉(경주시립 수석 단원) 강사 세 사람이 하고 있었고, 이영섭 음악감독은 음악·발성·화술을 맡고 있었다. 구성원들은 20대에서 70대까지 분포해 있으며 직업도 각양각색이었다.

소설은 고독하고 철저하게 혼자서 하는 작업으로, 좋은 작품일 경우 오랫동안 읽히지만, 연극은 여러 사람이 공동으로 연습하여 일회성으로 끝나는 경우가 많다. 허무하고 우울하기까지 할 것 같은데 불꽃을 찾는 불나비와 같은 정열을 가진 연극인들은 기원전부터 현재까지 끊이지 않고 이어지고 있다.

이날 방문에서 연극 인프라가 전무한 양산시에 연극의 뜨거운 바람이 불고 있음을 직접 느끼고 목격할 수 있었다. 이영섭 음악감독에게 앞으로 하고 싶은 일을 물었더니, "양산시에서 음악감독의 역할은 물론이고, 나아가 지역문화 예술발전을 위한 페스티벌을 기획하고 있다. 2014년에 시작하여 지금까지 끊임없이 페스티벌 개최에 필요한 구성원들을 모으고 있는데, 현재 30명이 넘는 인원이 모여 있다. 10여 년에 걸쳐 준비 중인 프로젝트를 앞으로 양산시에서 개최할 예정이며 이를 통해 수도권에 집중되어 있는 문화예술 인프라 일부가 지역으로 분산되는 작은 역할이 될 것으로 본다"며 의욕에 차 있었다.

젊은 나이에 작곡과 연극에 일가견을 갖게 된 배경이 궁금하여 어릴 때 꿈이 무엇이었는지 묻자, "초등학교 때 시나리오 작가가 꿈이었다. 그때 썼던 일기장을 들추어 보면 하루의 단순한 일과가 적혀 있는 것이 아니라 간단한 온갖 이야기들이 적혀 있다. 그때 나이가 어려개연성 없는 것들이기는 하지만 상상력만큼은 오히려 현재보다 더 뛰어났던 것 같다"고 말한다.

"음악은 6세 때 피아노로 시작했고, 9세 때부터는 바이올린을 하여 중3 때까지 계속했다. 초등학교 3학년 때 바이올린 콩쿠르에서 상을 받기도 했으나, 오히려 백일장과 독서경연대회에서 10여 차례 상을 받았다. 중3 때부터 신해철 선생님이 새벽 2시에 진행한 라디오 프로그램을 자주 들으면서 밴드 음악에 나도 모르게 빠졌다"고 고백했다.

작곡, 연출, 기획 등 여러 가지 재능이 있는데 그중에 특기가 무엇인지 묻자, 작곡이라 말하면서 과정을 다소 길게 말했다. "활동의 시작점은 2002년(14세) 인디밴드 로드스터에서 키보드 겸 서브 보컬로부터 시작했으며, 2003년부터 2006년까지 밴드 디스토션에선 메인 보컬로 활동했다. 2006년 부모님의 권유로 동아대학교 경영학과에 입학했으나, 마음은 온통 음악에 가 있었고, 선배들이 결성한 '두리'라는 음악동아리가 있음을 알고 바로 입회하여 지금까지 유대관계가 지속되고 있다."고 했다. 보컬에서 노래하면서 가수가 되기 위해 그는 대학 1학년 1학기를 마친 후 서울로 자리를 옮긴다. "서울에 있는 모 기획사가 주최한 오디션에 합격하여 훈련을 받으면서 행사 위주의 전속가수 생활을 하던 중에 군에 입대한다. 기획사 3년 경력이 인정되어 군악대에서 트럼펫을 불게 되었고, 다시 이 경험으로 훗날 오케스트라 단원이 될 수 있었다"고 밝혔다.

2006년 대학 신입생 때 만나 결성한 신석기밴드가 있는데, 상황에 따라 대학 때 활동한 음악동아리 '두리' 단원들과 유기적으로 교환하며 정기공연 및 각종 직장인 밴드대회와 밴드 페스티벌에 구성원이 되어 꾸준히 참여하고 있다. 특히 영감이 떠올라 작곡을 하면 먼저 선보이고 평가를 받는 곳이 주로 신석기밴드라는 말을 했다.

연극과 인연은 2018년 극단 '말과 말 사이'에서 처음 연극을 시작했고, 2020년 밀양연극촌에서 운영 중이던 청년 K-STAR 프로그램에 합격하여 이때부터 경남 무대에서 활동하는 계기가 된다.

한국폴리텍대학 부산캠퍼스, 경남교육청 공익광고를 작곡했고, 2580 대리운전 등 축제 주제가, 광고 CM 등을 작곡하기도 했다. 광고뿐만 아니라 뮤지컬, 발레, 마당극 등에서도 많은 곡을 작곡했다.

근래에 작곡한 주요 연극 음악으로 '나의 요정 친구', '아기 고양이의 소원', '말괄양이 삐삐와 검은 머리 해적단', '찍찍밴드', '헨젤과 그레텔', '자명교 10대 교주', '만복사', '심야의 지하철', '해피 데이즈', '청춘연가', '백조의 노래', '후궁박씨', '몽심', '그대는 봄' 등이 있다.

그의 하루 모든 일정은 연극에 맞추어져 있었고, 관심은 온통 연극 공연과 연극음악 작곡에 있었다. 큰 재목으로 성장할 재능과 품성을 갖춘 보기 드문 젊은 예술인으로 보였다.

―《경남신문》(2023. 9. 22.)

05

존재가치 빛내준
거창서 음악으로 거창을 빛내다

바이올리니스트 **이혜명**

레슨실에서 연습 중인 바이올리니스트 이혜명

산수 아름다운 곳에 지혜의 눈을 가지게 하는 교육으로 거창고가 알려지자, 용기 있는 학부모들은 대도시에서 이곳으로 자녀를 유학 보내기 시작했다. 바이올리니스트 이혜명 씨의 경우 서울에서 초등학교 5학년 때 피아노를 전공한 어머니와 소설가인 아버지가 딸의 교육을 위해 거창으로 이사하여, 초·중·고를 거창에서 졸업했다.

서울에 있을 때는 집과 가까운 곳에서 바이올린을 배웠으나, 거창에선 바이올린을 지도해 줄 스승을 찾을 수 없어 일주일에 한 번씩 버스로 진주에 가서 배웠다. 수업과 왕복 소요시간을 보태면 초등학생에게 너무 가중한 일이라 부모님이 진로를 고민하던 차, 초등 6학년 때 거창 아림예술제에 나가 대상을 받았다. 악기별로 초·중·고 1등 수상자를 선정하고 가장 높은 점수를 받은 학생이 대상을 받는 제도라 대부분 고등학생이 받았지만, 이 해는 초등학생 이혜명이 받았다.

부모님이 진주까지 다니다 지치고 열정이 식으면 스스로 바이올린을 그만두겠거니 했으나, 이혜명이 중학생이 되어서도 계속 다니자 부모님이 진로를 바꿀 것을 강력하게 주장했다.

어린 나이에 애처롭기도 하고, 저렇게 고생해서 음악인이 된들 경제적으로 고달픔에서 벗어나지 못할까 걱정했던 것 같다. 중 3이 되자 진주에서 바이올린을 가르치던 선생님마저 영국으로 유학길에 올라 학습 환경은 더 악화되었다. 이런 형편에도 바이올린에 대한 고집을 꺾지 않자 어머니가 조건을 내걸었다. "바이올린에 재능이 있음을 증명해 보여라, 그렇지 못하면 진로를 바꾸자"고 했다.

레슨을 받지 못하는 상황에서 진주시에서 개최하는 개천예술제에 나가 바흐의 무반주 솔로 소나타를 연주하여 중등부 1등을 하자, 그때부터 부모님은 진로에 고민하지 않았다.

하지만, 고립된 곳에서 바깥 정보 없이 계속 음악을 해야 한다는 문제는 그대로 남아 있었다. 막막하고 갑갑하던 시기 도움이 되었던 것은 방학 중에 음악캠프의 일종인 강원대에서 1주간 진행한 〈음악 춘추〉였다. 전국에서 모인 음악 지망생들과 음악에 대한 정보와 유대를 나눌 수 있었다. 이 해에 음악 선생님의 추천으로 교육부 예능 부문 장관상을 받게 되자 자신감이 생겼다.

거창고 1학년 때 개천예술제에 고등부 바이올린에서 생상 바이올린 협주곡 3번 1악장을 연주하여 1등을 차지했고, 고3 때는 중부대학 주최 콩쿠르에 나가 1등을 했다. 거창고의 인문계 교과 과정을 소화하면서 별도로 음대 진학을 위해 고3 때 1주에 한 번씩 레슨을 받기 위해 서울로 다녔다.

먼 거리를 이동하면서 많은 경비와 시간과 노력이 들었고, 다행히 결과가 좋아 연세대 음대 기악과에 진학할 수 있었다. 대학 때 성적이 좋은 편에 들어 오케스트라 악장으로 활동하기도 했다.

대학 졸업 후 동기들이 해외 유학이나 이름 있는 악단에 들어갔으나, 이혜명은 좌우 살피지 않고 과거 자기처럼 가시밭길을 걷고 있는 후배들을 위해 거창으로 돌아왔다. 자신의 존재가치를 발휘할 수 있는 곳이 바로 이곳임을 알았기 때문이다.

거창고가 훌륭한 많은 인재를 배출했지만, 이 학교 '직업선택 10계명'이 언론을 통해 우리 사회에 알려지자 신선한 충격을 주었다. 10계명 한 문장 한 문장은 우리 사회의 찌들고 막혀 질병이 된 곳을 명의가 침으로 시원하게 뚫는 역할을 한다.

그중 하나가 "내가 원하는 곳이 아니라 나를 원하는 곳을 택하라"라는 말이 있다. 편안하고 화려한 곳을 마다하고 지혜의 눈을 뜬 이혜명은 거창으로 돌아와 코리안필하모니 팝스오케스트라, 거창 윈드오케스트라, 진주시립교향악단 등과 협연하기도 하며 클래식 음악의 보급을 위해 왕성한 활동을 하고 있다. 그는 올해 38세(1985년생) 젊은 음악인으로 가까운 거리가 아닌 김천예술고등학교, 경북예술영재원 등에 출강하며 한 주의 스케줄이 꽉 차 있었다.

10월 초 그와 약속을 하고 거창 외곽 카페에서 만나 지방에 살면서 어떤 보람이 있는지 물었더니, "클래식 음악은 하기 어렵고 접근하기조차 어렵다는 편견을 깨는 일이 가장 힘듭니다. 문턱이 낮은 연주회를 기획하여 관객과 자주 만나 경험을 통해 친숙하게 여길 기회를 만들려고 노력했습니다. 장소와 청중을 가리지 않고 연주를 하고, 한편으로는 도서관에서 클래식 음악 강좌인 '어린이를 위한 음악회', '해설이 있는 음악회' 등 프로그램을 장기간 진행하기도 했습니다. 저변확대를 위해 취미와 전공 구분 없이 다양한 연령대의 학생들을 만나 악기 레슨도 하고 있습니다. 뜻을 같이하는 음악인들과 함께한 노력으로 문턱이 낮아지고 저변확대의 효과가 조금씩 보일 때 가장 보람을 느낍니다"라 했다.

현재 가장 어려운 점은 무엇인가라는 질문에는 "중학교 내신 성적에 따라 고등학교를 진학하는 비평준화 지역이라 제도적으로 어려움이 있습니다. 다양한 경험을 통해 진로를 탐색해야 하는데, 악기는 초등학교 때 잠시 취미로만 생각하고 그만두는 실정입니다. 음악을 직접 가르쳐 대학에 진학시켜 보니 다른 공부에 비해 특별히 비용이 많이 들거나 위험 부담도 크지 않고, 일자리도 일반 인문계 학생들과 크게 다르지 않습니다. 어려움이 교육제도와 연결되어 있어 힘이 더 듭니다"라 했다.

앞으로 어떤 일을 하고 싶은지 물었더니, "임신과 출산의 과정에 있는 여성분들에게 음악을 통한 위로와 경험이 필요하고, 음악은 조기 교육이 중요합니다. 현실은 산모와 어린아이가 함께 음악을 경험할 기회가 거의 없습니다. 다른 여성 음악가들과 함께 2022년 비영리단체를 만들어 등록했고, '엄마가 들려주는 클래식', '갱년기 여성을 위로하는 콘서트' 등을 기획하고 있습니다. 음악은 조기 교육과 여성의 역할이 크고 중요하기 때문에 시간이 좀 걸리더라도 기본적인 것부터 하고 있습니다"라며 음악인으로 현재의 할 일과 미래를 위해 할 일이 무엇인지 명확하게 알고 실천하고 있었다.

짧은 만남에 속내를 다 내보이지는 않았으나, 거창을 장차 음악과 연극의 도시 오스트리아 잘츠부르크와 같은 곳으로 설계하고 기획하는 것 같았다. 재능과 뜻이 있는 사람이 모이고 시간과 전통이 쌓이면 못할 것도 없을 것이다.

—《경남신문》(2023. 11. 10.)

PART
03

—

재평가가 필요한 역사적 인물

01

조선 세종 때 6진 개척에 활약한 이호성 장군

정무공 오위도총부 도총관 이호성 영정

조선왕조를 대표하는 가장 특별히 기억할 만한 역사적 성취는 한글 창제와 4군 6진 개척으로 인한 영토 확장이라 할 수 있는데, 두 가지 모두 세종대왕 때 이루어졌다. 옛날이나 지금이나 땅의 중요성은 굳이 언급하지 않아도 모두가 인정하지 않을 수 없고, 인류 역사에 있어 대부분의 전쟁은 땅 때문에 일어났다 해도 과언이 아니다. 6진을 개척할 때 중요한 역할을 한 사람 중 한 사람이 이호성李好誠, (1396~1467) 장군이라 할 수 있다.

　이호성은 성산 이씨로 1396년(태조 5년) 지금의 경상북도 김천시 양천동에서 현령을 지낸 아버지 이영선李寧善과 어머니 곡산 한씨로 관찰사를 지낸 한옹韓雍의 따님 사이에 태어났으나, 함안의 인물이라 해도 과언이 아니다. 함안에 일찍부터 터를 잡고 살았던 광주 안씨로 관찰사와 이조참의를 지낸 안여경安餘慶의 딸에게 장가를 들면서 함안과 인연이 시작된다. 관직 생활을 하면서 보낸 시간 외는 거의 대부분의 시간을 함안면 동지산에서 보냈다. 장군의 호가 동산정東山亭인데 동지산冬只山에서 음을 따와 지었던 것으로 알려져 있고, 현재의 가야읍 검암리에 있는 동산정은 평소 유유자적하게 산수를 즐기던 곳에 장군의 손자 옥포 만호萬戶 이희조가 유적지를 기념하기 위해 건물을 지었다. 장군은 훌륭한 아들 네 명을 두었는데 모두 함안에서 태어났고, 그 후손들도 대부분이 대대로 함안에서 살았다.

　이호성은 어려서부터 독서를 좋아하고 문장에 뛰어나 문과에 합격하는 것은 냇가에 나가 돌을 주워오는 것보다 쉽게 여겼으나, 막상 시험에서 몇 번 낙방하자 문과를 단념하고 무과로 마음을 돌렸다.

　어릴 때부터 달리는 말을 잡을 수 있을 정도로 몸이 빨랐고, 말타기와 활쏘기 등 무예에 출중했으며 병법에도 능통하였다. 1419년(세종 1년) 무과에 합격한 후 젊었을 때 병기를 제조하고 관장하는 군기시 직장軍器寺直長, 군기시부정軍器寺副正(종3품) 등 주로 군기시에 근무를 했다.

고려 말에 화약을 개발했던 최무선이 아들 최해산에게 화약 다루는 비법을 전수했고, 최해산이 군기시에 이호성의 선임으로 근무한 경력이 있어 이호성은 일찍부터 최해산에게 화약 취급을 배웠던 것으로 보이며, 훗날 이호성과 최해산은 여진 정벌 때 최윤덕 휘하에서 같이 활약하게 된다.

당시 북방의 여진족과 남방에 있는 왜적은 조선의 큰 우환거리였다. 북방의 파저강婆猪江(일명 동가강) 유역에 자리한 건주위의 여진족 400여 기가 1432년(세종 14년) 평안도 지역에 침입하여 사람과 우마를 약탈해 가다가 조선군과 군사적 충돌이 일어났다. 이는 조선이 개국된 후 평안도 지역에서 여진족과 마찰이 생긴 첫 사례였는데, 세종은 정승들을 소집해 사태의 수습을 논의했다. 회의 후 세종은 이 사태를 명나라에 알리고 군사적인 대책을 논의하였다.

1433년(세종 15년) 건주위建州衛의 추장 이만주李滿住를 잡기 위해 최윤덕을 평안도 도절제사로 삼고 황해도·평안도의 병사 1만 5,000여 명으로 하여금 이를 정벌하게 했다. 이호성은 총책임자인 최윤덕을 가까운 곳에서 보좌하며 38세 노련한 젊은 장수로 맹활약을 하게 된다. 이때 이호성이 향하는 곳마다 맞설 적이 없어서 별명이 날아다니는 장군이란 뜻으로 비장군飛將軍으로 통하였다. 이 전투에서 조선군은 적 62명을 사로잡고 98명을 사살하는 전과를 올렸으나, 추장 이만주를 사로잡는 데는 실패하였다.

 1441년 (세종 23년) 국경에서 이민족의 침략이 잦고 우환거리로 성장하자, 세종이 조정의 관료 중에 화포의 사용법을 잘 아는 자를 선발하여 평안도와 함경도로 보내서 이들로 하여금 변란에 미리 대비하라 하니, 이에 호군護軍 이호성과 전前 판관前判官 변상근이 합당한 인물로 천거되자 바로 감련관監鍊官에 임명되어 국경으로 파견되었다. 4군을 설치할 때 도진무로 큰 역할을 한 바 있고, 조정에 명망이 높던 김종서가 적임자로 이호성을 천거하자 조야에 신임이 더욱 두터워졌다.

 여진족을 제압하고 두만강 하류의 요충지인 종성·온성·회령·경원·경흥·부령에 점차적으로 6진을 설치하게 되는데, 이호성은 이때 공을 세우며 일조를 했다. 6진을 설치할 당시 있었던 일로 아직도 회자되는 이야기가 있다. 사람들이 많이 왕래하는 길가에 큰 나무 가지가 길을 가로막고 있어 말을 타고 지나는 사람마다 말에서 내리거나 머리를 꾸부려 지나갔는데, 장군은 말을 달리게 하고 가지 위로 솟구쳐 뛰어넘은 후 다시 말을 타고 달리자 보는 사람들이 모두 감탄하였다.

 훗날 아들 이거인李居仁도 무과에 급제해 명성이 자자했고 병마절도사 등 군의 요직을 역임하게 된다. 북방에 근무하면서 아버지가 뛰어넘던 나무가 있는 곳에 가서 말을 달리게 한 후 아버지와 같이 해보았다. 나뭇가지는 잘 뛰어넘었으나 말 등에는 바로 앉지는 못했다고 한다.

 남쪽의 해안을 왜적들이 자기들 안방 다니듯 마음대로 들락거리며 민초를 괴롭히며 분탕살육을 일삼았고 추수철에는 농작물을 갈취하여 갔다. 조정에서 1449년(세종 31년) 이호성을 거제현령으로 발령을 내자 이호성은 부임하자마자 거제성을 돌아보았다. 거제는 고려 때도 왜구가 어찌나 민초를 괴롭히는지 도저히 사람이 살 수 없는 땅으로 변하자, 현재 거창군에 속한 가조현으로 집단이주를 한 아픈 역사가 있었다. 이호성의 눈에 성은 너무 협소하고 낡았으며, 무엇보다 성안에 많은 사람이 거주하기에는 물이 턱없이 부족했다. 지역 유지들을 모아 놓고 자연환경의 약점을 말한 후, 농한기를 이용해 무이루撫夷樓를 세운 후 읍을 옮길 뜻을 밝히자 적극적인 지지가 있었다.

　농사를 마친 후 무리하게 공사를 진행하지 않기 위해 높은 곳에 북을 걸어 놓고 작업의 시작과 끝을 알려 공평하고 편안한 마음으로 일하게 했다. 오전 늦게 시작해서 오후 일찍 작업이 끝나게 하고, 백성이 일에 골병들지 않게 배려를 하자 작업능률이 훨씬 높아 계획보다 일찍 준공했다. 성의 길이는 3,600여 척이요, 관사로 사용할 집을 지은 칸수는 40여 칸이었다. 새로운 분위기로 거제가 다시 태어나는 듯했다. 영의정 하연河演은 축하하면서 무이루撫夷樓에 걸 현판의 시를 보내왔다.

　　　　古島衣冠異　　옛 섬은 의관이 다르고
　　　　元戎號令神　　원융(지도자)의 호령은 신神과 같도다
　　　　葦航通北路　　갈잎 배는 북쪽의 길과 통하고
　　　　獷俗接東鄰　　거친 풍속은 동쪽 이웃과 접했네
　　　　海晏妖氛息　　바다가 고요하니 요사한 기운 그쳤고
　　　　時淸化日新　　시대가 청명하니 교화가 날로 새롭도다

| 一區煙火足 | 한 구역의 연화가 흡족하니 |
| 盡是太平民 | 모두 다 태평시대 백성이구나 |

─번역《거제도유배고전문학총서》참조

 이 일로 훌륭한 지방관이라며 소문이 조정에까지 자자해졌고, 많은 사람이 칭찬과 격려를 아끼지 않았다. 훗날 영의정에 오르는 박원형朴元亨은 "충효는 누가 그대와 같은 사람이 있겠는가? 영웅인 그대를 바라보니 신神과 같도다. 병법을 논하면 그대만 한 사람이 없고, 자신을 지킴에도 그대만 한 사람이 없구나. 집에 있을 때는 효도요, 근무할 때는 충절 높은 절개가 새롭더라. 그대는 성덕을 잘 펼쳐서, 위엄과 은혜로서 우리 백성을 잘 보살피시게."라며 시로 축하했다.

 당대 최고의 문장가로 통하던 서거정徐居正은 "지방 행정에 제일로 추대되더니, 적을 제압하는 묘책은 신과 같도다. 문무의 재능을 겸비하였고, 청렴하여 친구가 많네. 나라 걱정에 남쪽이 편안해졌고, 부모를 섬김에 집안이 새롭더라. 충효가 그대 같은 이 적으니, 영광이 이미 백성 속에 우뚝 솟았구나" 하였다.

 이 밖에 최항(훗날 우의정), 이계전(훗날 영의정), 이파(훗날 좌찬성), 김담(훗날 판서) 등 많은 인사가 문무 겸비와 백성을 잘 보살피고 사랑하는 높은 덕을 글을 지어 찬양했다.

 1450년(문종 즉위년) 조정의 분위기를 일신시키고자 이조판서 권맹손權孟孫이 관료 중에 게으르고 우매한 자에게는 벌을 주고, 현명한 자에게 상을 주자는 상소에 왕이 수용했다. 왕이 업무에 게으르고 우매한 자와 부지런하고 현명한 자를 조사한 후 보고하라고 하자, 이호성은 의정부 의논에 부지런하고 현명한 관료에 분류되었고, 얼마 후 첨지중추원사(정3품)로 승진과 함께 공조참의가 되었다.

평안도 국경이 소요하여 1453년(단종 1년) 평안도체찰사 이양李穰과 함께 군법을 현장에서 집행하는 총책임자인 도진무都鎭撫가 되어 국경으로 가 방비 상태를 돌아보고 왔다. 얼마 지나지 않은 같은 해 10월(음력)에 수양대군이 어린 조카 단종을 폐위시키고 정권을 탈취하기 위해 황보인, 김종서, 이양 등을 죽이는 충격적인 일을 목격하게 된다.

세조가 병권을 총괄하는 오위도총부五衛都摠府(정2품) 도총관에 승진시키고자 하였으나, 사양하고 지방에 계신 노부모를 봉양하기 위해 지방관을 희망했다. 정권이 수양대군에게 넘어가고, 조야에 존경받는 무인들이 대거 희생되자 중앙정치에 염증과 마음에 갈등을 느꼈던 것으로 보인다.

1455년(세조 1년) 12월 소원대로 지방관인 경주부윤(종2품)으로 발령이 나자 부임했다. 부모님이 계신 곳과 가까운 곳을 자원해 경상우도처치사慶尙右道處置使를 거쳐 곧 동지중추원사(종2품)가 되고 원종공신에 녹훈되었다.

1457년(세조 4년) 경상좌도 병마절제사가 되었으나, 이듬해 연로하여 병이 든 어머니를 봉양하기 위해 사직하는 상소를 올렸다. 상소의 내용은 국경의 북쪽과 남쪽에서 구석구석까지 누비고 다니며 현장에서 직접 경험한 바를 토대로 하여 국방 대책을 조목조목 제시하는 장문의 글이었다.

정리하면 아래와 같은 내용의 글이었고, 약 150년 후 국방 소홀로 일어난 임진·정유재란과 병자호란으로 국가와 민초가 겪은 비참함을 생각하면 얼마나 구구절절 옳았다는 생각이 들게 한다.

첫째, 섬 오랑캐 원종元種은 남쪽 백성의 근심거리입니다. 만일 제포(진해), 부산포, 염포(울산)에 사는 왜인이 700~800에 이르게 되면 다른 곳으로 잠입하여 고기를 낚고, 행상을 빙자하며 사람을 겁탈하고 재물을 빼앗을 것이니 백성에게 해가 됨이 적지 않을 것입니다. 혹 간사한 계교를 두고 본도本島와 몰래 응하여 허실을 엿보고 틈을 타서 변을 일으킨다면 연안뿐만 아니고, 안에 있는 주현州縣도 해를 받을 것입니다.

공격하고 침략하는 형세는 그 상황을 아는 자가 스스로 원하여 간첩이 되고 그 산천을 아는 자가 원하여 향도가 되어 소요하게 됨은 마땅히 방비가 없음에서 비롯됩니다. 동쪽을 방비하면 서쪽이 소요하고 서쪽을 방비하면 동쪽이 소요하니, 그 소요함을 바쁘게 구원하여도 저들은 반드시 허와 실, 강과 약한 곳을 알아서 방비가 튼튼한 곳은 피하고 허술한 곳을 공격할 것이니, 공격의 변화가 무상할 것입니다. 경상도는 영해寧海로부터 하동河東까지 20여 주州가 모두 바닷가에서 적을 막게 되니 방어가 매우 어렵습니다. 여러 주중에는 주둔하는 군사가 없는 곳이 많습니다. 군사가 있어도 방어하기 어려운데, 먼 곳에 주둔하는 군사가 달려가서 방어하기는 더 어려울 것입니다.

연안의 기마병·해군 외 여러 군인을 본읍에 소속시켜 방어하게 하고, 요충지에 주둔하고 있는 군사는 인근 고을이 변란을 당하면 달려가 서로 구원하게 되면 적이 어찌 허한 곳을 노려 함부로 날뛰겠습니까?

　둘째, 포浦 사이의 거리가 20~30리인데 허술한 곳을 노려 갑자기 변고가 생기면 육지의 기병이라면 빠르게 달려가 구원하기 가능한 거리지만, 바다에서 선박으로 구원하기에는 시간이 너무 많이 걸립니다. 중간에 석보를 쌓은 후 기마병으로 대체하면서 없어진 여러 포는 다시 세우고 요충지의 석보는 석보대로 방어를 강화해야 적도들이 넘보지 못할 것입니다.

　셋째, 좌도처치사左道處置使는 한 지방의 수군 대장인데, 왜의 객이 모이는 곳에 부관들과 섞여 거주하면서 왜적들에게 군사의 허실과 여러 정보가 누출되고 부관들에게는 위엄이 서지 않습니다. 대장은 별도로 거주하게 하여 위엄이 서게 하고 선박도 적에게 노출되지 않은 곳을 골라 정박시키는 게 좋을 것 같습니다.

　넷째, 평안도平安道는 야인과 접하여 있고 중국과 가까워 방어를 엄히 하지 않을 수 없습니다. 살펴보니 군사도 부실하고 성곽도 낮으니 만일 큰 변고를 만나면 어떻게 하겠습니까? 방비의 계책은 지리가 험한 곳에 웅거하면서 큰 성을 줄지어 쌓는 것이라 했습니다. 대적이 지나는 길목인 의주·삭주에 큰 성을 쌓아 큰 진을 만들고, 강계·귀성·철산·용천·용강·영변·안주·자성·성천·평양 등의 고을도 대성을 쌓아 근방에 있는 여러 읍의 병기와 군수품을 옮겨 만일을 대비해야 합니다. 이렇게 되면 적들이 깊이 침입하려고 해도 배후가 끊길까 감히 깊이 침입하지 못할 것입니다.

이호성의 상소를 세조는 흔쾌히 계책으로 받아들여, 우선 평안도

의주義州와 삭주朔州 등의 읍성邑城을 먼저 수선하고 높이 쌓게 하였다. 1459년(세조 5년) 경상좌도도절제사慶尙左道都節制使(정3품)로 근무하다가 이듬해 동지중추원사(종2품)가 되어 중앙으로 돌아왔다. 세조는 신하들과 공식 석상에서 이호성이 대장군임을 강조하고 그와 활을 같이 쏠 것을 약속하며 무공을 높이 평가하였다.

1461년(세조 7년) 경상우도처치사로 있을 때 대마도 어부와 조선 어부의 마찰로 소요가 크게 일어날 뻔한 일이 있었다. 대마주對馬州의 선주船主 오라여모吾羅汝毛 등 9명이 고초도孤草島라는 섬에 와서 고기를 낚다가 풍랑을 만나 작은 섬에 닿았는데, 조선의 작은 배 12척을 만나 구조가 되었다. 이들이 조선의 어부가 잡은 어물魚物을 주기를 청하므로 조선의 어부가 잡어雜魚 다섯 마리만 주자, 마음에 차지 아니한다고 원망을 품고 난동을 부리다가, 두목이라 할 수 있는 오라여모가 화살에 맞아 현장에서 즉사하고, 표아시라表阿時羅 등 3명은 화살에 맞거나 돌에 부딪히는 등 조선 어부에게 얻어맞아 초주검에 이르는 사고가 일어났다.

지세포 만호 송석견의 보고를 받은 이호성은 이들을 붙잡아 두도록 하고 조정에 빠르게 보고서를 올렸다. 만약 이들을 쉽게 풀어주면 본국으로 돌아가 억울함을 확대하고 날조하면 국경이 소요해질 것이 확실했기 때문이었다. 조선의 배가 12척이었고, 화살에 맞아 두목이 현장에서 즉사한 것을 볼 때 가해자 조선 측의 사람은 단순한 어부들이 아닌 조선 수군들로 추측된다. 왜적들이 마음대로 조선의 해안에서 고기를 잡고, 노략질하자 어부를 과장한 군인이거나 아니면 청년들이 이들을 혼내 준 것으로 보인다. 현장 총책임자인 이호성은 이들을 불러 형식적인 국문을 하고 원만하게 처리하여 분란을 사전 예방하여 다시 한번 능력을 인정받았다.

1466년(세조 12년) 세조가 후원에서 군사 훈련을 참관할 때 대장이 되어 진퇴 조작의 형세를 펼쳐 보였고, 평안도절도사로 임명될 때 신숙주申叔舟 등과 평안도 방어에 관해 의논하였는데, 이때 세조는 술자리를 베풀어 격려하였다. 1467년(세조 13년) 세조는 이호성이 연로해서 군사에 관한 일을 관장管掌할 수 없다 하여 오위도총부 도총관(정2품관으로 병조판서와 같은 품계)의 직職을 그만두게 조치하였다. 같은 해에 이호성은 향년 71세의 나이로 세상을 떠났다.

중추부지사中樞府知事(정2품) 이호성이 죽었다는 말에 조선 초기까지 엄격히 지켜지던 정2품관 이상의 벼슬을 역임한 자에게만 내리는 시호가 내려왔다. 시호는 정무靖武였고, 의미는 몸은 편안하고 말이 적었다는 정靖자와, 성품이 강직하며 사리가 곧고 바르다는 무武 자를 합하여 지은 것이다.

이호성은 40여 년의 공직 생활에 티끌만 한 의혹을 두지 않았고, 추위가 매서운 북방에서 무관으로 오래 근무했으나 추위를 막기 위한, 짐승 가죽으로 만든 두터운 갓옷 한 벌 없었다고 전한다.

아들 사 형제가 명사들이었는데, 장남 존인存仁은 사직司直(정5품 무관)이요, 차남 의인依仁은 서령署令(종5품)으로 명성이 높았던 학자 김종직과 종유했으며, 삼남 거인居仁은 무과에 급제하고 병마절도사兵馬節度使(종2품)를 역임하였으며, 사남 처인處仁은 무과에 급제하여 훈련원 봉사를 역임했다.

—《청소년이 읽어야 할 함안의 인물》, 함안문화원(2017. 12.)

02

동지들의 희생으로 살아남은 생육신 조려

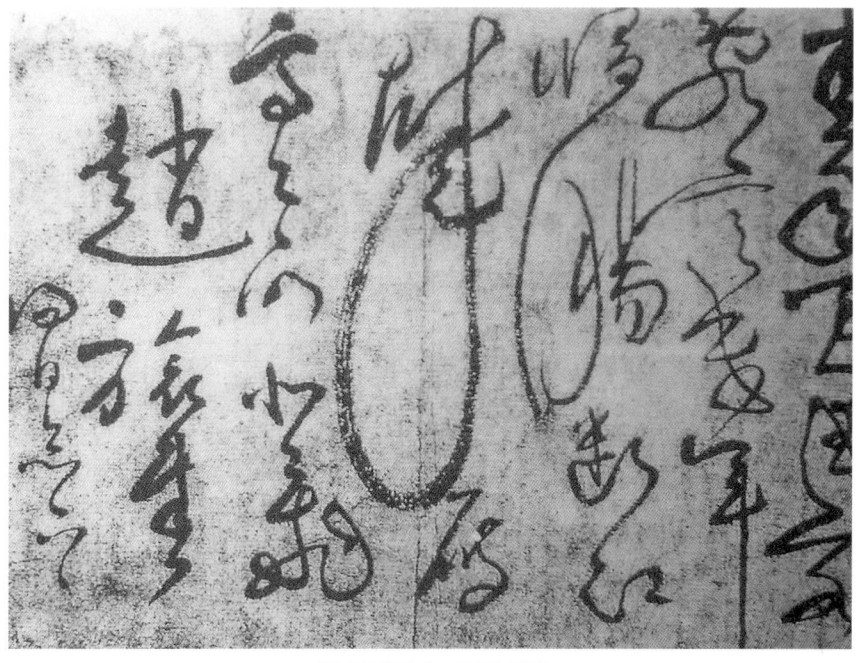

두보의 시를 쓴 조려의 친필

흔히들 사육신은 처참하게 생을 마쳤으나, 생육신은 현실과 거리를 두고 한평생 편안하게 생애를 마친 것으로 아는 사람이 많은데, 전혀 그렇지 않았음을 조려를 통해 보더라도 알 수 있다. 조려趙旅, (1420~1489)는 1420년(세종 2년) 함안군 군북면 평광에서 아버지 증贈 사복시 정司僕寺 正 조안趙安과 성산 이씨 보승호군保勝護軍 이역李懌의 따님 사이에 외아들로 태어났다.

아버지 조안은 이종무 장군을 따라 대마도 정벌에 참여하고 돌아왔으나, 조선이 무력으로 건국한 초기이고 형제의 난이 있은 지 얼마 되지 않은 때라 이종무가 병권을 장악할까 두려워한 세력들이 역모로 몰아 이종무 장군을 내치자 조안도 함께 누명을 쓰게 된다(1419년). 얼마 가지 않아 이종무와 조안은 누명을 벗게 되지만 아들 조려가 갓 난아기 때 젊은 나이에 세상을 떠났다.

조려의 할아버지인 조열은 고려 말에 공조전서工曹典書를 지낸 사람이었다. 조열趙悅은 시를 잘 짓고, 글씨에 뛰어났고, 그림도 잘 그렸으며, 음악에까지 소질이 뛰어나 당대 최고의 거문고 연주가로 명성이 높았다. 누구보다 조열을 잘 알고 있던 조선을 건국한 태조 이성계가 벼슬로 여러 차례 불렀으나 벼슬길에 나아가지 않았다. 태조 이성계의 아들로 조선의 3대 왕인 태종이 아버지인 태조와 형님인 정종 임금의 어진(초상화)을 조열이 그릴 것을 간곡히 부탁하였으나, 모두 거절해 다시 죽을 고비를 몇 차례 더 넘기게 된다.

조려가 태어나기 1년 전에 이런 할아버지가 작고하고 얼마 가지 않아 아버지 조안마저 세상을 떠나자 조려는 홀어머니 슬하에 고아와 다를 바 없는 소년시절을 보냈으나, 어려운 환경 속에서 성장하면서 학문이 날로 밝아 널리 세상에 알려지기 시작했다. 뜻 모르고 암송하는 공부와 미사여구로 글을 짓는 것을 배격했으며, 어려서부터 뛰어난 재주와 출중한 도량이 있어 장차 과거 시험에 응시하기 위해 열심히 공부했다.

차츰 나이가 들자 경사經史와 제자백가諸子百家에도 통달하였고, 문장이 단아수려端雅秀麗하여 일찍부터 여러 사람의 주목을 받았다. 성인의 나이가 되자 아버지가 현감을 지낸 홍양 이씨 운運의 딸을 아내로 맞이했다. 아들 하나를 보고 평생을 산 어머니 성산 이씨를 아내 홍양 이씨는 정숙하고 부도가 있어 시어머니를 잘 모셔 주위에서 칭찬이 자자했다.

조려는 어려서부터 총명했으나, 경제적으로 어려워 비교적 늦은 나이인 33세가 되는 1453년(단종 1년)에 진사시험에 합격하고 청운의 꿈을 안고 성균관에 입학하였다.

성균관은 조선 제일의 교육기관으로 전국 각 지역에서 내로라하는 인재들이 모여 공부하는 곳이라 여기서 공부한다는 자체만으로 자부심이 대단하던 시대였다.

조려는 비록 시골에서 올라온 가난한 유생이었지만, 할아버지가 고려 말에 고위직을 지내, 조정 대신들은 할아버지 이름을 모르는 사람이 없었고, 중부仲父(아버지의 형) 조녕趙寧이 일찍 문과에 급제했고, 사촌 동생 조욱趙昱도 조려가 진사시에 입격할 때 문과에 급제해 조려가 활동 영역을 넓히는 데 도움이 되었다.

성균관 유생 중에 아버지나 인척 중에 고관들이 많아, 조정에서 일어나는 정보를 매일 접할 수 있는 곳으로 유생들이 전하는 정보는 매일 매일 충격의 연속이었다. 특히 조려가 성균관에 입학한 해인 음력 10월 10일에 수양대군이 일으킨 계유정난에 조려는 비분강개했다.

문종은 죽기 전에 유언으로 영의정 황보인을 비롯하여 남지南智·김종서 등 대신들에게 단종을 잘 보필하도록 명하였다. 그러나 단종이 즉위한 지 얼마 뒤에 좌의정 남지가 죽고 김종서가 좌의정, 정분鄭苯이 우의정으로 임명되자 황보인·김종서가 정치적 영향력을 행사하고 있었다. 수양대군이 볼 때 황보인은 성격이 유순하여 걱정이 없었으나 김종서가 가장 큰 걸림돌로 보였다.

좌의정 김종서는 문과 출신으로 호랑이 장군으로 통했으며, 백성의 존경을 받고 있어 역모를 모의하는 데에는 가장 두려운 존재이며 장애물로 생각되었다. 수양대군은 김종서를 제거하기 위해 직접 나섰다. 병력을 동원하여 경복궁을 점령하고, 자신은 노비인 임운과 양정을 대리고 관복 차림으로 김종서의 집을 방문했다. 수양대군이 역모에 착수한 것을 알지 못한 김종서는 무방비 상태에서 방문한 수양대군을 만났고 따라온 노비 임운이 내리친 철퇴를 맞고 절명했다.

김종서를 죽인 후 수양대군은 한양의 사대문과 주요 군 시설을 장악한 뒤 단종에게 김종서가 안평대군과 짜고 역모를 했다고 거짓 보고한 후, 김종서와 단종을 지지하던 영의정 황보인, 영토 확장에 공이 큰 이양, 조극관 등 많은 인재를 철퇴로 죽인 후 우의정 정분, 우참찬 허후, 평안도관찰사 조수량 등을 유배시켰던 것이다. 평온하던 서울이 하룻밤 사이에 도살장으로 변해버린 것이다.

성균관에서 이 소식을 들은 조려는 수양대군의 악랄함과 그쪽에 붙어 함께 악행을 저지른 무리에 분노했다. 고려가 불교를 기반으로 하여 천당 지옥 등을 말하며 현실과 거리가 먼 내세관에 빠져 많은 부작용이 여기저기 나타나더니, 후대로 갈수록 승려들이 수행에는 게을리 하고 사원을 중심으로 뭉쳐 다니며 많은 농토를 소유하게 되자 나라의 경제는 동맥경화에 걸려 망하게 된다.

조선은 비현실적인 불교를 극복하기 위해 현세적인 유학을 건국이념으로 나라를 세웠지만, 내세관이 희박하고 지옥에 대한 두려움이 없어 형제간에도 피 튀기는 싸움을 벌였으며, 분쟁이 한번 발생했다 하면 많은 사람이 희생되었다. 유학의 제일 덕목은 가족관계를 중심으로 한 따뜻한 사랑이 아니던가? 부모에 대한 효, 자식에 대한 자애, 형제간에 우애가 모두 사랑인 인仁을 씨앗으로 하지 않는가? 가정으로부터 시작한 사랑이 이웃과 온 나라로 퍼져 사랑이 넘치는 나라를 만들기 위해 사리사욕을 누르고, 예의를 지킴도 사랑을 실천하는 방법이지 않던가? 어린 조카를 밀어내고 왕이 되기 위해 단종을 지지하는 세력을 짐승을 때려잡듯 인재들을 도륙낸 것이다.

중국의 주나라 초기의 역사가 조선 수양대군 때와 아주 비슷한 상황이 된 적이 있었다. 주나라를 세웠던 무왕이 죽자 무왕의 동생들이 권력에 대한 유혹을 뿌리치지 못해 노골적으로 반란을 도모했다. 하지만 무왕의 동생이었던 주공은 생각이 달랐다. 어린 조카인 성왕을 임금 자리에 앉히고 뒤에서 섭정을 했다. 많은 사람들이 그냥 주공이 왕이 될 것을 권했지만, 형님 무왕의 아들이자 조카인 성왕에게 통치 기술을 가르치기 시작했다. 성왕의 숙부들이자 주공의 동생들인 관管·채蔡·곽霍이 연합하여 대규모 반란을 일으켰다.

주공은 주모자들이 동생들이지만, 대의명분이라며 세 명의 동생을 모두 역모의 죄를 물어 처형했다. 주공은 7년 동안 성왕을 더 보좌한 후 어느 정도 자립할 수 있는 나이가 되자, 모든 것을 조카에게 깨끗하게 물려주었고 나라도 안정이 되고 많은 사람이 그를 존경했다. 오랜 세월이 흘렀지만, 주공은 인류의 스승으로 존경받고 있지 않은가. 조려는 성균관에서 사귄 뜻이 맞는 친구들을 불러 술자리를 만들어 술을 마신 후, 수양대군 아래에서 벼슬을 하는 것은 지식인으로서 수치라며 한탄하였다. 친구들에게 자신은 앞으로 수양대군 아래서는 어떤 벼슬도 하지 않겠다는 말을 남기고 고향 함안으로 낙향했다.

선비는 학문을 닦고 수양해서 좋은 군주를 만나게 되면 세상을 위해 벼슬살이를 하고 포부를 펼쳐야 하지만, 폭군을 만나면 벼슬을 그만두고 학문을 닦고 좋은 문화를 계승하여, 다음 세대에 전해 줄 의무가 있지 않은가. 이런 시대를 만난 것이 한恨이지만, 고향으로 돌아와 농사를 돌보며 가슴에 빛을 감추고 옛날과 조금도 다름없이 아침에 일찍 일어나 조용히 글을 읽고 농사를 지었다.

한양으로부터 들려오는 소식은 날이 갈수록 참담했다. 경상도 하양(경산) 출신으로 가깝게 지내던 허조許慥가 가끔 소식을 전해주었다. 문경공文敬公 허조許稠는 세종 때 좌의정을 역임한 황희와 함께 역사에 큰 족적을 남긴 재상으로 유명한데, 발음이 같은 허조許慥의 할아버지였다. 문경공의 장남 허후許詡는 참찬의정부사參贊議政府事를 지냈는데, 단종과 김종서金宗瑞 편에 섰다가 경상도 거제로 귀양 갔다가 수양대군 무리에 의해 교살당했다. 허후의 장남이 허조許慥였는데 일찍 문과에 급제하고 집현전 수찬을 지냈으며 조려와 막역하게 지냈다. 조려는 가슴속에 있는 이야기를 허조許慥에게는 다 할 수 있었고,

허조許慥도 기회가 오면 언제든지 수양대군을 칠 생각을 했다. 그는 조려가 고향으로 돌아갔음을 아쉬워하며 자신의 생각을 시로 표현하여 서신으로 보내기도 했다.

  수레바퀴 먼 곳으로 굴러갔네
  우린 어디로 돌아가야 하나?
  한강 물 출렁출렁 전도가 양양하니
  배 돌려 성공할 날 멀지 않으리
  삼각산 우뚝 솟아 기상이 굳건하고
  맹세 이룰 날 가까워졌구나
  지智씨 나라 아직 건재하니
  그대는 예양豫讓과 같은 나라의 선비일세
  조양자 죽일 용기 있으니
  나는 지선자 위해 원수 갚으리
  간담을 열고 서로 슬프하는데
  그대는 나의 충정 의심하지 마오

  駕遷遐陬 吾輩何歸 漢水洋洋 繫楫可期
  角嶽巍巍 盟息不遠 智氏上存 君爲國士
  趙孤猶餘 我報宣子 披肝共泣 勿貳素衷

허조는 중국의 고사를 끌어와 "조려 그대는 예양과 같은 사람이다"라며 글을 지어 보낸 것이다. 중국 춘추전국 시대 진晉나라 지양자智

襄子가 조趙나라와 싸우다가 망하자, 조나라 양자는 지양자의 해골에 옻칠한 후 오줌 그릇으로 사용했다. 지양자의 신하 예양은 이것을 보고 분하여 원수를 죽이고자 비수를 품고 조양자가 거주하는 곳에 침입해 변소에 숨어 있다가 발각되자, 조양자의 신하들이 모두 죽이고자 했으나, 조양자는 예양은 충의지사라며 살려주었다. 예양은 조양자 죽이기를 포기하지 않고 나환자처럼 꾸미고, 다리 밑에서 조양자가 지나가기를 기다리며 엿보고 있다 발각되어 죽임을 당했던 사람이다. 위의 시는 허조許慥가 조려에게 단종복위 운동 직전에 지어 보낸 것으로 보인다.

　1456년 6월 창덕궁 광연전에서 명나라 사신을 맞이하는 자리를 이용하여 집현전 출신 젊은 학자들이 세조를 죽일 계획이었으나, 연회 절차에 변동이 있게 되자 거사가 미루어지고, 거사가 성공하지 못할까 두려워한 김질金礩이 장인인 정창손에게 밀고하자, 병력을 동원하려고 했던 김문기 등 주모자와 100여 명이 화를 입게 되었다.

　이때 재판장에 끌려 나온 박팽년은 세조에게 말하기를 "나는 당신의 신하가 아니다"라며 공문서에도 "'신臣'이라는 글자 대신 '거巨'라는 글자를 써왔노라."라고 말했다는 것이다. 성삼문은 세조를 가리켜 '나으리(進賜)(종친에 대한 호칭)'라 호칭하고 떳떳하게 모의 사실을 시인하면서, 세조가 준 녹祿은 창고에 쌓아두었으니 모두 가져가라 하였다. 유응부에게 세조가 국문하면서 "너는 무엇을 하려고 했느냐?"라 묻자, "한칼에 족하足下(세조)를 죽이고, 본(단종) 임금을 복위시키려 했다."고 하자 다른 사람보다 더 모진 고문을 받다가 죽었다.

　집현전 학사 출신들이 거사에 실패했다는 한양으로부터 소식에 조려는 자신의 목숨도 이제 끝났다고 생각했다. 허조許慥와 주고받았던 편지가 발각되면 살아남을 길이 없을 것 같았다.

허조許慥의 매부 이개李塏는 아들과 함께 이미 죽임을 당했고, 허조의 사돈 김문기도 연루되어 아들과 함께 처형되었다고 했다. 허조의 집을 수색하고 편지가 발각되면 그날로 모든 것은 끝이라고 생각이 들었다.

조려는 이왕 이렇게 된 것 담담하고 의연하게 죽음을 맞이할 준비를 했다. 한 달 정도 지난 후 한양으로 온 다른 소식에 의하면 허조許慥는 자결하였고 두 아들은 처형되었다는 안타까운 소식이었다.

허조가 모의의 배후에서 다리 역할을 할 수 있었던 것은 자신도 집현전 수찬 출신이지만, 할아버지가 10년간 이조판서를 하면서 인재를 발굴하고 후원하여 집현전 학사들의 정신적 지주였던 점이 크게 작용한 것이다. 비밀모의가 여러 차례 허조許慥의 집에서 있었음이 밝혀지고, 모진 고문을 이겨내지 못하고 동지들을 팔 것을 두려워하여 스스로 목숨을 끊어버린 것이다. 오랜 시간이 지난 후 밝혀졌지만, 허조가 자결하기 직전 공조판서이자 사돈인 김문기에게 보낸 편지에도 사육신의 이름과 생육신 조려가 나오는데, 당시 얼마나 급박하게 돌아갔는가를 아래 서신에서 짐작할 수 있다.

(…중략…)

동지들에게 화가 조석으로 다가오고 있습니다. 맹서는 먼저 하고 칼날은 뒤에 오는 것이 천명일까요? 갑자기 구리(말을 관리하던 김질의 낮은 벼슬 이름)의 밀고에 의해 근보謹甫(성삼문의 자)가 고문을 받고,

인수仁叟(박팽년의 자)가 항절하는데, 열경悅卿(김시습의 자)이 찾아와서 연루가 나의 몸에까지 미칠 염려가 있다고 합니다. 내가 무슨 말을 하겠습니까? 사순(?)과 청보淸甫(이개의 자)는 이 마음을 아는지 소문은 들었을까요? 이 뜻을 주옹主翁(조려의 자) 형에게 급히 전하고 형이 두우류(?)에서 급히 동생(조려)을 상봉하시는 게 어떨는지요? 촉박한 사정을 다 적지 못합니다.

조려는 허조만 생각하면 눈물이 절로 나왔다. 세조와 그 무리들은 너무나 잔인했다. 사육신을 포함하여 적극적으로 가담한 40여 명에게는 가죽을 벗기고 살을 지지는 고문을 가하고, 군기시 앞에서 산 사람을 수레를 이용하여 찢어 죽였고, 가담자의 아버지나 아들까지 참수나 교수형으로 죽였는데 모두 합치면 100명이 넘는다고 했다.

함길도관찰사 출신으로 병력을 동원하려고 했던 김문기가 일이 일어나기 전에 조려에게 보낸 시가 있었다.

    맑은 물에 발을 씻고 방석에 앉았으니,
    한매寒梅와 드문 대나무에 정신이 배나 맑아지네.
    문을 열어 천지에 내 마음 아는 달을 맞고,
    호산湖山에 술잔 드니 뜻을 이룬 봄이로세.
    새도 울며 시비하여 세속을 싫어하고,
    번복하는 낙화도 사람처럼 부끄러워하네.
    (오랜 세월에 아래 句를 잃음)
    濯足淸流坐草茵 寒梅孤竹倍淸神

門迎天地知心月 樽放湖山得意春
啼鳥是非嫌近俗 洛花飜覆愧猶人
(오랜 세월에 아래 句를 잃음)

부귀와 권력에 따라 마음이 하루아침에 변하고도 부끄러워하지 않음을 표현하고 있다. 꽃잎이 땅바닥으로 떨어지는 그 짧은 몇 초 사이에 팔랑팔랑 몇 번 뒤집으면서 떨어지는 것을 부끄러워하는데, 사람은 부끄러워하지 않는다고 은유하고 있다.

박팽년은 있었던 모든 사실을 당당하게 불고 죽었으나, 김문기는 아무리 모진 고문을 가해도 단종과 동지들이 다칠까 한 마디도 남기지 않고 죽었다고 했다.

허조許慥와 김문기 중 한 사람이라도 입을 열었다면, 조려는 죽음을 피할 수 없었을 것이다. 농사를 짓다가 가슴이 답답하면 집에서 울화를 삭일 수 없어 낚싯대를 매고 경치 좋은 곳을 찾아다니며 마음을 달래어야 했다.

계유정난 후 세조가 조카 단종 부부에게 아들이 생길까 생이별시킨 후 단종은 영월로 유배를 보내었고, 단종의 비 정순왕후 송씨를 동대문 밖으로 추방했다는 소식이 있었다. 정순왕후 송씨는 도성 밖 낙산 청룡사에 기거하며 매일 산마루에 올라 단종이 유배 간 동쪽 하늘을 바라보며 안녕을 기원하는 기도로 일생을 마치자, 후세 사람들은 그 산마루를 동망봉이라 불렀다.

조려는 함안에서 영월까지 천리 길을 셀 수 없을 정도로 오고 갔고, 가는 길에 원주에 사는 동지 원호元昊의 집에 자주 들렀다. 집현전 직제학을 지낸 원호의 관란정觀瀾亭에서 평시서령平市署令을 지내다 봉화로 낙향한 이수형李秀亨 등과 함께 국사를 논하면서 어린 임금의 안전을 기원했다. 후에 원주 치악산 무릉계곡에 들어가 세조 아래에서는 어떤 벼슬에도 나가지 않을 것을 굳게 맹세하고, 암벽에 이름을 나란히 새긴 것이 오늘날까지 전해지고 있다.

조카를 죽이고 왕위를 빼앗은 세조는 자신을 따른 역모 가담자들에게 곧 논공행상을 열었다. 가담자들은 사육신 집안 남자들을 모두 죽인 후 전답과 여자들을 상으로 받아 갔다. 《조선왕조실록(세조 2년 9월 7일)》을 살펴보면 세조에 붙었던 사람들이 여자들을 노비로 선물을 받아 가는데, 눈에 띄는 몇 사람을 보면 류성원의 아내와 딸은 한명회(영의정 역임)가 차지하고, 박팽년의 아내는 정인지(영의정 역임)가, 성삼문의 아내는 박종우(이조판서)가, 하위지의 아내와 딸은 권언(무인)이, 최면의 누이와 조완규의 아내와 딸은 신숙주(영의정)가, 조려와 막역하게 지냈던 허조의 아내와 딸은 이계전(도승지)이 차지하는 등 인간으로 상상할 수 없는 패륜 행위를 한다. 학문에 뛰어난 신숙주가 발 빠르게 변절하고, 어린 단종비 정순왕후가 절세미인임을 알고 자신이 차지하고 싶은 기색을 보여 사림의 후손들에게 더 미움을 받았고, 나물 중에 맛이 가장 빠르게 변하는 팥 나물을 숙주나물이라 부르기 시작했다.

이렇게 하면서 어찌 조선이 유교를 이념으로 하는 나라라 할 수 있겠는가? 이들은 세종 때 집현전에서 같이 공부한 사람들이 대부분이었다. 대의와 윤리를 논하고 서로 집을 오가며 형수, 제수씨, 조카야 하던 그들이 칼이 두렵고 부귀에 눈이 어두워 불의에 붙자, 백성들은 그들을 비루하게 보았고 따르지 않았다.

세조에 붙은 자 중에 가장 학문이 깊었다는 신숙주가 오늘날 예절과 법전이라 할 수 있는《국조오례의》편찬에 참여한 것을 알고, 자신들은 지키지 않으면서 백성들을 계도하며 지키라고 하자, 하인이나 종들도 이 책에 침 뱉었다.

김시습이 어려서 천재 소년으로 도성에 이름이 자자하여 재상 허조 許稠가 이 소문을 확인하기 위하여 직접 김시습의 집을 찾아가 다음과 같은 시험을 해보았다. "너는 시를 잘 짓는다고 하던데, 나를 위해 늙을 노老자를 넣어 시 한 수 지어 보거라." 허조의 이 말이 끝나자마자 김시습은 그 자리에서 다음과 같은 시를 지어 보였다. '老木開花心不老(노목개화심불로, 늙은 나무에 꽃이 피었으니 마음은 늙지 않았네)'라 하여 허조를 놀라게 했다. 이 일화가 세종의 귀에 들어가자 세종은 김시습을 승정원으로 불러 지신사(도승지) 박이창으로 하여금 한 번 더 시험을 해보게 했다. 박이창이 시 한 구절을 던졌다. '童子之學 白鶴舞靑松之末동자지학 백학무청송지말(동자의 학문은 흰 백학이 푸른 소나무 위에서 춤추는 듯하구나)' 그러자 어린 시습이 곧바로 대구를 읊었는데, '聖主之德 黃龍翻碧海之中성주지덕 황용번벽해지중(임금님의 덕은 황룡이 푸른 바다에서 뒤척이는 것 같다)'라 하여 박이창과 이 말을 들은 세종을 놀라지 않을 수 없었다.

어려서부터 천재 소년으로 이름이 높았던 김시습은 이런 세상을 만난 것을 한탄하며 미치광이가 되어 전국을 떠돌며 기이한 행동으로 세월을 보냈다. 조려는 자신보다 젊고 혈기왕성한 김시습의 마음을 가장 잘 알 것 같았다. 불의에 대한 표현은 선비들에 따라 조금씩 달랐다. 조려보다 나이가 많던 이맹전은 거창현감을 하다 세조가 대신들을 죽이고 정권을 탈취하는 것을 보고 귀머거리 행세를 하며 경상도 선산으로 돌아가 다시는 세상에 나오지 않았다.

사육신을 죽이고 논공행상이 끝나자 이번에는 세종의 막내아들이자 세조의 동생 금성대군과 이보흠 등이 다시 한번 단종 복위를 꾀하다가 실패하자 단종이 죽임을 당했다. 이 소식을 듣자 조려는 세조가 두려워 단종의 시신을 수습할 사람이 없을 것 같아 영월 청령포로 서둘러 갔다.

청령포 앞에 이르자 칠흑 같은 밤에 홍수로 강물은 불어 있고, 건너갈 나룻배가 없어 강가에서 통곡하였다. 이때 호랑이가 나타나서 그를 등에 업고 영월의 동강을 건넜다고 후세에 전하고 있다. 아마 민중이 단종의 억울함과 조려의 뜨거운 충성심을 호랑이와 엮어 이야기로 만든 것으로 보인다.

가슴에 보석을 숨기고 고향에서 농사를 짓고 사는 조려에게 어느 날 김시습이 찾아와 위로하는 시 두 편을 남겼다. 〈송별送別〉이란 제목으로 76행이나 되는 긴 시인데, 일부를 번역하면 아래와 같다.

잣나무 돌 사이에 뿌리 박아도
오래도록 푸르고 무성하게 자라네
엄하고 굳건한 절개 지키며
늠름한 모습은 풍상을 이기네
잠깐의 봄 보고 웃는데
어느덧 꽃은 떨어지고 덤불만 남았구나

장부의 확고한 뜻

때와 물질에 굽히지 않으리

도덕은 어깨에 덕은 허리에 차니

즐겁기 한이 없고 복희씨 성세로세

어찌 녹록하게 남의 뒤를 따르고

구구하게 영리를 위해 날뛰겠는가?

아름다운 옥은 형산에 묻혀 있고

명월은 깊은 연못에 잠겨 있네

옥은 갈아야 빛이 나는 것이니

누가 보배의 진정한 값을 알리오?

(…이하 생략…)

간신들이 칼을 들고 날뛰는 잘못된 시대를 만나 재능을 한 번 발휘해보지 못하고, 썩어가는 두 사람의 운명을 한탄하면서도 충의를 굽히지 말 것을 다짐하고 격려하고 있다.

조려가 1489년 함안군 군북에서 70세로 생애를 마치자, 선조 때 이름난 학자 성문준은 그에 대한 글을 지어 평가하기를 "……뜻을 굽혀 만약 세조 때 벼슬하였다면 만종록 부귀영화를 누릴 것이 의심할 바 없었는데, 아깝게도 재주를 펴지 못하고 송죽 같은 절개만 지키다, 저 세상으로 떠났으니 슬프기 그지없고 한恨만 남게 되었다… 김시습과는 둘도 없는 정신적 교우로서 허심탄회하게 지내는 사이였다."고 기록했다.

불의와 당당하게 싸우다 순절한 사육신을 포함한 충신들에게는 대부분 후손이 없어 가해자와 그 후손들이 역사를 멋대로 왜곡했으나, 사육신과 뜻을 같이했으나 살아남은 생육신은 그들이 불의에 저항했고, 그 후손들도 끈질기게 잘못된 역사를 지적하고 세상에 알리며, 사육신의 정신을 계승하려 했다.

  사람들이 생육신은 화를 피해 편안하게 여생을 보낸 것으로 알지만, 세상에 알려지지 않은 치열함이 있었음을 알 수 있다. 조려의 후손으로 임진왜란, 정유재란, 정묘호란 등 국난 때 13명의 충신이 나왔고, 일제강점기 독립운동에 관계하여 90여 명이 국가 포상을 받았으며, 임시정부 대한민국의 설계자 조소앙趙素昻도 그중 한 사람이다.

—《청소년이 읽어야 할 함안의 인물》, 함안문화원(2017. 12.)

03

《주역》으로 풀어본
조려趙旅의 이름

2015년 12월 4일 함안문화원에서 생육신 중 한 사람인 조려趙旅(1419~1489) 선생에 대한 학술토론회가 개최되어 여러 각도에서 학술적 접근이 있었다. 나는 '려旅'란 이름을 볼 때마다 묘한 감정에 사로잡힐 때가 많았다. 옛날 사람들이 이름을 지을 때 고전이나 시에서 글자를 따오는 경우가 많아 동명이인이 수두룩하지만, 세상에 이름난 사람 중에 려旅 외자를 이름으로 사용한 경우는 《조선왕조실록》에서 조려 선생 외는 보지 못했기 때문이다.

려旅 자는 주역 64괘 중에 56번째 나오는 괘이기도 해서 머리를 갸우뚱하며 관심을 가져왔다. 20대 때부터 《주역》에 관심이 많아 곁에 두고 읽고 있었다. 아직 깊이 있게 안다고 말할 수는 없지만, 용기를 내어 소감을 적어보기로 한다.

려旅괘는 12 시괘時卦 중에 끝에 위치하고, 산 위에 불이 있는 화산火山 려旅(☲☶)라고 읽는다. 산 위에 불이 붙어 이리저리 옮겨 다니는 불은 있어야 할 제자리에 있는 것이 아니라서 '나그네 려旅'로 해석하는 것 같다. 불이 산 위에 있는 것은 존경이나 주목을 받을 수는 있지만, 위험하고 험난한 형국이다. 전체를 요약하여 말하는 《주역》〈본의本義〉에서 '려旅는 소형小亨코 여정旅貞해야 길吉하다'고 했다.

조려 선생의 일생을 보면 능력에 비해 작은 형통이었고, 올곧은 삶이었다고 말할 수 있을 것이다. 점을 치는 사람이 이 괘를 뽑으면, 지괘之卦·호괘互卦·배합괘配合卦·도전괘倒轉卦·착종괘錯綜卦를 가지고 해석을 한다. 특히 배합괘는 여섯 효 모두가 반대로 변한 경우로, 그 괘가 갈 때까지 다 간 경우이다. 다시 말해 음은 양으로 변했고, 양은 음으로 변한 것이다.

여旅괘의 배합괘는 연못 위에 물이 있는 수택절水澤節(☵☱)로 변한 상태로, 절節괘 역시 험난함을 상징하는 괘이다. 조려 선생의 일생을 살펴보면 주역의 려旅괘와 너무나 흡사했고, 작고한 지 250년이 넘어 시호를 받을 때 정절貞節이라 받는다. 《주역》을 무시하거나 미신으로 생각하는 사람은 억지 해석이라 할 수도 있겠지만, 필자는 정절이란 시호를 볼 때마다 살아서는 본의인 여정旅貞하여 정貞이요, 세상을 떠서는 절節이었다는 생각을 가진다.

  시호에 사용된 글자는 《주례周禮》의 시법에는 28자이고, 《사기史記》의 시법에는 194자이다. 1438년(세종 20년) 봉상시에서 사용하던 글자도 194자였으나, 글자 수의 부족으로 시호를 의논할 때 사실과 맞는 글자로 맞추기가 어렵다는 점을 참고하여, 세종은 새로 107자를 더 첨가하게 했다. 이로써 조선조 시법에 쓸 수 있는 글자는 모두 301자가 되었다. 그러나 현실에 자주 사용된 글자는 120자 정도였다. 하지만, 두 글자를 조합하여 합당한 시호는 1,000개 넘게 나올 수 있는데, '정절貞節'로 받은 것은 너무나 절묘하다는 생각을 가지게 한다.

  《주역周易》으로 자연을 해석하는 경우도 있지만, 인간관계로 해석하기도 한다. 려괘는 필자가 볼 때 중년의 여인(離, ☲)이 꼬마 신랑(艮, ☶)을 데리고 여행을 떠나는 형국으로, 중년의 여인으로서는 때(時)를 기다려야 하는 답답하고 갑갑한 처지가 아닐 수 없다. 남녀가 만났다는 점에서는 작은 형통이지만, 꼬마(단종?) 신랑이 유약하여 작게 형통하다는 뜻으로 나는 해석한다.

  려괘가 주는 이미지는 조려 선생이 꼬마 신랑을 바라보는 심정으로 중년 여인이 정조貞操를 지키며 세상을 살아야 했던 점이 유사하다고 본다. 산 위의 불과 같이 존경과 외경의 대상이 될지는 모르지만, 불(정염)이 어디로 튈지 모르는 위험성이 있어 《주역》에서는 곧을 정貞자를 강조했고, 조려 선생도 생을 경계하며 살았던 것 같다.

  최근에 마산에 있는 헌책방에서 《국역 매월당집》이 보여 책을 사서 집에서 대강 훑어보았다. 매월당 김시습이 시를 지은 후 버린 것이 많아 남은 시가 많지 않을 것이라는 편견이 있었는데, 생각보다 엄청난 시가 있어 놀랐다. 김시습의 여러 시 중에 조려에게 준 시 〈여조진사곤희상학與趙進士困戲相謔〉이 있는데, 함안의 조려를 방문하고 쓴 시로 보인다.

> 그대는 서원에서 새장에 갇힌 새라 고단했고
> 나는 지금 즐겁게 놀아 산림에서 고단하네
> 서로 만나 승부 겨룸에 내 먼저 알렸으니
> 주불이 응당 와서 그대 마음 위로하리
>
> 곤困은 비록 머슴 목동 같은 이와 다툰다 해도
> 정연하여 이에 들면 평생을 깨닫는다
> 때 궁해도 생명 바쳐 주역을 봐야 함은
> 뜻 이루면 마침내 군자를 누리리
>
> 흑백이 서로 쳐서 도로가 위험한데
> 말 있어도 안 믿으니 어디로 향하리
> 삼효는 비록 그 아내의 화를 안 본대도
> 구사에서 서서히 구원함의 때가 있도다
>
> 자곤서원롱리금子困西原籠裏禽
> 아금유오곤산림我今遊傲困山林
> 상봉승부오선보相逢勝負吾先報

주불응래위자심朱紱應來慰子心

　　곤수시노목견쟁困雖厮奴牧堅爭
　　정연입리오평생精研入理悟平生
　　시규치명수간역時規致命須看易
　　수지가종군자형遂志可終君子亨

　　흑백상박도로위黑白相博道路危
　　유언불신향안지有言不信向安之
　　삼수불견기처화三雖不見其妻禍
　　구사서서원유시九四徐徐援有時

　　김시습과 조려 두 사람 다 험한 곤경의 세상을 만났음을 한탄하면서, 마지막 두 행에서 자연스럽게 주역에서 려旅괘의 효사爻辭를 응용하여 인용하고 있다. 삼三이란 구삼九三을 말하는데, 주역에서 양陽은 구九로 표시하고 음陰은 육六으로 표시하는데서 온 것이다. 조려의 이름인 려旅괘는 화(離, ☲)와 산(艮, ☶)을 상하로 겹친 것인데, 여섯 효 중 아래서 3번째와 4번째가 둘다 양陽이고, 구삼과 구사의 위치는 조려의 청장년기 운수라고 할 수 있다. 김시습은 비록 구삼九三은 그 처음의 화가 보이지 않으니, 구사九四에서는 구원의 때가 서서히 올 것이라 말하고 있다. 청장년기 일어난 계유정난에 구사일생 살아남았음은 기적이라 할 수 있는데, 려괘의 효사의 설명과 같다.
　　나무가 사방에 갇힌 질식의 형국인 곤困의 어려운 시대를 맞아 희망이라고 보이지 않지만, 김시습이 《주역》을 읽고 경계하며 군자의 도를 닦으면 쥐구멍에도 볕들 날이라 있을 것이라 풀이한 것이다. 《주역》에서는 구삼과 구사가 움직이기 때문에 초육初六(맨 아래 음효)과 육이六二(아래서 두 번째 음효)가 움직이지 않을 수 없다고 보기 때문에 이렇게 말하는 같다. 육이, 구삼, 구사라 할 때 앞에 나오는 6과 9는 음양의 표시이고, 두 번째 나오는 수 2, 3, 4는 효의 위치를 말하는 《주역》에서 사용하는 약속이다.

하괘는 산(艮)이라 산은 정지하여 움직일 수 없고, 상괘의 화(離)는 어두움을 밝히는 불이라 군자가 도를 밝히는 임무로 삼으면 조금 편안하고 길하다고 보았고, 나그네가 한곳에 머물면 험난함이 서서히 물러날 것이라며 시로 표현하고 있다. 김시습이 《주역》의 해석을 참고로 하여 자신이 재해석을 붙여 시로써 조려를 위로하고 있음을 알 수 있다.

조려의 이름을 보면 탄생 때 분명히 누군가 《주역》으로 점괘를 뽑은 것은 확실하고, 《주역》에 대단한 내공의 소유자였음을 600년이 지난 지금 감탄의 소리가 절로 나오게 한다.

―《함안 조씨 대종회보》(2018. 1.)

04

정여립의 딸 삼옥三玉과
정철의 시 〈가인佳人〉

조선 선조 때 선비 정여립鄭汝立에 관심을 가져오던 나는 관비가 된 삼옥三玉이란 어린 소녀를 만났다. 1589년 기축옥사가 있은 지 20여 년 후 《광해군일기》에서는 정여립의 딸로 나오고, 기축옥사 당시 다른 기록에는 젖 떨어진 지 얼마 안 되었다 했으니, 아마 기축옥사 때 4~5세 정도였을 것으로 보인다. 관비란 인간이지만, 백정보다 못한 멸시와 천대를 받았으며 말을 알아듣고 일하는 짐승 정도의 신분이었다. 번갈아 오던 벼슬아치들의 공공연한 성노리개는 물론이고, 온갖 궂은일을 죽을 때까지 뼈 빠지게 기계처럼 해야 했던, 조선시대의 관비는 신의 저주를 받은 신분이라 해도 과언이 아닐 것이다.

삼옥은 남존여비 풍습이 더욱 강화되고 있던 조선 중기에 노예 중에서도 여성에 해당되는 관비가 되었고, 거기에서 모자라 이민족의

113

침입이 잦고 겨울에는 굶고 얼어 죽는 자가 속출하던 지리적으로도 최악의 조건이던 육진의 관비였다.

　도대체 그에게 어떤 운명과 말 못 할 사연이 있었기에 육진의 관비가 되었을까?

　초겨울에 시작된 기축옥사가 다음 해 이른 봄에 절정을 이루었고, 정여립의 가족이 이 시기에 풍비박산이 났던 것으로 봐서, 삼옥은 아마 이 시기에 모진 눈보라를 맞으며 육진으로 끌려가 관비가 되었을 것으로 보인다. 이러한 정황과 상상으로 나의 마음이 삼옥이라는 이름에 머물 때마다 가슴이 저리고 아팠으며 더욱 정여립에 관심을 가졌다.

　정여립은 당시 선비들에게 선망의 대상이던 홍문관 관원이었으며, 만경평야를 중심으로 대단한 재력가의 후손으로 태어나, 처가집으로부터도 많은 재산을 받았던 것으로 알려져 있다. 이런 정여립이 무엇이 모자라 어린 막내딸을 관비라는 생지옥에 빠뜨려야 했을까. 끝없는 탐욕 때문이었을까? 그의 정적과 정적들의 후손들이 400여 년간 주장대로 정여립은 잔인한 반역자가 맞다 말인가?

　기축옥사가 진행되던 때 편지글이나 문집, 비문 등에 정여립이란 이름만 들어 있어도 그것은 바로 죽음을 의미할 정도로 공포의 대상이었던 관계로, 많은 자료가 인위적으로 삭제되고 매몰되었다. 그의 사람됨을 추적하고 엿볼 수 있는 부정적인 자료는 아직 《조선왕조실록》과 각종 문헌 등에 남아 있다.

　'태몽에 정중부를 보았고 어려서 까치를 찢어 죽였다', '청년기에는 아버지가 원으로 있는 고을 아전들이 정여립의 아버지보다 정여립을 더 무서워했다', '선조 임금께 눈을 부라리며 상소했다' 등 폄하의 글은 많이 읽을 수 있다. 소수지만 필자 외에 정여립에 대해 관심을 가졌던 사람들이 간혹 있었지만, 이들의 공통된 주장은 호남이라는 지역적 한계를 벗어나지 못해 정여립 사건을 은연중 우발적 혹은 돌발적 사건으로 해석하려는 경향이 있었고, 한발 나아가 그의 사상을 민주주의와 연결해보고자 하는 시도가 있었다. 필자는 정여립의 정치적 후원세력이요 배경이 되는 남명 조식의 학파와 어떤 관계가 있는지 그의 동지들은 어떤 사람들이었는지 살펴보고자 한다.

정여립은 서기 1546년 전주에서 동래 정씨 희증希曾의 아들로 태어나 1577년 식년문과 을과에 2등으로 급제했다. 부친 희증은 첨정, 익산군수 등을 역임한 관료였다. 조정에 진출한 정여립은 당색으로 서인이었던 이이, 성혼 등과 친한 것은 물론 동인들과도 친했으며 특히 조식의 제자들과는 막역했다. 유유상종이란 말이 있듯 조식의 제자들인 정인홍, 김우홍, 오건, 최영경 등은 스승 조식의 기질을 닮아 아무리 고관대작이라도 탐관오리나 행실이 바르지 못하면 오물 묻은 개, 돼지 보듯 하고 가까이하지 않았으나, 하나같이 정여립을 대단히 아꼈던 것으로 보아 정여립 파악에 참고가 되었다.

제자백가와 육례에 밝았던 정여립은 교묘하게 세상을 속이고 현실도피적이며 주자를 맹종하는 성리학자들과는 기질상 맞지 않았던 같다. 정여립 사건의 가해자였던 서인(노론)의 학문은 주기론(신권파)이며 기축옥사에 방관자인 것처럼 했으나, 공모자였던 영남 남인의 학문은 주리론(왕권파)이다. 지난 400여 년 가까이 노론과 남인이 철옹성과 같은 기득권을 형성해 왔고, 오늘날까지도 우리의 역사는 이들을 중심으로 쓰고 있으며, 일부에서 간혹 유형원, 정약용, 홍대용 등 정도의 후기 실학파를 인정하는 정도이다. 정여립을 아꼈던 후원자들을 살펴볼 필요가 있을 것 같다.

노수신의 인생 역정은 어떤 드라마보다 더 극적이고 손에 땀나게 하는 삶을 살다간 사람이다. 그의 운명은 정여립의 운명과도 연결되어 있다. 노수신은 총명하여 6세 때 이미 글을 지었다 하며 소년기에 사림의 정맥으로 조광조의 든든한 동지였던 이연경에게 나아가 제자가 되었고, 스승 이연경의 사랑과 인정을 받으며 사위가 되었다.

이연경은 조선 3대 정승으로 통하는 이준경의 사촌 형이며, 이준경 역시 이연경의 제자로 노수신과 동문수학을 했다. 이준경, 성운, 조식 등은 소년 시절부터 죽마고우로 이연경의 제자들이며, 노수신은 이들보다 15세 정도 연하로 선배들의 사랑을 받았던 끝물 후배였다. 노수신은 20세에 생원, 진사 양과를 통과했으며 29세 때 초시, 전시, 회시에 모두 장원하여 조선 개국 이래 몇 안 되는 삼장사의 별명을 갖게 된다. 과거 성적이 학문의 깊이를 말하는 것은 아니지만, 우리 지성사에 중요한 위치에 있는 이황은 노수신보다 15세 연장자로 병과에 간신히 합격한 후 노수신과 판이한 인생관과 교묘한 처세술로 훗날 명성을 남긴다.

노수신은 인종仁宗이 세자였을 때 스승이었던 관계로 문정왕후와 소윤의 미움을 받아 사림이 일망타진되어 장살되거나, 사약을 받을 때 기적적으로 살아남았다. 조광조의 지치주의를 이상理想으로 하며 노수신과 동지로 자처하던 정황, 송인수, 곽순, 이림, 성우 등이 불귀의 객이 되었으나, 노수신은 집안에 초상을 당해 죽음이 보류되다 조선 유배기록으로 최장인 23년의 유배 생활을 하게 된다.

　노수신이 귀양살이할 때 조선시대 전란기를 제외하고 민중이 가장 고통받았던 어려운 시대로, 문정왕후의 폭정에 모자라 7년 대흉이 있었고, 북쪽 변방에선 니탕개가 남쪽에서는 왜구의 끊임없는 노략질로 민중의 고통은 이루 말할 수 없는 지경이었으나, 대부분의 지식인들은 본분을 포기하고 주자의 형이상학적 공론에 빠져 학자인 척만 했다.

　노수신은 진도, 완도를 전전하며 민중의 비참한 현장을 몸소 겪으며, 국운의 쇠퇴와 지식인들의 타락을 밖에서 목격하게 된다. 문정왕후가 죽자 노수신보다 약간 앞서 조정에 복귀한 이준경이 영의정에 올라 개혁을 주도하면서, 이황을 평할 때 기회를 좇는 들고양이라는 뜻인 야묘夜猫라 했던 점이나, 이준경이 죽음을 앞두고 유언이 된 상소문에서 이이가 장차 당쟁으로 나라를 망칠 것이라 예언했던 시기가 이때이다. 노수신이 긴 유배 생활을 하고 있을 때 그의 존재를 망각하고 있었으나, 그를 조정으로 불러오게 했던 인물이 이준경이었다. 이준경의 적극적인 후원에 힘입어 돌아온 노수신은 이준경과 함께 개혁을 주도했다.

　문정왕후의 폭정 때 노수신이 살아 돌아와 개혁을 주도할 수 있을 것이라고는 아무도 상상도 하지 못했을 것이다. 하지만, 노수신은 살아 돌아왔고 그가 총애한 신진 인물 중 한 사람이 정여립이었다. 노수신이 중풍으로 영의정에서 사임 직후 기획된 정여립 역모 사건이 일어났고, 정철이 노수신에게 하인을 보내어 조롱하자 노수신이 격노했다. 노수신이 가마를 타고 대궐로 가다 건강이 악화되어 중도에서 집으로 돌아와 세상을 하직했다. 노수신은 정여립으로 인해 삭탈관직

되고 그의 마지막은 너무나 비참했다.

정여립을 인정하고 아낀 이산해는, 경세가였던 이지함의 조카이자 제자였다. 이산해는 노수신과는 개혁의 동지이자 노수신의 정치적 후계자였다. 노수신이 영의정이었을 때 이산해는 좌의정을 했으며, 학풍뿐만 아니라 사생활까지 노수신과 버금갈 정도로 청빈하고 검소했다. 이산해가 오랜 기간 판서 및 정승 등 고위직에 있었음에도 평생을 전세로 살았고, 비라도 오면 누수로 이방 저방을 옮겨 다녀야 했다.

오늘날 경제학자들이 공익보다 자신의 재산 불리기에 급급하고도 부끄러워하지 않는 것은, 우리 지성사에 이산해와 같은 사람이 조명을 받지 못하고 있는 것도 하나의 원인일 것이다.

정여립이 난을 일으켰다는 장계를 받은 선조가 이성을 잃고 격분하여 옆에 있던 이산해에게 정여립이 어떤 인물인가 묻자 잘 모르는 사람이라 했으나, 그는 정여립의 보이지 않은 후원자였고, 정여립 사건에 연루된 많은 사람을 구원하기도 했다.

정언신은 정여립이 모함을 받을 때 현직 우의정으로 문무를 겸비하여 무인들의 존경을 받고 있었다. 선조가 임진난 직전 무인으로 재목이 될 만한 사람을 추천하라 하자 이산해와 정언신은 이구동성으로 손인갑과 이순신을 추천하자, 무명으로 있던 두 사람이 주목을 받기도 했다. 젊었을 때 국경 수비대로 니탕개를 진압하러 다녔던 정언신은 임진난에 활약을 하게 되는 이순신, 손인갑, 이일, 신립 등 내로라하는 무장들은 대부분 정언신의 부하였거나 부장들이었다.

직선적인 성격의 정언신이 정여립이 역모를 꾸몄다는 장계가 올라오자, 선조 앞에서 하늘을 우러러보고 손으로 가슴을 치면서 분노 섞인 어조로 "어찌 정여립이 역적이 될 수 있단 말인가? 이번 사건은 이이의 제자들이 정권을 잡기 위한 괴변이다."라 외쳤다고 실록에 기록되어 있음에서, 정언신이 얼마나 정여립을 인정했나를 엿볼 수 있다. 정언신과 그의 동생 이조판서 정언지는 정여립을 인정하고 친했다는 이유로 귀양을 가서 죽었고, 정언신의 아들 정율은 집안이 풍비박산 나는 것에 격분하여 죽었다.

기축옥사에 1,000여 명의 희생자가 있었다. 기획자들의 주장처럼 희생자들이 역모에 가담했다고는 볼 수 없지만, 정여립과 비슷한 진보적인 생각을 했거나, 면식 정도는 있거나 친했던 것 같다. 남명의 고제 최영경의 경우 가해자의 주장 역적 모의는 터무니없는 날조였음이 밝혀져 선조 임금 생전에 이미 신원이 되었지만, 최영경과 정여립이 친했음은 알려져 있다. 정여립에게는 많은 동지가 있었으나, 그중에서 명성이 높고 비중이 컸던 사람들을 몇 사람 더 선택해 보았다.

이발의 조상은 9대가 내리 문과에 급제하여 홍문관과 홍문관의 전신인 집현전과 예문관 등에서 근무한 조선의 명문가 중의 명문가였으며, 그 또한 24세에 알성문과에 장원 급제하여 홍문관에서 근무했다. 이발의 5대조인 이선제李先齊는 세종 때 예문관 제학으로 술, 소금, 차의 전매를 혁신하여 조정朝廷에 세수를 높여 주었고, 탐관오리와 권신들의 횡포로부터 백성을 보호해 명성이 높았다.

이선제는 경제뿐만 아니라 군제에도 밝은 이론가로 알려져 있다. 조상 대대로 왕립연구기관에서 종사해온 가풍과 물산이 풍부한 전라도 나주에서 성장한 이발은 공허한 공론과 말을 앞세우며 자기 합리화에 명수들인 무리와는 태생적으로 달랐다. 이발은 정여립이 낙향하던 비슷한 시기에 외척인 심의겸의 문제로 이이와는 끝내 절교했다.

 이발이 이황의 제자들과도 멀어지는데 이는 우연의 문제가 아닌 것으로 보인다. 이황의 제자들이 우성전에게 기회를 주기 위해 '우성전이 좋은 자리에 앉으면 백성이 편할 것이다'라며 여론을 조성하고 다녔다. 이런 중에 우성전이 고을 원으로 부임하자 기생과 사랑에 빠져 웃음거리가 되었다. 당시 풍습은 부친상을 당하면 즉시 돌아가 상주 노릇을 해야 했으나, 우성전은 기생을 못 잊어 돌아가지 못하고 있다가, 며칠이 지난 후 기생을 집으로 데리고 가서 상주 노릇을 하게 했다. 우성전 집으로 문상을 갔던 이발이 우성전의 해괴한 행동을 보고 돌아가 비루하게 여기며 소문내고 비웃자, 이발은 이황의 제자들에게 왕따를 당한다.

 탁 트인 이발의 시각으로 볼 때 공허한 공론에 빠진 이들을 이해하기 어려웠을 것이다. 힘없는 민중들에게 가혹하리만큼 엄격하고 자기변명과 합리화에는 논리정연하며, 이재理財란 말은 상것들이나 쓰는 말로 입에 담는 것조차 거부하던 풍조가 있었다. 이발이 정여립을 허여하고 인정한 것은 홍문관에서 같이 근무하면서 서로 통했던 것으로 보인다.

 이발과 난형난제란 평을 듣던 이발의 아우 이길은 정여립이 난을 일으켰고 죽도로 피신했다는 말에 '장검의 망명'에 비유했다. 정여립과 친했다는 이유로 이발 형제는 장살되었고, 이발의 팔십 노모는 한양까지 끌려가 압슬형을 당했으며, 칠팔 세 되던 이발의 두 아들은 광산 이씨 족보에는 압슬형으로 죽었다 했으나, 영남 민가에서는 자루에 넣어 질식사시켰다고 전하고 있다. 조선의 명문가로 나주 등개에 살았던 광주光州 이씨는 정여립과의 친분으로 하루아침에 쑥밭이 되고 말았다.

정개청은 이발과 동향인 나주 출신으로 당시 미천한 신분인 아전 집에서 태어났으나, 보성군 어느 산사에 들어가 두문불출하고 성리학, 천문, 지리, 의학, 복서, 산수 등을 연구하다 머리가 '탁' 하고 열리는 것을 체험한 사람이다. 그 후 제자 양성에 힘써 400여 명의 제자를 배출시키고 있을 때, 훗날 옥사를 기획하게 되는 정철이 조정에서 밀려나 담양 죽림에 누워 가사를 지으며 현자인 체하자 많은 무리들이 정철 주변에 몰려갔으나, 정개청은 정철을 비루하게 보고 찾아가지 않았다.

어떤 사람이 정개청을 찾아가 말하기를 "계함(정철의 자)에게 청백한 지조가 있다." 하니, 이 말을 들은 정개청이 말하기를 "정을 꾸미고 거짓 행세를 하니, 바른 사람이 아니다."라 평했다. 정개청의 발언이 정철의 귀에 들어가자 정철은 정개청을 몹시 원망했다. 정철이 죽림에 누워 날이 갈수록 주색에 빠져 날뛰며, 죽림칠현 흉내를 내면서 예법을 무시하고, 구속을 싫어하자, 젊은 선비들이 이를 본받아 좋지 않은 영향을 끼치는 것을 정개청이 안타까워하며 탄식했다.

"사람이 주색보다 빠지기 쉬운 것이 없는데, 정철이 절의를 잘못 알아 후배 사류들을 잘못 인도하여 선비의 습속이 무너져 장차 구하기 힘들겠다."라며 〈절의청담론節義淸談綠〉이라는 글을 써 참다운 절의가 무엇인가를 논하고 잘못된 선비의 습속을 지적했다.

정개청이 정여립과 친했다는 것과 정철의 사감이 보태어져 절의를 배척했다는 누명을 뒤집어쓰고, 곤장을 맞은 후 아산보(아오지)로 귀양 가서 그곳에서 죽었다. 억울하게 죽은 정개청을 추모하는 호남의 후학들이 정개청의 위패를 모시는 사당을 지난 400여 년 동안 다섯 번 세웠으나 정적들에 의해 모두 훼철되었고, 지금의 것은 여섯 번째 것으로 전 학술진흥원 원장 박석무의 공로가 컸던 것으로 알려져 있다.

정인홍은 과거를 치르지 않고 조식의 수제자라는 후광으로 특채되었다. 오늘날 검찰청 공안부장이나 중수부장 정도 되는 장령으로 중앙무대에 진출하자, 함경도 아산보 군관에서부터 제주목의 아전에 이르기까지 탐관오리들을 벌벌 떨게 할 정도로 기강을 잡았던 사람이다. 정인홍이 정여립과 이발을 만난 것은 장령 때로 보이며 맑은 바람을 일으키는 소장파 주역으로 서로를 인정했던 것 같다.

정인홍이 장령으로 있을 때 이경중이라는 사람이 이조좌랑으로 있었는데, 성격이 고집스럽고 편백하여 업무를 독단적으로 처리하자 조야에서 말이 많았다. 이조전랑 자리가 비게 되자 학문이나 능력으로 보아 누구나 정여립이 장차 차기 이조전랑에 오를 것으로 보고 있었으나, 이경중의 방해로 뜻을 이루지 못하자, 정인홍이 이경중의 독단을 논박하려 하자 동문 선배인 대사헌 정탁의 반대로 뜻을 이루지 못했다. 이로 인해 정탁과 정인홍이 함께 자리에서 물러났으나, 사간원에서 정탁을 체직시키고 정인홍을 출사토록 하자 정인홍이 등원하여 이경중을 파직시켜 버렸다. 이런 우여곡절로 정여립은 끝내 이조전랑이 되지 못한 일이 있었다. 정인홍이 이경중의 잘못을 논한 일로 정적들은 정여립 사건이라 할 수 있는 기축옥사 때 역모에 정인홍을 어떻게든 엮으려고 했다.

정인홍이 모친상으로 낙향하여 수년간 두문불출하고 있던 상태라 삭탈관직되는 선에서 살아날 수 있었다. 살아남은 정인홍은 훗날 정여립과 함께 죽임을 당한 동문 최영경 신원에 최선을 다했다. 정인홍에 의한 최영경 신원은 기축옥사 직후 어수선했던 7년 전쟁으로 영원히 미궁에 빠질 뻔했던 기축옥사를 푸는 중요한 단서를 제공하고 있다. 여기에 멈추지 않고 정인홍은 이산해와 힘을 합쳐 기축옥사 가해자들과 끈질긴 싸움을 하게 된다.

정여립 사건 때 명망이 높았던 희생자들로는 윤기신, 조대중, 최영경, 이황종, 유종지, 임지, 백유양, 승려 의연과 운봉, 지함두, 이진길, 조유직 등 1000여 명이 있었고, 수감자 및 고문의 후유증을 앓았던 사람들로는 조종도, 이노, 김면, 사명당 등과 명산의 많은 스님과 무속인도 있었다.

송익필은 삼옥이란 한 소녀의 운명을 바꾸어 놓은 장본인이기도 하며, 한 사람의 악행이 나라에 얼마나 큰 재앙을 불러오며, 국운에 영향을 끼칠 수 있는지 보여주는 본보기가 된다. 정철의 배후에서 옥사를 조종한 송익필은 어떤 사람이었을까. 조선 중종 때 전 우의정 안당의 집에 송사련이라는 사람이 있었다. 안당은 조광조가 개혁정치를 할 수 있게 적극적으로 후원했던 사람이다. 조광조가 기묘사화로 실각하자 안당은 실망하여 고향 음성에 낙향하여 조용히 여생을 보내고 있었다. 안당의 아들 안처겸이 모친상 중에 일가친척들 앞에서 어떤 말끝에 "사림士林이 살기 위해서는 남곤과 심정이 제거되어야 한다." 하며 불평하는 말을 엿들은 송사련이 남곤, 심정 등의 무리에게 안당의 자제들이 역적모의를 했다고 고변하여 안당의 집을 멸문케 하고, 자신은 면천이 되었다. 송사련에게 부필, 익필, 한필이라는 세 아들이 있었는데 익필과 한필이 송사련을 닮아 남을 모함하는데는 천부적인 소질을 타고난 자들이며, 어깨너머로 글까지 배워 아비를 능가한다는 평을 받을 정도였다.

송익필은 이이의 모사로서 정치적 음모를 꾸미고 기획하는데는 제갈량을 능가한다는 평을 받았다. 송사련의 어미 감정이 죽었을 때는 이이가 직접 찾아가 신주를 쓸 정도로 이이와는 흉금을 트고 지내는 사이였다.

기축옥사 전 이준경이 귀양에서 풀려 조정에 복귀하자마자 송사련에 의해 적몰되었던 안당을 신원하자 송익필 형제는 극도로 불안한 상태에 있었다. 이이가 외척들과 한 패거리가 되어 몰려다니는 것을 보고 이준경은 이이가 장차 당쟁으로 나라를 망칠 것이라 예언하여 이들 무리로부터 원수가 되기도 했다. 이이가 사림과 끝내 합치지 못한 표면적인 이유는 심의겸 문제도 있었지만, 배후에서 원격조정하고 있던 송익필 형제의 태생적 원죄가 크게 작용했음을 알 수 있다.

이이가 죽은 후 세력이 약해진 송익필 형제는 정철, 성혼과 가깝게 지내면서, 동생 송한필을 황해도로 보내어 유언비어를 퍼트리고 역모를 기획하여 정권을 탈취하는 과정을 보면 용이주도하고 치밀함에 놀라지 않을 수 없다. 황해도에서 역모라면 무시무시한 임꺽정이 연상되어 벼슬아치들이 치를 떨고 있다는 심리를 교묘하게 이용한 것이다. 기축옥사는 송익필이 기획하고 정철과 성혼이 연출하여 인재를 도륙 내었다고 할 수 있다. 조선의 많은 인재가 희생되어 허약할 때 임진, 정유난이라는 국가 재앙을 만나게 된다. 우리 역사의 주류 역할을 하는 노론의 후예들이 최고의 자랑과 긍지로 여기는 우암 송시열은 송익필의 제자인 김장생과 김장생의 아들인 김집의 제자이기도 하다.
　기축옥사는 우리 역사에서 악화가 양화를 구축한 대표적인 경우이며, 그들의 후예들은 학계, 정계, 재계 등에서 철벽같은 기득권층을 형성하며 그들의 당과 조상들을 미화해 왔다. 기축사화가 한창 진행되고 있을 때, 일본은 전국이 거의 통일이 된 상태였고 본토에서 히데요시의 강요로 대마도 출신 사신들이 현재 이화여대 목동병원 건너편 동평관에서 조선의 동태를 지켜보고 있었다. 조선 말에 능통했고 정보를 충분히 수집한 대마도 사신들이 돌아간 후 외침을 당하자 조선은 혼란에 빠지고 백성은 엄청난 희생을 감수해야 했다.
　당시 주자의 아류들은 병법 따위는 무부나 아랫것들이나 하는 것으로 무시하다, 막상 전란을 당하자 어찌할 바를 몰랐다. 동래부사 송상현은 순절하였기에 아무도 함부로 비판할 수 없는 만고의 충신이 되었지만, 그는 기축옥사 직후 정철의 심복으로 동래부사가 되었으며, 정철 심복들의 특색이 그러하듯 주색 밝히기가 심했던 자로 동래성이 무너져 성민이 전몰할 때, 두 애첩 중 한 명은 죽고 한 명은 적장에게 잡혀 끌려다니며 온갖 수난을 겪은 후 훗날 사명대사가 데려오기도 한다.
　기축옥사에 살아남았던 곽재우, 정인홍, 김면 등이 일으킨 의병의 연전연승에 고무되어 혈기로 의병을 모집하여 몰살한 지역이 정여립이 살았을 때 활동무대였다. 몰살당한 의병들은 대부분 정여립의 사발통문 한 장으로 전주, 죽도 등에서 왜적을 일격에 무찌른 경험이 있던 의병들이었으나, 장수를 잘못 만나 비극이 일어났다고 볼 수 있다.
　정철이 전란 중에도 주색에 빠져 지은 유명한 시가 있다. 그 후 수

세기 동안 일부 문인들로부터 입에 침이 마르도록 칭찬받았고, 탐미와 낭만의 시로 애창되고 있는 〈가인佳人〉이란 시가 이때 나왔다.

> 佳人欲問淸江事 欲說淸江淚自潸
> 中夜戀君千里夢 北歸難渡萬重山

> 가인이 청강의 일을 묻고자 하나
> 청강을 말하려 하니 눈물이 절로 흐른다.
> 님 그리는 한밤에 먼 꿈 꾸었으나,
> 북쪽에는 만첩 산 넘기가 어렵구나.

시에서 정철이 사랑에 빠졌던 이름이 진옥이라는 가인도 관비로 알려져 있다. 정철이 기축옥사 후 이산해에게 미움을 받아 강계에서 귀양살이를 했으니, 삼옥이가 관비로 가 있었던 육진과 거리가 멀지 않은 곳이었다. 가인이라는 진옥도 기축옥사에 희생된 천여 명의 사족 후손인지, 아니면 다른 사연으로 관비가 된 여인이었는지는 알 수 없지만, 삼옥과 크게 다를 바는 없을 것이다.

정철의 이런 패륜적인 작태에 대해 정인홍은 '문학이 백성에 입히는 피해가 홍수보다 더 크다'고 지적했다가, 정철을 추종하던 무리에게 여론의 질타와 함께 두고두고 미움을 받게 된다. 악명 높던 정철은 성주성 전투에서 부장에게 지휘권을 주었다가 대부분의 부하를 잃은 후 술독에 빠져 있다가 세상을 하직했다.

군령을 어겨 가며 6만여 명을 희생하게 했던 비극의 2차 진주성 전투도 기축옥사와 무관하지 않으며, 이이와 정철의 당인들은 정여립이나(전쟁 전) 정인홍 등의 활약에 대한 콤플렉스로 전쟁 후 이이가 10만 양병설을 주장했다고 날조하게 된다.

오늘날 향토예비군과 비슷한 성격을 띤 정여립이 조직한 대동계의 군사 훈련을 정적들이 역모의 증거로 제시하였으나, 정여립의 주장과 예측이 얼마나 정확했고 옳았는지 임진난이 증명하고 있다.

정적들의 주장대로 정여립의 마음이 역심에 가 있었다면 그의 주변 인물들의 면면에서 보았듯이, 그렇게 드러내놓고 정여립을 인정하지 못했을 것이다. 상처의 아픔을 숫자로 계산하는 것 자체가 우스운 일이지만, 인구 4,500여만 때 200여 명의 희생자가 난 광주가 큰 상처로 오랫동안 남아 있는데, 인구 500여만 명 때 지식인 1,000여 명이 희생된 기축옥사는 당시 얼마나 큰 충격이고 좌절이었는지 짐작이 간다. 광주에서는 불의에 저항하고 목 놓아 크게 외쳐나 보았지만, 기축옥사는 말 한마디 제대로 못 하고 당대 최고의 지식인들이 영문도 모르고 끌려와 압슬형이나 장살로 죽어 나갔다.

지금까지 기축옥사 희생자 중에 최영경, 정개청 등 일부를 제외하고 400여 년간 후손들이 침묵을 지켜야 했다. 정여립에 대한 언급과 연구가 제대로 되지 못하는 가장 큰 이유는 치명상을 입은 곳도 호남이고, 정철을 비롯한 가해자 역시 호남인이었기 때문에 더욱 접근을 어렵게 하는 것 같다. 지역적인 연고와 가문의 테두리를 과감하게 벗어나 문학과 역사를 해석해야 될 것이다.

—우리 역사를 찾는 사람들, 토론 발제문(2004. 7.)

05
광해군 때 악역의 주인공, 관송 이이첨

  이이첨李爾瞻(1560~1623)은 도대체 어떤 인물이었기에 사극이나 소설, 잡문, 논문 등에서 하나같이 폐륜아, 독사, 전갈 등으로 묘사하며 저주하고 있을까. 필자도 이이첨에 대해 좋지 않은 편견이 있었으나, 소설을 쓰기 위해 《조선왕조실록》 중 〈광해군 일기〉를 참고로 하다 이이첨의 상소문이나 주장은 읽으면 읽을수록 벼슬아치들이 부모를 죽인 원수보다 더 미워하는 이이첨의 견해에 나도 동조하고 있음에 내심 당황하지 않을 수 없었다.

  이이첨은 스스로 사림으로 자부심이 대단했고, 당시 일부 선비들은 이를 인정하고 있었다. 이이첨이 당시 질식해 가던 민중의 편에 섰다는 이유로 파렴치한 세력으로부터 질시를 받아, 악인으로 낙인찍힌 원인을 찾을 수 있었다.

우리 역사의 중추적인 자리에 우뚝 서야 할 한 지식인이 삐뚤어진 지식인들에 의해 어떻게 망가져 왔고, 왜 아직도 악명으로 저주받고 있는지에 관심을 가지기 시작했다.

이런 억울한 경우는 비록 이이첨 한 사람에 국한된 문제만은 아닐 것이다. 이이첨과 그의 주변 인물과 시대 배경을 살펴보고자 한다. 조선사에 관심이 있는 사람들에게 조선 오백 년을 통해 가장 정치를 잘한 임금을 들라면 대부분 세종과 정조를 말한다. 필자도 세종과 정조가 훌륭한 군왕임에는 주저하지 않는다. 하지만 여러 상황을 참고로 해볼 때 세종과 정조 때는 어느 왕조보다 국제적 분위기가 태평했고, 선왕인 태종과 영조가 길을 잘 닦고 터전을 마련해주었지만, 광해군은 임진, 정유난이라는 두 번의 국제전으로 조선이 완전히 초토화된 이후에 왕위에 오른다. 거기서 모자라 광해군의 부왕인 선조는 세상을 떠나면서 오십 대 후반에 얻은 젊은 인목대비와 영창대군이라는 정치적인 난제를 남겨놓고 세상을 떠나니, 광해군은 조선 역대 어느 왕보다 최악의 조건에서 출발했다.

청년기에 두 차례의 전란을 통해 민중의 처참한 현실을 몸소 겪은 광해군은 영리했고 포부와 의욕이 남달리 컸었다. 하지만 주변에는 주자 아류들로 가득 찼을 뿐 그를 보좌할 인물을 찾기 어려웠다. 어려서 남명의 제자인 하락의 지도와 분조를 이끌고 전쟁 중에 적진을 누빌 때 그를 보좌한 정탁도 남명의 제자여서 남명학의 영향을 받았으나, 정치적 기반은 약했다. 광야에 외롭게 서 있는 왕세자 광해군에게 한 명의 흑기사와 같은 사람이 나타났으니, 이이첨이었다.

이이첨의 본관은 광주廣州이며 조선 3대 정승으로 손꼽히는 동고東

皐 이준경(1499~1571)과는 가까운 집안이었고, 조상 8대가 내리 문과에 급제한 자타가 인정하는 명문가 중의 명문가 출신이었으나, 조상 중에 이극돈이라는 인물이 있어 어디로 가도 꼬리표가 되어 따라다녔다.

그는 어린 시절부터 가난으로 매우 고생한 것으로 보인다. 민가에 전하는 말에 의하면 젊은 날 그의 처가 굶주려 벽지로 발라 놓은 종이를 떼어 내어 물에 불려 먹고 구명되었다는 데서도 그의 가난을 짐작할 수 있다. 이이첨이 조광조의 학맥인 이준경과 같은 정치 노선을 걸었고, 이준경과 가까운 인간관계에 있었던 사람들과 친했다.

"가난한 집안에 효자가 난다."라는 말이 있다. 이이첨은 소년 시절부터 하늘이 낸 효자라는 칭찬을 받았으며, 효행으로 삼십 대에 종9품 광릉 참봉을 받았다(선조 30년 6월 22일). 당시 이이첨의 효행이 〈삼강행실도〉에 올라 세상에 많이 읽혔으나, 인조반정 이후 아들 네 명이 모두 처형되고 정적들이 책을 수거하여 불태워 오늘날 전하지 않는다. 종9품 참봉은 부유한 명문가의 자제들이 들으면 비웃을 최하위직이었으나, 이이첨이 출사한 가장 큰 이유는 찌든 가난 때문이었던 것으로 보인다.

우리 속담에 '운수 나쁜 놈은 참봉 하자 난리 난다.'라는 말이 있는데, 이이첨이 그랬다. 이 속담 자체가 여러 사항으로 보아 이이첨을 폄하하기 위해 생긴 말이 아닐까 하는 생각이 든다. 입에 풀칠이라도 하게 되었다고 안도한 지 불과 몇 달 만에 임진난이 발발하자, 이이첨은 선조 임금을 뒤따라 개성까지 갔다. 개성에 도착하니 남으로부터 부산포, 동래성, 탄금대 전투에서 전몰이라는 참담한 소식이

들려왔다.

 왕릉도 왜구에 의해 도굴당하고 있다는 소식을 접하자, 이이첨은 직책인 광릉 참봉에 충실하기 위해 서둘러 다시 적진을 뚫고 남행길에 오른다. 광릉으로 돌아온 이이첨은 깊은 산중을 돌아다니며 피난하고 있던 젊은이들을 불러모아, 의병을 조직하고 게릴라전을 펼치며 세조의 어진(초상화)과 광릉을 지키는데 최선을 다했다. 여러 왕릉이 임진 난 때 도굴되고 시신이 모욕을 당했으나, 세조의 광릉은 이이첨의 공로로 어진까지 무사할 수 있었다. 비록 능참봉이라는 말단직이었지만 생명을 걸고 맡은바 직분을 다한 이이첨은 무너진 공직 사회에 신선한 충격을 주었고, 이 일로 조정과 선비사회에서 멋진 사내로 주목을 받았다.

 임진·정유난에 조선의 민중은 적의 총칼에 죽은 자도 많았지만, 전염병과 굶주림으로 죽은 자가 더 많았다. 이때 기아가 심해 죽은 시신을 먹은 흔적이 자료로 남아 있다. 이런 참극의 원인은 무엇일까? 한 나라의 강성은 하루아침에 이루어지지도 않고, 또한 하루아침에 무너지지도 않는다. 조선의 비참한 몰락에 대해 여러 원인을 들 수 있겠으나, 가장 큰 원인으로는 개혁의 좌절이었던 4대 사화 직후 명종 때 문정왕후와 윤원형의 폭정에 선비들이 현실문제를 철저하게 회피하며, 일신상의 보신과 가문의 영달만 추구하던 악습에 있었다.

 당시 지식인들의 현실도피 성향은 크게 세 부류로 나누어진다. 정철류와 같이 시문과 주색잡기에 빠져 음풍농월하는 부류, 이항복과 이덕형과 같이 교묘하게 현실문제를 피해 가며 음담패설이나 농담으로 인기를 누리며 권력에 장수하는 유형이 있었다. 공인이 국정에서 농담을 한다는 것은 상상도 할 수 없는 일이었으나, 그들의 추종자들은 오늘날까지 오히려 미담으로 오도하고 있다.

 이황과 이이와 같은 이는 국정과 현실에 아무런 도움이 되지 못하는 이기론이라는 탁상공론에 빠져 대부분의 조선 지식인은 구제 불능의 병에 걸려 있었다. 그중에서도 가장 지독했고 오늘날까지 우리 민족의 의식과 무의식의 목덜미를 누르고 오랫동안 발목을 잡는 것은 공허한 이기론이라 하겠다.

 문정왕후 폭정기는 악의 꽃이 만발하는 비옥한 토양이 되었다. 혼탁한 시대에 비록 소 귀에 경 읽기였으나, 극소수의 지식인이 깨어 국운을 걱정하며 일갈하는 사람들이 있었다.

 이준경이 이황의 처신을 미워하며 야묘野猫(들고양이)라 했던 점이나, 죽으면서 유언으로 장차 이이가 붕당을 만들어 나라를 망칠 것이라 예언한 점은 천하의 이준경다운 발언이라 하겠다. 이준경의 이런 발언과 처신으로 훗날 남인(이황)과 서인(이이) 양 세력으로부터 대접받지 못하는 원인이 된다.

 이이첨이 임난에 하루에도 몇 차례 죽음의 선을 넘으며 선비들의 악습을 직시했던 것으로 보인다. 임진난사를 읽다 보면 일반인에게 잘 알려지지 않은 장면이 나오는데, 화의문제가 그것이다. 파죽지세로 북상하던 왜군이 평양에서 추위, 질병, 의병들의 기습에 지쳐 화의를 제안하자, 일부 조정 대신들은 임금 모르게 적과 내통 중이었으나, 풍신수길이 갑자기 죽어 중단된 사건이었다.

 화의의 내용 중에는 한강 이남 4도를 일본에게 넘긴다는 조목이 있었다. 만약 풍신수길이 갑자기 죽어 중단되지 않았더라면, 그때 한강

이남은 고스란히 적에게 넘어갔을 것이고, 참여한 조선의 대신들은 적의 일등공신이 되어 다시 호의호식하며 살았을 것이다.

화의에 남인의 영수인 영의정 유성룡(동문 조목趙穆은 절교 선언)과 서인의 영수 성혼이 가장 적극적이었으며, 서인과 남인의 당인들은 대부분 보스의 꼬리를 잡고 따랐다. 남인과 서인의 음모를 뒤늦게 안 이이첨은 분노하며 영의정 유성룡의 비리를 공개하고 탄핵하여 파직시켰다. 이이첨이 남인과 서인으로부터 영원히 버림을 받는 결정적인 계기가 된 것이다.

가장 세력이 강했던 서인(영수 이항복)과 남인(영수 이원익), 그리고 소북의 유영경(당시 현직 영의정)이 강보에 싸여 있던 영창대군을 옹립하고자 강력하게 밀었다. 젊은 이이첨은 미관말직에 있던 소장파 이성, 이경전, 이담, 이위경 등 소수 소장파를 이끌고 이십 대의 광해군을 지지하다, 원료 대신들의 미움을 받았다. 이때 전국에서 모인 과거 응시자들 1만여 명이 추운 날씨에 과거를 포기하면서까지 광해군을 지지하자 조정은 소용돌이에 빠지게 된다.

대신들은 전쟁 중에는 영특한 광해군을 존경하고 따랐으나, 전쟁 후 어느 정도 안정이 되자 태도가 바뀌어 갔다. 광해군은 어려서 조식의 제자인 하락을 스승으로 모시고 배웠고, 광해군이 17세로 분조를 이끌 때도 조식의 제자인 65세 정탁이 총참모였다. 광해군이 주자학자들과 생각이 많이 달랐던 점은 이런 배경이 있었던 것이다. 명나라는 상순과 상락의 왕위 계승문제가 얽혀 있었고, 무엇보다 광해군의 영특함을 후환으로 생각하고 탐탁하게 보지 않았다. 전쟁을 통해 명나라의 행패를 직접 체험한 광해군 또한 명나라를 좋게 생각하지 않았다. 광해군은 전쟁 중에 세자책봉을 받고도 조정 원로 대신들과 인목대비의 끈질긴 방해 공작과 이간질에 분하여 《조선왕조실록》에 의하면 어느 날 피를 한 사발이나 토했다고 기록하고 있다. 광해군 초기 위기에 처해 있을 때 이이첨이 호위무사로 가장 강력하게 광해군을 지지하여 대신들의 미움과 저주를 한몸에 받으니 광해군 집권 초기이다.

임진, 정유난으로 노비문서 등이 불탔고, 많은 하층민들도 전공을 세워 신분 변화가 크게 일어났다. 거기에다 광해군은 집권 초년부터 실학을 정치이념으로 하여 세율을 낮추고 조선팔도에 토지재정비, 대동법 시험, 토목사업 등으로 나라를 일으켜 부의 혜택이 민중에게 돌아가게 했다. 양반들에게 종속되어 있던 민중의 의식주가 조금씩 해방되어 신분제에 변화가 일어났고, 주자학에 찌든 기득권층은 광해군에게 불만이 극에 달하게 된다.

신분제가 해이해지자 조정 대신 이항복, 이정구 등이 소속된 서인과 이원익, 이덕형 등이 맹주인 남인이 연합하여 노골적으로 불만을 표시했다. 이들은 광해군 2년 갑자기 현실적인 개혁정치에 제동을 걸며 호패법 시행과 주자학을 통해 신분제를 강화하기 위해 이언적, 이황의 문묘 배향을 주장하자 절대다수를 이루는 이들의 추종자들은 앵무새처럼 따랐고, 조정은 갈등의 회오리에 휘말리게 된다.

원로 대신들이 뜬금없이 호패법을 들고 나온 표면적인 이유는 인구와 병사를 정확히 파악하겠다는 주장이었으나, 이이첨을 축으로 하는 이성, 이위경, 곽재우 등 신진 개혁파들은 당시 상황에서 호패법 시행은 양민을 노예로 만든다는 것과 전쟁 직후 거주 이전의 자유와 경제

활동을 위축시킬 것이라는 생각으로 팽팽히 맞섰다(광해군 2년 12월 25일).

한편으로 이들은 김굉필, 정여창, 조광조 3현과 함께 이언적과 이황을 문묘에 배향하자는 주장도 함께 했다. 김굉필, 정여창, 조광조는 생전에 공허한 이기론은 입에 담지 않았고, 그들의 문집 어디에도 이理와 기氣에 대한 글자조차 찾을 수 없을 정도로 실천을 중시한 선현들이었는데, 이들의 명성을 도둑질하여 이언적과 이황을 두리뭉술 묶어 5현이라며 문묘 배향을 강력하게 주장했다.

백성 편에서 이이첨이 호패법 시행 반대와 이언적, 이황의 문묘 배향에 반대 입장에 서자 대신들로부터 양반의 배신자로 눈에 가시와 같은 존재로 여겼다. 호패법은 김직재 사건으로 유보되었다가 폐지되지만, 이언적과 이황은 이이첨이 이끄는 소장파의 격렬한 저항에도 불구하고 이때 문묘에 배향된다.

조선은 이때부터 주자학이 공식적인 정치이념이 되어, 수백 년간 질곡에 빠지는 결정적인 계기가 되었다. 호패법과 문묘 배향 문제에 저항한 소장파 대북의 돌격대장 격이었던 이이첨은 세월이 흐를수록 서인과 남인의 공적이 될 수밖에 없었다.

조선시대 여인들의 궁중 비사를 말할 때 숙종 때 장희빈과 광해군 때 김상궁만큼 주자 아류들의 저주를 받는 사람은 없을 것이다. 선조의 후궁이었던 김상궁은 몰락한 선비의 딸로 빼어난 미모와 함께 대단히 총명했다. 공빈 김씨가 광해군을 낳은 후 광해군의 동생을 낳다 난산으로 죽자 광해군은 고아나 다름없게 되었을 때, 든든한 후원자가 되었던 사람이 김상궁 개희介姬였다.

김상궁이 광해군을 보살필 때 인빈 김씨의 소생 신성군은 왕위 계승자로 주목받으며 신성군의 외척이 조정을 좌지우지하고 있었다. 공빈 김씨가 죽은 후 광해군에게 큰 누이처럼 때로는 어머니처럼 따뜻하게 보살펴준 이가 김상궁이었고, 우여곡절을 딛고 아무도 예상 못했던 광해군이 극적으로 왕위에 오르기까지 중요한 역할을 한 사람도 김상궁이었다. 궁녀들이 대부분 불안한 노후를 생각하며 재물을 모았으나, 김상궁은 사재를 털어 광해군을 키울 정도로 시야가 넓었다.

광해군이 왕위에 오르자 이이첨과 김상궁은 광해군을 매개로 자연스럽게 의기투합할 수 있었고, 이런 행위는 대신들의 눈엣가시처럼 보일 수밖에 없었다. 인조반정 때 김상궁이 동대문 창신동 청룡사(일명 정업원)에서 소복 차림으로 기도하다 망나니들의 칼에 최후를 맞이하는 것을 보아도 김상궁의 사람됨을 엿볼 수 있다. 청룡사는 고려가 삼국통일을 이룰 때 혜원 비구니가 이 절에서 천일기도를 했던 곳으로 고려 때부터 국태안민을 기도하는 사찰로 이름이 나 있었다.

김상궁은 뼈저린 전쟁 체험, 교하천도를 위해 막후에서 자금 모금 등에 깊숙이 개입한 점을 참고해 볼 때, 당시 썩은 대신보다 몇 배나 나았다. 필자가 서울에 살 때 청룡사 근처에 살았고, 이 절에 간혹 간 적이 있었다. 작은 절이지만, 도성 가까이에 있어 방문객이 많고 역사적 이야기와 얽혀 있는 절이다. 광해군 집권기 내내 풍년이 들었던 것과 김상궁이 국가를 위해 올린 기도와 무관한 우연이었을까 하는 감회에 젖었던 적이 있다.

역사관이 없는 작가들이 사극과 소설에서 날조된 자료를 근거하여 욕을 하다 모자라 김상궁과 이이첨 혹은 김상궁과 광해군의 불륜까지 술안주로 묘사하는 것은 우리의 역사와 의인에 대한 모독이라 생각한다. 이이첨이 김상궁을 좋아하고 미더운 동지로 가깝게 지낸 것도 부패한 지식인들의 눈에는 미움으로 보였을 것이다.

문학이나 드라마에서 인목대비는 오늘날까지 추앙을 받으며 가련한 여인으로 묘사되고 동정을 받고 있지만, 공익과 이타적인 삶을 산 김상궁과 자기중심에서 한 발자국도 벗어나지 못했던 인목은 여러 면에서 대조를 이루며 생전에는 첨예한 갈등을 빚었다. 인목 측은 임난 때 이미 세자에 올라 임금 노릇까지 한 광해군을 몰아내고 강보에 싸여 있는 자신이 낳은 영창을 왕위에 올리고자 온갖 악행을 다했고, 자리 지키기에 연연한 썩은 관료는 총명하고 민중의 지지를 받는 광해군을 끌어내리기 위해 기회만 엿보고 있었다.

광해군 바로 앞 세대에 있었던 문정왕후 집권기와 너무나 비슷한 상황이 재현되고 있었다. 인목의 친정아버지 김제남이 정협(이항복의 심복)을 앞세워 광해군을 암살하려다 실패했고, 인목이 공빈 김씨의 무덤에 생물을 죽여서 묻고 무당을 불러 광해군이 요절하기를 기원하는 저주를 여러 차례 한 사실이 발각되었다.

암살과 저주 사건이 밝혀지자 기회를 엿보던 서인과 남인을 제외한 지각이 있는 자들은 인목의 악행을 성토했다. 삼사에서는 하루에도 몇 번씩 인목을 폐모할 것을 주장했고, 전국에서 인목의 악덕을 성토했으나, 광해군은 신하들의 여러 주장을 누르고 대비가 가지는 몇 가지 특혜를 깎는 폄손절목하는 선에서 인목을 관대하게 용서했다. 훗날 서인과 남인들은 전국이 이 문제로 시끄러웠던 것은 이이첨의 책동이었다는 주장을 하게 된다. 광해군이 폐모론을 누르고 폄손절목하는 선에서 마무리했으나, 서인과 남인들은 훗날 그들의 역모를 합리화하기 위해 광해군과 이이첨에게 어버이를 모르는 패륜아로 누명을 씌운다.

　인목의 사건이 폄손절목으로 종결된 직후 이항복이 민심을 흔들기 위해 광해군이 언젠가는 인목대비를 폐모할 것이라 유언비어를 퍼뜨리고 다니다 적발되어 망신을 당한 후 파직당하기도 했다. 하지만 후세에 서인 이항복과 남인 유성룡과 이원익의 후손과 추종자들이 구한말까지 정권을 농단하면서, 이이첨이 폐모론을 주도했다고 주장했다.

　광해군과 이이첨은 무능한 대신들에게 환멸을 느끼고 분위기 쇄신을 위해 교하천도를 계획한다. 전라도 해남에 거주하는 이의신의 상소로부터 시작된 파주군 교하동으로 천도 주장은 한양에서 막강한 경제력과 영향력을 가지고 있는 서인과 남인의 대신들에게는 청천벽력이었다.

　광해군에게 바다와 가까운 교하 천도는 중대한 프로젝트로였다. 오직 농업에만 의존하는 생업을 상업을 통해 나라에 활기를 찾기 위해서는 물길이 필요했다. 바다와 강을 통한 물류 이동과 해상무역에 웅지를 품었던 것을 엿볼 수 있다. 천도론이 발표되자 서인의 거두 이항복과 이정구가 강력하게 이의신의 목을 베자고 주장하게 되고, 보수연합 세력은 또 한 번 이이첨이 이끄는 대북세력과 첨예한 대립을 하며 갈등을 빚었다.

　끼리끼리 모인다는 말이 있듯이 이이첨의 주변 인물에는 참으로 개성 있는 인물들이 많았다. 주자 아류들에 의해 경색된 적서 타파와 신분 해방을 위해 〈홍길동전〉을 쓴 허균, 버림받은 병든 민중의 고통을 덜기 위해 〈동의보감〉을 저술한 허준, 무인으로 함경도 국경수비대 출신이나 다시 공부하여 문과에 급제한 문무겸비의 이성 등이 이이첨과 특히 친했다. 문관으로 이강, 이립, 이모, 이담, 한찬남, 정조, 이위경 등이 있었다. 이 밖에 풍수가 시문용·이의신, 토목건축에 밝았던 김일룡·성지 등이 있었고, 이들은 주자학에 찌든 서인이나 남인들의 시야로 볼 때 하등의 가치가 없는 천박한 시정잡배들이었다.

이이첨은 풍수가를 한 분야의 전문직으로 높이 대접했고, 부국을 위해 동거동락한 동지들이었다. 썩은 대신들은 한 시대의 학문을 대표하는 홍문관 대제학 이이첨이 무인, 의원, 토목 건축업자, 풍수가 등과 어울려 양반의 품위를 떨어뜨리고, 잡배들의 신분을 격상시킨다고 곱지 않은 눈으로 보았다.

이이첨은 사림의 정맥으로 자부했고 인정을 받았던 것은 선배들과의 정치적 인맥을 통해 보더라도 알 수 있다. 이이첨은 선조와 광해군 때 영의정을 하면서 많은 업적을 남긴 이산해의 총애를 받았고, 이이첨 또한 죽는 날까지 이산해의 기대를 저버리지 않았다. 이산해는 노수신에서, 노수신은 이준경으로 연결되는 정치적 후원자들이었다.

광해군 집권기에 명나라가 주자학의 병폐로 분열되어 침몰하는 틈을 타서 변방의 청나라가 조직된 팔기병으로 중원을 유린하자, 국제정세는 하루가 다르게 급변해 갔다. 주자학에 병든 조선의 서인과 남인 세력은 기득권 지키기에만 전전긍긍하며 광해군과 이이첨이 이끄는 현실개혁과 부국강병의 정책에 사사건건 부딪치며 갈등을 겪게 된다. 명나라와 청나라가 일전을 앞두고 명나라가 파병을 요청하자 조정 대신들은 임진난 때 명나라에 빚진 의리를 갚아야 한다는 명분을 주장하며 많은 대군을 파견하자는 주장으로 소용돌이쳤다.

자기 것이라면 무르팍 털 하나도 아끼는 세력이 국력 소진과 자칫 잘못하면 국운이 몰락하는 파병을, 목에 핏대를 세워 주장한 것은 그 속에 다른 음모가 숨어 있었다. 광해군이 주력부대를 변방으로 돌리면 광해군과 정치를 주도하고 있는 대북 세력을 제거할 의도가 있었다. 이것을 모를 리가 없는 광해군과 이이첨은 소규모의(약 1만 3천 명) 병사와 가장 믿는 강홍립을 파견하면서 강홍립에게 밀지를 내렸다.

이이첨은 파병 후 초기 소모전에 발생한 김응하, 박정길의 전사를 추모하고 강홍립의 항복을 앞장서 성토했다.

파병 반대가 대북의 주장이었고, 광해군이 강홍립에게 내리는 밀지에 붓을 잡은 사람도 이이첨인 것으로 보는 사람도 있다(강홍립을 연구한 전 이화여대 교수 강희영). 이이첨이 이끄는 대북파의 중추 역할을 하며 파병에 반대하는 강경파였던 이위경은 죽는 날까지 이이첨을 하늘같이 모셨던 점을 보아도(정적들이 두 사람의 관계를 시기하여 날조한 실록에서는 이위경이 처형될 때 이이첨을 돌아보고 욕했다는 기록이 있음) 이이첨의 상소문은 서인과 남인의 음모를 꿰뚫어 보고 명분론을 희석시키기 위한 이이첨이 펼치는 연막작전이었던 같다. 이 사건으로 서인과 남인은 광해군의 제갈량과 같은 이이첨에게 치를 떨었고, 의리를 모르는 패륜아로 낙인찍었다.

이이첨은 주자 말류들에게 거머리보다 귀찮고 귀신보다 더한 공포의 존재로 변해갔다. 당시 내로라하는 기득권의 대신들치고 이이첨의 칼날 같은 비판을 받지 않은 자가 없었고, 이이첨도 정적들로부터 수 없는 비판을 받지만 부정부패, 황음방탕, 축재, 비리로 무리 빚은 적은 없었다.

세상에 악마로 알려진 이미지와는 달리 이이첨에게는 인간적인 면모가 돋보였다.

정적들에 의해 불태워져 정확한 기록은 찾을 수 없었으나, 삼강행실도에 오를 정도로 효자였으며, 부부관계가 남 달리 돈독했던 점도 보이며, 국난에는 생명을 걸고 싸운 충신이었다.

이이첨을 실각시키고 악인으로 몰았던 인조 반역의 주역 이귀, 김류, 김자점, 이서 등은 어떤 사람인지 살펴볼 필요가 있다. 평산부사 이귀는 화의 문제가 대두될 때 비밀리에 유성룡의 소모관으로 서인인 성혼을 잇는 참모 역할을 하여 뜻있는 사람들에게 버림을 받았고, 또 음탕한 딸의 문제로 김자점 가와 함께 패가망신하여 비루하게 취급당하고 있었다. 장단부서 이서는 광해군 3년 남포현감 시절 가렴주구와 관내의 부녀자 겁탈로 파직당하여 오랫동안 벼슬길이 막혀 있었다. 사림을 도륙 낸 모사 송익필의 제자였던 김류는 이이첨의 탄핵을 받아 이이첨을 평생 원수로 생각했던 자이며, 김자점은 인조 때도 자신의 성미대로 되지 않자 청나라에 조선을 침공하기를 바라는 밀서를 보내기도 했다.

반역의 주역들은 그들의 치부를 가리기 위해 실록을 위조하여 자신들을 높임과 동시에 맑은 이름을 대표하던 이이첨을 욕하고 사실을 날조하기에 이른다. 아직도 날조된 자료를 실증주의라는 미명 아래 액면 그대로 믿거나 실록을 금과옥조로 하여 우리 지성사를 쓰고 있다. 기득권이나 지식인의 이익을 대변하는 주자학에서 탈피하여, 민중의 편에서 역사를 인식하는 필자의 견해로서는 이이첨은 고통받고 질식해 가는 이 나라 민중을 대변한 의인이었다.

광해군과 이이첨 몰락 후 두 차례에 걸친 광해군 복위운동이 그것을 증명하고 있으며, 우리가 실학자로 알고 있는 유형원이 벼슬길에 나아가지 못하고 학문에만 힘쓸 수밖에 없었던 것도 유형원 부친 유흠이 일찍 이이첨의 추천을 받았고, 유흠이 광해군 복위운동의 주동자였기 때문이다. 유형원과 비슷한 세대로 주자 아류들에게 사문난적으로 처형된 윤휴 부친인 윤효전이 실학파들이 주류를 이룬 대북의 핵심인물임을 볼 때 왜곡된 우리 지성사의 일면을 엿볼 수 있다.

이이첨과 같은 숭고한 살신성인이 없었다면, 광해군 15년 재임 기간에 정치, 경제, 문화에 있었던 업적과 민중이 누린 혜택을 어찌 상상이나 할 수 있었겠는가? 우리의 역사가 바로 서는 날 이이첨은 틀림없이 청사에 빛나는 인물로 우뚝 설 것이다.

—우리 역사를 찾는 사람들, 토론 발제문(2005. 6.)

06

간도의 주인들

 만주와 간도는 우리 역사에서 3,000여 년 이상 중요한 활동무대였다는 것은 출토되는 유물과 문헌이 이를 입증하고 있으나, 현재 한국에서는 당연한 중국 영토로 나아가 중국 역사의 일부로 취급하고 있는 것에 놀라지 않을 수 없다. 중국이 만주를 차지한 것은 얼마 되지 않는다. 지식인들의 무능과 무관심이 어떤 결과를 초래했고, 한번 잃은 땅을 되찾아오기가 얼마나 어려운지 살펴보고자 한다.

 부여, 옥저, 고구려, 발해에 이어 만주를 장악했던 한韓민족은 발해의 멸망과 초강대국으로 성장한 원元의 등장으로 만주가 우리 민족과 잠시 멀어진 적이 있었다. 아시아와 유럽에 걸쳐 역사상 가장 방대한 영토를 지배했던 원나라가 쇠퇴하자 변방에서 여러 민족 군웅들이 봉기하게 되자 원은 다급해져 고려에 구원병을 요청했다.

 고려는 어쩔 수 없이 힘에 눌려 류탁柳濯, 염제신廉悌臣 등이 병력을 이끌고 원을 구원하러 갔다가 원의 쇠퇴와 몰락해가는 모습을 직접 목격한 후 돌아왔다. 그 당시까지 명석했던 공민왕은 원의 패망을 예견하고 안으로는 세도를 부리던 친원파를 과감하게 숙청한 후 정동행성이문소征東行省理門所도 없애 버렸다. 밖으로는 압록강 이서以西 8개 전초지前哨地(초소)를 공격하고, 나아가 동북면과 서북면의 여러 성을 고려에 복속시키고 개혁을 단행하여 업적을 쌓았다.

당시 만주에 원의 잔재세력이 남아 있었으나 탈진 상태였고, 명나라도 정예부대는 다른 곳에서 원과 대치하고 있던 처지라, 신흥 명나라는 만주 일대 원의 잔당을 제거할 여력이 없었다. 만주에 터를 잡고 있던 여진족은 이 시기 대부분 원나라에 소속되어 있거나 일부는 새로 일어난 명나라에 귀속되어 지리멸렬한 상태로 만주는 주인 없는 땅이나 마찬가지였다.

고려와 명은 국경문제로 사이가 좋지 않았다. 명나라에서 철령위 이북을 억지로 자신들이 차지하겠다고 하자, 최영은 이번 기회에 아예 요동을 정벌하여 고구려의 고토를 완전히 회복하겠다는 생각을 했다. 역사상 만주의 주인공이 중원의 주인공이 될 수 있고, 요동의 주인공이 만주의 주인이 될 수 있다는 것은 고려 지식인들에게는 상식이었다.

최영은 우왕과 밀의하여 내락을 받은 후 8도 도통사가 되어, 1383년 2월 북벌 길에 오른다. 이때 이성계와 조민수는 부장으로 좌·우도통사가 되어 출전하였으나, 이성계와 조민수는 잿밥에만 관심이 있어 위화도에서 온갖 변명을 늘어놓으며 반란을 일으켰다.

우리 민족이 웅비할 수 있는 천재일우의 기회를 몇몇 소인배의 탐욕 때문에 물거품이 되는 순간이었다. 명명백백한 반란 사건인 위화도 회군이 성공한 역모 사건이라 지난 수백 년간 제대로 평가될 수가 없었다. 오늘날 우리 역사를 연구하는 사학자들이 대부분 이성계 일당이 늘어놓았던 변명을 앵무새처럼 되뇌며 합리화하고 있다.

고려 말의 현상은 나라가 기력을 잃고 전반적으로 부패했으며, 특히 사원 경제가 비대하게 되어 동맥경화로 정권이 바뀌어야 할 시기였음은 분명하지만, 사욕에 눈이 어두워 대의와 역사를 직시하지 못한 소인배들을 한탄하지 않을 수 없다.

정말로 부패한 현실을 바로잡겠다는 큰 뜻이 있었다면, 요동을 먼저 정벌한 후에 정권을 장악했어도 늦지 않았을 것이나, 그들은 출병 전에 이미 반란의 마음이 있었음이 포착되고 있었다. 이들이 위화도 회군 후 최영과 우왕을 살해하고 왕권을 잡은 것은 아무런 대의명분이 없는 일이며, 우리 역사와 민족에 큰 비극이 아닐 수 없다.

고려 말 때 만주뿐만 아니라 요동 일대를 차지할 수 있는 절호의 기회를 놓친 조선은 세종이 4군 6진을 설치하는 등 노력이 있었으나, 긴 역사의 안목에서 볼 때 만주를 잃고 울타리 안에 갇혀 큰소리만 질러대는 다리 부러진 장수 꼴이었다.

조선과 명이 왜적과 7년 국제전을 할 때 만주를 기반으로 하는 여진족은 급성장하여, 나중에는 명나라를 무너뜨린 후 청나라를 세우고, 실학을 정치이념으로 한 청은 중국 역사에서 보기 드문 치적을 쌓고 영토를 넓히게 된다. 특히 강희제는 한漢, 만滿, 몽蒙, 회回, 장壯 등 5족이 사는 지역을 모두 영지로 하였고, 주변 10개 국에게 책봉을 내렸다.

강희제는 청의 발상지인 백두산에 특별한 관심을 가졌다. 제를 올리고 봉호를 하는가 하면, 답사와 측량을 하자 조선과 신경전이 벌어지게 된다. 강희제는 어떻게 하든지 백두산을 청의 영토에 넣고자 사람을 보내 국경 답사를 하자 조선인과 소요가 빈번하게 일어났다.

1710년 조선인 이만지 등이 청나라 사람을 살해하는 사건이 있었다. 삼도구에서 조선인을 사격하다 오히려 조선 포수에게 피격되어 부상으로 답사가 중단되었다. 이 사건으로 조선인 한득완 등 26명은 참수당하고, 조선은 은 2만 냥을 배상해야 했다. 1712년 목극등이 강희제의 특명으로 답사하고, 조선의 접반사 박권, 관찰사 이선부에 의해 백두산정계비가 건립되었다.

무산에서 박권을 다시 만난 목극등은 "경계에 비석을 세운 것은 임금의 뜻이니 이후에 간사한 무리가 넘나드는 일이 없어야 한다. 원류에 경계가 모호하니 목책을 세우자" 하니 박권이 "나무로 만든 목책은 영구히 지키기 어려우니 차라리 흙 두렁과 돌무더기를 쌓아 목책처럼 하자" 하여 합의를 보았다.

조선은 이후 약속대로 정계비에서 토문강 발원지까지 185개의 돌무지를 쌓아 경계를 분명히 했다. 정계비대로 하면 백두산 천지는 청에 속하지만, 국경은 토문강이 됨으로 두만강 이북의 많은 만주 땅이 조선에 속하게 되었다.

훗날 청은 토문강이 두만강이라 우기게 된다. 토문강은 송화강의 지류로 따로 있었는데 청나라는 시간이 갈수록 생떼를 썼다. 이는 마치 한강이 낙동강이라고 우기는 것과 비슷한 수준이었다.

강희제의 마음을 읽고 있는 목극등이 여러 사람을 대동하고 현장답사까지 한 후 토문강을 경계로 잡은 것은 백두산을 차지하려는 일념으로 당시에는 쓸모없던 간도에는 무관심했을 것으로 보인다.

정계비는 1712년 건립되어 일제가 철거하는 1930년까지 그 자리에 있었고, 정계비가 건립된 1712년은 청나라에서 막대한 경비를 지출하며 국책사업으로 지도가 만들어진 직후였다.

조선 후기로 오면서 간도란 지명은 일제 때 압록강 이북을 서간도로, 두만강 이북은 북간도로 통칭하여 불렀던 것 같다. 정계비를 세운 후 조선인들이 한 사람 두 사람 비옥한 간도로 들어가 농사를 짓기 시작하자, 청국은 조선인을 내쫓으면서 두만강이 토문강이라며 우기며 철수를 요구하자, 조선 관리가 공식적으로 공문으로 경계를 언급한 것은 종성 부사 이정래였다. 이정래李正來는 분쟁을 일으킨 돈화현에 공문을 보냈다.

"…귀국에서 토문을 도문으로 혼동하여 말하는데, 토문은 분계를 정한 곳에 있는 강이며, 도문은 경원 아래의 바다로 흘러 들어가는 강을 말하며, 본국의 경계 안에서 바다로 흘러 들어가는 것으로 두만강이라 한다…… 우리로서는 귀하가 귀국 주민들의 사사로운 말만 듣고 주장하는 것을 그대로 믿을 수 없으므로, 별읍의 사람을 현장에 보내어 목극등이 세웠던 정계비문을 탁본하고 토문강의 원류를 답사하였던 바 과연 우리 주민들이 주장하는 것과 부합하다는 것을 알게 되었다.

이번에 그린 도면과 낡은 지도를 비교하여 보았더니 도문강과 분계강 사이에 의심나는 곳도 있었는데, 이곳도 이번 답사한 결과 틀림없었다. 귀현은 설치된 지 얼마 되지 않아 모든 사정을 잘 알지 못하니,

마땅히 사람을 파견하여 공동으로 현장을 답사하여 강희제 때 작성해 놓은 경계를 분명히 하는 것이 타당하다. 여기에 도문강(두만강)과 분계강(토문강)의 구도 사본 1장, 신도 1장, 백두산 정계비 탁본 2장을 보내니 잘 알아 처리해주길 바란다."라고 주장했다.

  양국 간 교섭 중에도 청국의 관리와 청국인은 어떻게 하든지 간도에서 조선인을 내쫓으려 했다. 조선 사람들이 움직이지 않자 군대를 동원하여 민가에 불을 지르고 보이는 대로 구타하여도 조선인들은 물러나지 않았다.

  고종은 초년에 청국과 문제를 일으킨 조선인들을 잡아다 참수하는 등 비굴한 면을 보였으나, 후기로 오면서 청나라의 약한 모습을 읽은 후부터 청나라에 강경하게 나가게 된다. 국경에서 계속 분쟁이 일어나자, 청국 조정에 보내는 공문에 "…우리나라는 서북지방의 경역을 본래 토문강으로 삼고 있다. 근년에 이르러 우리 백성들이 집을 세우고 농사를 짓는 것은 우리 땅에서 일어난 일이다. 본국의 백성이 본국의 땅에 사는 것은 조금도 부당할 것이 없다…"라고 말하며 초창기와는 완전히 다른 모습을 보였다.

  1885년 조선의 대표 이중하는 종성부사로서 놀라운 외교력을 발휘했다. 청국 대표들은 처음부터 두만강豆滿江이 토문강土門江이고 도문강圖們江이라 주장하면서, 토문강을 두 나라의 국경이라는 전제 아래 양국이 합의하여 세웠던 백두산 정계비를 무시하고 온갖 압력과 모욕과 회유로 이중하를 압박했다.

  이중하는 토문강은 도문강과 전혀 관련이 없고, 북쪽으로 흐르는 송화강의 지류라며 자신의 주장을 조금도 굽히지 않았다. 정계비의 위치를 보더라도 비석이 있는 등성이를 사이에 두고 압록강과 토문강이 발원하고 있다는 것이다. 이중하는 현장답사 후 여러 증거를 내놓으며 조리 있게 반박하면서 청국의 주장을 일축했다. 이중하가 이렇게 명쾌하고 당당하게 나올 수 있었던 것은, 그의 깊은 학문과 인품의 탓도 있었으나, 1872년 사람을 밀파하여 그려 오게 한 〈강북일기〉의 영향력이 컸을 것으로 학계에서는 보고 있다.

1887년 청국에서는 1885년 왔던 덕옥, 가원계, 진영 등이 다시 왔고, 조선에서는 이중하의 간곡한 사양에도 불구하고 다시 이중하를 대표로 보냈다. 청국에서 이번에는 생각을 바꾸어 두만강의 지류인 서두수(석을수)가 두만강의 본류라고 주장하였으나, 이중하가 말을 듣지 않자 다시 이중하를 설득하기 위해 이번에는 약간 위쪽인 홍단수로 바꾸어 주장했으나, 이중하는 서두수도 홍단수도 모두 조선 내에서 발원함으로 토문강과는 아무런 관련이 없다며 묵살하고, 청국의 부당한 요구를 힐책하며 문제를 공정하게 해결하자고 촉구했다.

마지막 카드로 청국인들은 석을수를 국경으로 삼자고, 몇 발 물러나 양보하는 척하며 한편으로 협박하고 나오자 이중하는 "내 목을 자를지언정 국경을 줄일 수는 없다."며 굽히지 않자 담판은 다시 무산되고 말았다.

이정래나 이중하와 같이 깨어 있는 선각자들도 있었으나, 조선의 국왕과 지식인들은 대체로 자국민에게는 가혹하고 잔인했다. 조선은 자국민들을 대부분 참수와 효수로 다스렸다. 문제가 되었던 주요 사건을 살펴보면 아래와 같다.

현종 10년(1669년)   10월 국경을 넘어간 김유례 등을 목 베어 효시했고, 11월에는 강계 주민 6명을 목 벰.
숙종 11년(1685년)   월강자가 있었다 하여 업무를 태만하게 했다며 함경감사 이수언과 관련 벼슬아치를 벌했다.
영조 8년(1732년)   상행위를 한 이삼영을 목 벰.
영조 10년(1734년)   김수경 등 4명을 목 벰.

엄연한 조선 영토에 생계를 위해 개척했던 자들을 조선 왕은 가혹하게 제지했던 것이다. 1887년 감계단판 후 1894년 청일전쟁이 일어났고, 1904년 시작된 러일전쟁에서 1905년 일본이 승리하자 동북아의 국제정세가 급변하게 된다.

일제는 1905년 한국과 을사늑약을 체결하고 조선의 외교권을 박탈한 후, 간도에 통감부를 설치했다. 간도가 한국의 영토라는 것을 설명한 후 그 영유권 문제에 관해 청나라에 아주 단호한 태도를 보이자, 두 나라는 군대를 파견하는 등 험악한 분위기가 되었다.

이러한 분위기 속에서 청나라는 간도에서 일본이 만약 양보한다면, 다른 문제에서 일본에 양보하겠다는 의사를 보였다. 이렇게 하여 생긴 것이 '간도와 만주에 관한 협약'이며, 국경이 언급되는 주요한 사항만 요약하면 아래와 같다.

'일·청 양국 정부는 도문강을 한·청 양국의 국경으로 하고, 정계비를 기점으로 하여 석을수를 양국의 경계로 한다. 청국 정부는 종래와 같이 도문 강북의 개간지에 한국민이 거주하는 것을 인준하고, 그 지역의 경계는 별도로 표시한다. 도문강북 지방의 잡거 구역 내의 개간지에 거주하는 한국민은 청국의 법권에 복종하며 청국 지방관 아래에서 재판을 받는다.'

국권이 일본에 넘어간 후 36년 동안 영토권 주장은 상상조차 할 수 없었고, 그 후 광복은 되었으나 내란과 자중지란으로 간도는 다시 관심 밖으로 밀려나고 말았다. 광복공간에 이념의 노예가 되어 좌·우의 대립으로 엄청난 희생의 대가로 우리는 무엇을 얻고 잃었는지 냉철히 생각해 보아야 한다.

2차 대전에서 일본이 패하고 물러나자 중국은 1952년 '연변 조선족 자치구'를 허락했고, 1955년 '조선족 자치주'를 수립하여 조선인이 민정을 운영하게 했으며, 압록강 이북의 '장백 조선자치현'에도 조선족이 민정을 하게 했다.

카이로 선언과 포츠담 선언에 의해 일본은 패망 이전 청나라와 일본이 맺은 조약은 모두 파기되고 무효로 돌아갔다. 1905년 체결된 '만주에 관한 청·일 조약'은 물론이고 1909년 체결된 '만주에 관한 협약'도 무효로 돌아갔다. 같은 날 일본과 중국이 체결한 '간도에 관한 협약'도 무효임은 두말할 나위 없다.

간도에 사는 조선족들은 어떤 생각을 하고 있는지 관심을 가질 필요가 있다. 그들이 등을 돌릴 때 간도는 진정한 우리 땅이 될 수 없을 것이고, 된다고 한들 동포에게조차 인정받지 못한다면 무슨 의미가 있을까? 북한에서 김일성 등이 중국의 항일전쟁과 국·공 내전에 참가하면서 중국공산당에 협력한 대가로 간도 할양을 요구한 것으로 보이나, 그 후 한국동란 때 중공의 참전으로 중국이 백두산 천지의 분할을 요구해 간도는 더 이상 언급하기 어렵게 된 것이다.

중국이 염려하는 것은 간도보다 경제 성장에 따른 상대적 박탈감으로 조선족의 분리 운동을 더 걱정하고 있는 것 같다. 신장성 위구르족의 분리 운동이나 하남성에 있었던 한족과 회족의 충돌에서 보듯 이미 그런 징조가 보인다. 또 중국의 성장을 못마땅하게 생각하는 세력은 끊임없이 민족 간 갈등을 이간시킬 것은 불을 보듯 뻔하다. 우리가 중국의 동북공정으로 만주의 역사와 간도를 염려하고 있을 때, 중국은 북한 전체에 침을 흘리고 있을지 모른다.

―우리 역사를 찾는 사람들, 토론 발제문(2004. 11.)

PART
04

발상의 전환, 마음의 눈

01

장주莊周의 《장자》

작은 모임에서 한 사람씩 분담하여 철학자를 선택하여 발표하기로 했는데, 남은 한 사람이 장자였고 내가 제일 늦은 순서로 장자를 발표했다. 장주莊周 선생이 생존한 시대는 기원전 2~3세기로 맹자보다 조금 늦지만 같은 시대 사람이니 약 2,300년 전 사람과의 시공을 뛰어넘는 만남이었다.

이 책을 읽기 전에는 내가 나의 처지를 제대로 볼 수 없었다. 조선 오백 년간 통치이념이었던 유학儒學과 광복 후 학교에 서양식 교육이 도입되고 획일화된 교육으로, 나의 인식 체계와 무의식의 세계는 손발이 묶여 담장 속에 갇히고, 담 밖에는 철조망이 있음을 알 수 있었다.

장 선생은 나를 묶고 있는 끈을 풀고, 담장을 허물고, 철조망을 걷어 내어 내가 다른 세상을 볼 수 있게 이끌었다. 낯선 신선 세계에서 자유로운 여행이 즐거워 내내 웃고 무릎을 쳤던 기억이 새롭다. 조선 시대 정치인들이 당쟁에서 패하여 귀양 갈 때 《장자》를 가지고 가면, 새 사람으로 살아서 돌아올 확률이 높다는 말이 무슨 말인지 알 수 있었다. 《남화경》이라고도 하는 《장자》는 동양의 선불교와 그림과 문학 발전에 크게 기여했다는 말을 듣는다.

우리 문화에 깊숙이 뿌리내리고 있는 유교 문화와 광복 후 서양식 교육이 유有를 바탕으로 한다면, 노장老莊은 유에 반론으로 무無를 이야기하면서 각종 문화와 엄격한 규제에 찌들고 위축된 영혼을 흔들어, 본래의 자연과 자유와 평등을 강조한다.

책은 내편, 외편, 잡편으로 쉽고 재미있게 구성되어 있는데 오랜 기간에 수많은 사람을 통해 읽혀 내려오면서 외편과 잡편 일부는 장자의 저술이 아니라고 말하는 사람들이 있으나, 그런 문제에 개의치 않고 읽었다.

오해의 소지를 많이 가지고 있는 언어와 논리를 뛰어넘고자 했던 선불교와 장자를 추종하는 사람들은 서로 뜻이 맞는 좋은 친구가 될 수 있었으나, 이들로 인해 논리적 사고를 저해하는데 일조했다는 비판을 받기도 한다. 그렇다고 하더라도 장 선생은 나를 동굴 밖 다른 세상으로 구출한 좋은 친구요 존경하는 스승이요 첫사랑 같은 존재이다.

—《경남공감》 8월호(2021. 8.)

02

《장자莊子》 인식론에서 미美

장자는 중국 역사상 가장 위대한 문학가이면서 철학자이기도 하다. 그의 난해한 철학을 이해하기 위해서는 인식론적 접근이 필요하고, 그의 문학을 이해하기 위해서는 그의 미학을 알아야 장자를 조금 안다고 할 수 있을 것 같다.

장자는 중국 제자백가들이 현실의 문제에만 집착하여 편협한 가치 속에서 자기 학설만이 옳고, 남의 학설을 공박하는데 열을 올리던 전국시대에 살았다. 제자諸子들이 각기 문호를 폐쇄하고 남의 주장을 거부하며 극단적 대립과 분열을 일으켜, 인심의 순수성과 진리의 객관화가 크게 파괴되던 시대였다.

장자는 당시 제자백가들 사상의 과오는 국부적인 것에 치우쳐 전체를 보지 못하는 편집偏執과 인간중심·자기 위주로 보려는 망염妄念에서 비롯된 것으로 해석했고, 이로 인해 자연의 진면목은 가리어지고,

갖가지 지식을 입혀 순수성을 잃게 되었다고 보았다. 가상과 가식에 차 있는 인간을 만나게 하여 문제를 문제 이전으로 환원시키고, 인생의 안일을 되찾아야 함을 강조했다.

그에 의하면 우리가 마주 대하고 있는 사실이 실재의 사실이 아니라고 한다. 우리 앞에 보이는 사실이란, 감각이나 의식에 의하여 사유되고 판단된 경험적 앎의 내용일 뿐이며, 감각은 시·공의 제약을 받는 지극히 한정된 기능만을 가지고 있다는 것이다.

우리의 감각은 기능에 의한 이미지만을 만들어 갈 뿐, 사실 자체를 수용하는 것은 아니라고 보았다. 경험에 의거하여 의식하고 사유 판단함으로써 구성되는 앎의 내용은 사실의 세계가 아니라, 사실을 막으로 가려 놓은 의식의 세계이며 이미지의 세계로 본 것이다.

오관五官을 통한 감각적 경험으로는 현상의 사실에 도달할 수 없고, 현상은 타자와 구별되는 일자一者로서 개별적으로는 파악될 수 없는 것이며, 주체로서의 개아個我와 대립되는 대상으로 현상과 사물을 이해하여서는 안 된다는 것이다. 오관은 현상을 구성하는 외면적인 면만을 포착하는 것이 가능한 유한 기능이므로, 그것의 능력으로는 현상의 사실을 간파해 내지 못하며, 어떤 현상도 전체로서의 여러 현상과 유리되어 독립적으로 존재할 수 있는 것이 아니다. 전체로서의 현상과 유기적으로 연결된 상태에서 존재하기 때문에, 개별적으로 파악될 수 없다는 것이다. 장자는 오관을 사용하는 감각적 인식과 어떤 일一과 타他를 구별하는 분별적 인식, 주·객을 이분하여 객관으로써의 대상을 주관으로서의 개아에 의해 수용하는 대상적 인식을 부정한다.

어떤 일물一物이라도 전체와 유리되어 독립적으로 존재하지 않으며, 어떠한 순간도 전체로서의 시간에 떨어져 따로 위치할 수 없다는 것이다. 개아個我에 있어서나 개아에 처한 현상에 있어서나, 차별과 동일은 동등한 관계로 영향력을 행사한다는 것이다. 전체적이고 보편적인 의미를 지니는 도道가 무한히 많은 존재와 존재의 수많은 개체 속에 동등하게 침투하여 들어가 있는 것으로 간주한다. 그래서 전체적 인식에서는 만물은 평등하며 생멸이 있을 수 없다는 것이다.

 장자에 있어서 '죽음'의 문제는 근원적 사멸을 의미하는 것이 아니라, 삶과 동등한 또 다른 존재의 양태이다. 개아는 생멸의 여러 변상을 동등하게 포함하기 때문에 생의 순간이 멸의 순간과 차가 없이 똑같이 받아들여지는 것이다. 그러므로 개아의 현상적 순간은 사멸의 자리까지도 포함하는 통시적이다.

 전체에서 파악된 개아가 전체에 위치한 우주의 현상 또는 상황을 수용하는 전체적 인식에 있어서, 수용된 내용도 전체성의 특징을 지니게 된다. 사아私我에 의해서가 아니라 전체에 입각한 개아에 의해서 수용되는 인식이기 때문에 그 내용을 피彼·아我로 구분되는 것이 아니다. 피라고 하여도 아와 대립되는 피가 아니라 아까지 포함하는 피이며, 아라고 말할 때도 피와 구분되는 것이 아니라 피까지 함유하는 전체가 모두 아인 것이다.

 주체로서의 개아나 그것이 인식하는 대상으로서의 현상은 모두 전체와의 연계 속에서 위치하는 것들이다. 유한한 영역 속에 폐쇄된 존재가 아니라, 우주 전체를 향하여 개방되어 있는 존재인 것이다.

 정말로 '一'인 것은 논리 될 수도, 사유될 수도 없다. 왜냐면 사유되고 논리화되는 순간 그것은 논의하고 사유하는 자의 대상이 되고 말기 때문이다. 그러므로 모든 것을 포괄한 '一'이 될 수 없다. 논의되고 사유된 '一'은 참된 '一'이 아니다.

만물은 다 같이 도에서 유래하였으므로 만물은 천태만상이나, 도에 귀일歸一 되는 면에서 같다. 아我와 비아非我는 상대적 구분이며, 도의 관점에서는 통일되어 하나 된다. 천지와 나는 같이 생존하며 만물은 나와 합하여 하나가 된다. 분별적 인식은 부정되고 전체적 인식이 인정됨을 알 수 있다.

대일大一과 하나가 되기 위하여 세상의 잡다한 차별을 잊어버리고 초월해야 한다. 이런 경지에 도달하려면 우선 '앎知'을 버려야 한다. 통념적인 의미에서 지식의 과제는 사물을 구별을 지어주고, 또 어떤 사물을 안다는 것은 그것과 다른 사물의 차이를 아는 것이다. 그러므로 '지知'를 버린다는 것은 이러한 차별을 잊어버리는 '망忘'의 상태이다. 모든 차별을 잊어버리면 무차별 하나만이 남는데, 이것이 '대전大全'이다.

이 경지에 도달함으로써 고차원의 '지'를 갖게 되고, 이러한 '지知'를 도가에서는 '비지非知'의 '지知'라 한다. 여기에 이르면 사실 그대로의 세계와 직접적으로 마주 서는 망忘의 상태로 들어가는 것이다.

'좌망'은 참다운 앎을 의미한다. 좌망坐忘은 현실의 앎을 구성하는 '대물의식對物意識' 그 자체가 소멸되는 것이다. 이것은 '무지無知'의 자각이며 일상적 지식의 세계로부터 벗어남을 말한다. 이 좌망을 거쳐 드러난 참된 앎의 세계를 장자는 밝음의 세계, 곧 진리의 세계라 보았다.

이 밝음의 세계에 직접적으로 마주 선 사실의 세계가 제물齊物이다.

제물이란 인간이 가진 자기대로의 제한된 관점에서 구별되어 보이는 일체의 사물들이 통일되어 '一'로서 인식되는 것을 말한다. 상대적 차이를 부정하고 절대적 경지에 이르는 것이다.

좌망의 상태에선 나와 대상 사이에 분별이 소멸되어 도와 하나가 된다. 도에 의존하여 대상과 합하고, 도의 이치를 따를 때 미적 체험으로 미적 교감의 자연스러움이 나타난다.

미적교감美的交感은 미적 주관과 미적 대상 간의 일치라 할 수 있다. 좌망 이후의 주관은 단순히 일상적 관점에서의 심리적 자아와 구분되고, 심리적 자아에 기인한 주·객의 단순한 이분법을 초월하는 것이다. 일상적 관점에서의 대상적 지식의 초월, 또는 주·객관을 뛰어넘는 성격을 가장 잘 나타내 주는 것이 미의 체험이라 할 수 있다.

미적 판단은 대상에서 자아와 같은 내적 본질을 발견하게 될 때, 자아의 자유로운 내적 공감에서 성립되는 사아私我의 체험이며, 동시에 그 판단이 만인에게 보편적 사아私我의 체험으로서의 개아個我의 의미를 가지고, 객체와 주체의 동일화라는 미적 가치의식을 갖게 된다.

무기無己의 지순한 심성에서 직면하는 현상적 존재를 교감하는 순간 그 현상적 존재가 지니고 있는 생명의 정조가 수용될 때, 개아로서의 주관성이 배제된 객관적 주관이 된다. 대상으로서의 현상적 존재가 주관으로서의 개아에 이입되어 능동적으로 작용하게 되는 것이다. 이렇게 대상적 의미를 지니는 현상과 주관적 의미를 지니는 개아가 상호일치 되었을 때 현상에 대한 정보가 전하여져 미적 인식이 가능하게 되는 것이다.

철저한 자기실현을 통해 대상과 하나가 되는 것과 대상의 본성과 합치하는 것이 미적 공감의 근원이 되고, 미적 창조의 원리가 된다. 이러한 차원에서 아我와 물物 사이의 차별이 해소되고, 서로 동화되어 상대적 관점이 소멸된다.

장자가 그의 꿈에 나비가 되어 날면서 즐길 수 있는 이유는 일상적 삶에서 자기 자신의 존재를 잊었기 때문이다. 꿈속에서의 나비는 곧 장자와 하나이다. 그들 사이에 어떠한 차별도 없이 서로 하나로 일치한다. 주·객의 차별이 없는 융합의 내적 경험이 장자가 나비가 되어 자유롭게 날아다닌 꿈속에서 실현되고 있다. 이런 상태를 물화物化라 한다.

장자의 미적 인식은 자아와 비자아의 분별이 허물어지고, 자아와 대상 간의 근원적 공감이 성립될 때 아름다움이라 할 수 있는 체험이 가능하게 된다. 여기서 아름다움이라고 하는 것은 개별적 사물의 미를 판단하는 것이 아니라, 초월적 미를 말한다. 예를 들면 죽음을 앞둔 파리한 환자와 젊은 미인 서시西施의 미를 참된 도의 입장에서 대조하면, 다 같이 하나가 된다. 한쪽의 분산은 다른 쪽에서 완성이며, 한쪽의 완성은 다른 쪽에서 파괴이지만, 모든 사물은 완성이건 파괴이건 다 같이 하나이다.

도에 다다른 자만이 하나임을 깨달아 자기 판단을 내세우지 않고, 사물을 평상시의 자연스러운 상태에 맡겨두는 그러한 미美이다.

장자가 혜시와의 대화 때 물고기를 보고 물고기의 즐거움을 느꼈다는 것은, 장자 자신이 엄정한 추리를 통해 안 것이 아니며, 주관적 착각으로 느낀 것도 아닌, 물고기의 즐거움이 장자의 즐거움이 되고, 장자의 즐거움이 물고기의 즐거움이 된 상태의 표현일 뿐이다. 각자가 좌망이라는 미적 태도로서 미적 대상과 물화가 되는 직접적 체험 아래에서 가능하기 때문이다.

절대의 경지는 망아忘我에 의한 대상과의 합치 속에서 미적 체험이 가능하다. 자연을 엄밀하게 분석하거나 그 효용성을 이용하는 태도에서 비롯되는 것이 아니라, 인식이 미적 대상에 의한 체험 속에서 가능하다. 상상력은 기존의 인식질서를 파괴하고, 일상적 관점에서 그 연관 관계를 성립하지 못하는 사물들 간의 새로운 관계를 내적 필연성 아래에서 새로 구성한다. 상상력과 거기에 수반되는 감정은 사물의 정확한 파악을 위해 거부되지만, 그러나 미적 체험 속에서 그것은 우리의 지평을 개방하고 모든 존재하는 것들의 친화 관계를 밝혀낸다. 상상력 안에서 우리의 심리적 자아를 망각할 수 있고, 모든 사물 간의 근원적 공감을 확보할 수 있다.

미적 체험은 근원적으로 상상력의 소산이면서 표현의 구조를 가진다. 자연의 운행에 순응하고 순간순간 지미至美의 진실체가 된다. 현상적 존재들 사이의 회통은 그것들이 공유하고 있는 동일한 생명의 정감情感을 통하여 그 가능성이 주어진다. 개체 사이에 도를 운용하여 형성되는 생명의 정이 동일한 궤도를 그릴 때 감응이 일어나고, 이 감응이 미적 인식을 가능하게 한다. 이렇게 볼 때 미적 인식도 전체적 인식과 일맥상통함을 알 수 있다.

장자의 시각에서, 당시 대부분의 철학자들이 언어에 집착하여 대상 자체와 만나지 못했다. 이를 통탄한 장자는 언어는 수단에 불과하니, 언어 없이 순수한 자연과 만나는 좌망을 통한 물화物化를 강조한 것이다. 만물은 조각이 아니라 만물을 구성하는 평등한 개체성을 주장하여, 우주의 구성에는 여러 요소 여러 기능이 필요하며 혼자만으로 완성될 수 없다는 것이다. 절대 평등과 자연의 완전성에 대한 인식이 장자 철학의 출렁이는 생명력이고, 미학이라 할 수 있다.

—우리 역사를 찾는 모임, 토론 발표문(2001. 10.)

03

헤겔 철학에서 자유自由

　우리는 현재 자본, 시간, 종교, 질병, 노동으로부터 얼마만큼 자유로운가? 일은 하고 싶은데, 일자리가 없어 본의 아니게 방에서 몇 년을 놀고 있는 사람은 자유를 만끽하고 있는 것일까? 현재 서양 여러 나라에서 모든 법의 모법母法은 헌법이고, 헌법으로 종교의 자유를 인정받게 된 것은 그리 오래되지 않았다. 상상하기 어렵겠지만, 헤겔이 활동하던 프랑스 혁명 시기 유럽에서 교회에 가고 싶지 않다고 해서 가지 않을 자유가 없었다. 헤겔에 의하면 서양의 중세는 인간과 영적 세계에 교회를 대입하고 복종을 강요한 길고도 끔찍한 밤이었다.

　헤겔은 개인이 자유를 실현하기 위해 국가의 역할이 중요하다고 보았다. 그는 개인의 자유와 국가란 공동체는 어떤 관계로 보았을까? 식욕·성욕과 같은 생물학적 욕구나 양육·교육과 같은 사회학적 욕구 전부를 성취할 수 없기 때문에, 욕구에 따라 행동할 때 우리는 자유롭지 못한 것으로 보았다.

자유에 이르는 길은 욕구의 제거에 있는 것처럼 보인다. 욕구를 하나하나 제거하고 나면 무엇이 남을까? 칸트에 의하면 이성만 남는데, 이러한 상태에서 행위의 동기는 순수 실천 이성만이 남는다는 것이다.

헤겔은 이성적 사회는 입헌군주제로 보면서 자유로운 사회에서 권력이란 개인의 자유로운 결정에 의해 표현되어야 하며, 국가는 개인이 현실적으로 복종하고 지지할 것을 선택한 국가여야 한다. 왜냐하면 그들은 진정으로 국가의 원리에 동의하며 그들의 개인의 만족을 국가에서 찾아야 하기 때문이다. 이성적 국가에서 개인과 집단의 이익이 조화를 이룬다는 것을 깨닫게 되면, 국가의 이익이 개인의 권리와 충돌하거나 파괴될 위험이 사라진다고 보았다.

헤겔은 "세계사는 자유에 대한 의식의 진보 이외는 아무것도 아니다"라고 하고 있는데, 이는 헤겔 사유의 주제를 요약한다고 해도 과언이 아니다. 그는 국가와 자유에 대해 중국과 인도는 통치자만이 자유로운 사회이고, 페르시아도 통치자만이 자유로운 사회였지만 통치의 가능성을 보였던 사회로 보았다. 그리스는 노예로 인해 소수가 자유로운 사회였다면서 단계적 발전이 있었던 것으로 보았다. 중국에서는 하늘로부터 부여된 도덕적 암호에(중용에서 성性과 같은) 반성 없이 따랐으나, 그리스에서는 자기 내면에서 찾았다고 보았다.

그리스에서 중요한 모험을 앞두고 신탁에 상담하여, 신탁의 충고가 제물로 바친 동물의 창자와 같은 것으로 암시받는 행위에 대해 헤겔은 자신의 사유와 전적으로 동떨어져 있다고 보았다. 정말 자유로운 사람은 자연 세계의 우연에 의존하지 않고, 이성의 능력으로 결정해야 한다고 했다. 그리스의 무반성적이며 관습적인 것과 대조로, 다양한 사람들이 건설한 로마는 개인의 권리를 중시하는 정치체제와 법체제를 기초했다. 동양사회의 전제정치가 난폭한 지배를 행사했다면, 로마사회는 국가의 절대권력과 개인의 권리가 긴장 관계가 있었다고 보았다.

로마세계는 행복한 세계였을까? 헤겔은 부정한다. 그리스는 내면적인 기쁨과 자발적인 정신은 깨어지고, 국가에 대한 외형적인 복종의 요구로 스토아 철학, 에피쿠로스 학파, 회의주의와 같은 철학이 나올 수밖에 없었다고 진단했다. 자유로운 존재로 개인이 영향력을 발휘하지 못하고, 압제적인 힘 앞에 개인은 무력했으며, 보다 적극적 해결책은 기독교였다고 보았다.

기독교에서 인간은 동물과 같이 자연 세계에 살지만, 정신적 존재로 보았다. 우리의 진정한 고향은 자연 세계가 아니라 정신세계이며, 이러한 각성을 획득하기 위해 인간은 자연적 욕구에 매여 있는 것을 파괴해야 한다. 로마 제국 때 정신적인 본성이 인간에게 본질적임을 일깨우는 것이 기독교의 역할이었으며, 노예제나 신탁 의존 등이 폐지되긴 했으나, 기독교가 천 년 이상 지속되면서 중심부가 부패하여 다시 새로운 사람들에 의해 승화가 필요했다고 보았다.

헤겔은 홉스가 주장한 전제주의는 자연상태보다 더 나쁘게 보았으며, 인민에 적합한 완전한 정부는 있을 수 없고, 성공적인 정치제도는 자연환경과 사회적 진보 수준에 맞추어질 때 가능성이 있다고 보았다.

서양의 모든 현대철학이 헤겔로 통할 정도로 큰 봉우리를 이루고 있다. 계승자나 비판자나 헤겔 철학을 벗어나기 어렵다. 헤겔 사후 그의 철학은 크게 우파·중간파·좌파로 분열되었다.

우파(노년학파)는 헤겔의 주장을 그대로 계승하고, 복음서의 내용을 유지하려 했으며, 후대에 별 영향을 끼치지 못하고 지리멸렬했다. 중간파인 자유주의적 헤겔주의자는 복음서의 일부만 인정했다. 좌파를 청년 헤겔학파라고도 하며 복음서 전체를 부정하고 기독교의 내용과 형식도 유지할 수 없다고 주장했다. 이들은 헤겔 철학 체계를 해체함으로써 헤겔의 방법을 역사적 추진력이 되게 했던 생산적 학파라 하기도 한다. 거대한 헤겔 주봉에서 발원한 실존주의, 생철학, 현상학, 논리실증주의, 마르크시즘, 아나키즘 등이 각각 하나의 학파를 형성하며 산맥으로 내려왔다.

헤겔 좌파가 계승 발전시킨 변증법적 유물론에서는 자연과 사회에 주목했다. 지진, 태풍, 화산 폭발 등은 인간에게 엄청난 공포와 억압이고, 이런 자연재해에 법칙이나 원인이 있는데, 이를 알아내는 자연과학의 발달로 인해 인간은 억압과 구속에서 벗어나며 자유가 확장된다고 보았다. 인류에게 치명적인 질병인 흑사병, 콜레라, 각종 암, 코로나19 등도 공포와 억압이지만, 발병의 원인이 있고 치료 방법을 찾았을 때 헤겔에 의하면 억압에서 벗어나는 자유의 확장이 될 것이다. 헤겔은 지식인이 인류를 위해 무엇을 해야 하는지 길을 밝혔다고 할 수 있다.

우리의 경우 조선 중기 이후 지식인의 절대다수를 이룬 주자 아류들이 주리론, 주기론을 주장하며 궁리를 많이 했다는 문헌을 여러 곳에서 볼 수 있는데, 그들이 어떤 이론을 연구했는지 궁금하지 않을 수 없다. 비록 성과물은 없더라도 자연재해의 원인, 농사짓는 법, 질병의 원인이나 치유 등 백성이 억압에서 벗어날 수 있는 연구를 시도했다는 문헌은 찾아보기 어렵다.

헤겔은 인류에게 낡은 사회제도, 악습, 좋지 않은 일터의 구조 등에서 새로운 사회로 발전할 경우, 부조리한 계급과 제약, 착취나 억압에서 벗어날 때 자유가 확장된다고 보았다. 인간에게 가장 두려움과 공포 중 하나가 죽음일 것이다. 종교가 언제든지 쉽게 파고 들어올 문이 열려 있다고 볼 수 있다. 인류가 있고, 죽음이 있는 한 종교는 사라지지 않을 것이다.

그리스 출신 작가 카찬차키스는 그의 작품에서 이런 문제를 다루어 그의 저서가 금서 목록에 오르기도 했으며, 그는 생전에 세운 자신의 비문에 "나는 아무것도 바라지 않는다. 나는 아무것도 두렵지 않다. 나는 자유롭다."라 했는데, 스스로 죽음의 공포와 두려움에서 벗어난 자유인이었음을 알리고 있다. 니체가 '신은 죽었다'고 외친 말도, 신과 죽음의 공포에서 벗어난 인간 자유에 대한 외침이었다 할 수 있겠다.

헤겔과 헤겔 좌파 대부분이 사회 전반의 이익을 위해 국가를 중시했으나, 같은 청년 헤겔학파에 속했던 아나키스트들은 생각이 달랐다. 그들은 부당한 착취와 억압, 잔혹한 전쟁, 온갖 부패는 거대한 권력기관인 국가가 온상이라고 보았다. 국가는 늘 지배적인 소수자들을 위해 봉사하기 때문에 국가가 사회를 변화시키고, 자유를 주리라는 것을 기대하지 말라는 것이다. 이 철학이 탄생할 시기 서구 제국주의가 치열한 경쟁을 통해 덩치를 키워 나가자, 급진파에서 이를 전복하기 위해 폭력적이고 호전적인 활동을 하여 한때 공포의 철학이 되기도 했다.

중앙집권적인 거대한 제국주의 정부들이 세계를 경영하려 하자, 이에 반대하고 작은 정부를 지지하자 정부 전체를 부정하는 것으로 오해를 받기도 했다. 지금은 국가 간 과도한 경쟁에서 오는 환경 파괴, 기후 위기, 생태운동의 대안으로 주목을 받고 있다.

―2023. 7.

04
아나키스트는 두려운 존재인가

    1980년대 한국은 군사독재에 대한 저항으로 심한 홍역을 치르며 많은 젊은이들이 사회주의적 이념에 열광했고, 약간의 성과도 있었다. 돌이켜보면 투자한 시간과 열정과 큰 희생에 비해 우리 사회를 성숙시키고 변화시킨 성과물로는 너무 초라하다. 이런 현실은 당시에도 일찍이 예견된 일이라 더욱 안타까운 일이 아닐 수 없다. 좌파라 하면 카를 마르크스가 가장 먼저 떠오르고 학생운동 절대다수가 이쪽에 기울어져 있었다. 러시아와 중국에서는 사회주의 이념으로 더 이상 국가 경영이 어렵겠다며 포기와 수정을 할 때, 우리는 반대 현상으로 몸살을 앓아야 했다. 마르크스의 순수하고 뜨거운 휴머니즘은 쉽게 잊히지 않겠지만, 한편으로 맹목적 추종자들이 그를 무기로 이용하여 그의 정신을 훼손시키고 추락시킨 면이 있다.

대학시절 아나키즘을 접한 나는 사회를 변혁시키는 방법으로 마르크스의 생각과 달랐다. 권력을 인정하고 권력을 잡는다는 것은, 좀 극단적으로 심한 비유를 하면 하인이 주인 되고 주인이 하인 되는 세상을 말하는 것인데, 인간의 욕망과 권력의 속성을 볼 때 이런 방식으로 진정한 변화를 기대할 수 없다고 생각했다.

아나키즘과 마르크시즘은 둘 다 억압받던 노동자나 민중을 위해 탄생했으며, 탄생 배경과 시기까지 비슷하다. 아나키스트 바쿠닌과 마르크스는 같은 시대에 베를린 대학에서 헤겔의 철학 강의를 들으면서 탄생했다. 청년 헤겔파라 할 수 있는 두 사상은 힘을 합치기도 하고, 때로는 첨예한 갈등을 빚기도 한다.

이런 배경으로 아나키즘과 마르크시즘은 구분하기 애매한 면이 있으나, 조금만 관심을 가지면 확연히 구분된다. 아돌프 피셔Adolph Fischer는 "아나키스트라면 누구나 사회주의자이지만, 사회주의자라 해서 아나키스트는 아니다"라 했는데 적합한 말인 것 같다.

두 사상이 복음서는 부정했지만, 무의식에 흐르는 마르크시즘이 서양의 정신적 큰 물줄기인 그리스도교와 일원론에 가깝다면, 아나키즘은 동양의 불교와 노자에 가까우며 다원론적이라 할 수 있다. 아나키anarchie란 말은 an과 arche에서 나온 말로 고대국가에서 통치 권력이 존재하지 않는 시대를 말한다. 수천 년간 권력에 길들여진 인간은 권력 없이는 살 수 없을 것으로 생각하게 되고, 아나키 상태를 오히려 무질서, 혼돈, 혼란의 동의어로 경멸하거나 비하하는 뜻으로 이해되어왔다.

아나키란 용어가 정치적인 의미로 본격적으로 사용된 것은 프랑스 혁명기 때로 이때까지 대부분의 지식인들은 편견과 오해를 하고 있었다. 지롱드파인 브릿소Brissot는 과격파를 아나키스트로 호칭하면서 아래와 같이 말하는데 당시 얼마나 아나키즘에 대해 무지하고 오해를 하고 있었는지 엿볼 수 있다.

"법률은 실시되지 않고, 권위는 무너져 경멸당하고, 범죄는 처벌되지 않고, 재산은 약탈당하고, 개인의 안전은 침해되고, 국민의 도덕심은 타락하고, 헌법도 정부도 정의도 없다. 이것이 아나키스트의 특색이다." 무질서와 반대의 의미로 사용하기 시작한 것은 바쿠닌, 프루동, 크로포트킨 등에 의해서이다. 프랑스 혁명 때부터 1930년까지 아나키즘은 부침을 거듭해오다, 1930년부터 1960년까지 자치를 감추는 듯했으나, 1968년 프랑스 5월 학생운동에 적기와 더불어 아나키즘을 상징하는 흑기가 등장하면서 다시 알려지게 된다.

마르크스에 경도된 좌파들은 국가와 권력을 인정하기에 언제든지 타협이나 때론 부적절한 관계를 유지할 여지가 있지만, 아나키스트들은 권력 자체를 부정하기 때문에 처음부터 타협의 상대가 될 수 없다. 1980년대 중반 격렬했던 운동권에서 열정의 십 분의 일만 아나키즘 쪽에 관심을 가졌더라면, 진보가 이렇게 추한 모습으로 지탄받지는 않을 것이라는 아쉬움이 생긴다. 운동권에서 운동권을 보면 무엇이 잘못되었는지 보이지 않지만, 밖에서 안으로 바라보면 결점을 환하게 볼 수 있다. 자신을 볼 수 있다 해도 역사를 통해 알 수 있듯 자정自淨은 뼈를 깎기보다 어렵다. 그래서 개혁은 혁명보다 어렵다는 말이 있는 것 같다. 고려 말 불교의 사원 경제가 비대해져 나라가 쇠퇴했으나 자정하지 못했고, 조선 말 유학의 병폐가 나라를 망칠 때도 자정하지 못한 것을 교훈으로 삼아야 할 것 같다.

　아나키스트들이 추구하는 이상사회까지는 가지 못하더라도, 아나키즘의 이해와 확산으로 세상을 보는 시각이 지금부터라도 넓어졌으면 좋겠다. 강성 운동권 출신일수록 일본 사람이라면 무조건 싫어하는 사람들이 많다. 시각을 조금만 넓히면, 우리가 곤욕을 치를 때 일본의 선량한 국민과 젊은 청년들 대부분이 국가라는 이름 아래 만주나 태평양 전쟁에 끌려가 희생된 같은 피해자들이다. 동병상련의 희생자들은 우리와 언제든지 친구가 될 여지가 있다. 우리가 안고 있는 고질적인 사회현상인 동서, 남북 문제도 이와 비슷하다고 본다. 우리가 진정 미워할 것은 부조리한 권력과 탐욕에 도취된 부패세력들이어야 한다.

　아나키즘은 기본적으로 권위에 대해 많이 언급한다. 국가, 교회, 가부장제 등에 있어 위계적인 권위를 비판한다. 권력이란 원래 부패하게 되고, 권력을 잡은 자들은 한번 잡으면 장기집권과 권력을 확산하는 데만 신경을 쓰고, 시민이나 국민에게는 진심으로 관심을 쏟지 않는 것이 생리라고 보았다. 1980년대 운동권이 국회에 들어가 몇 선을 하면서 국회와 사회를 얼마나 변화시켰는가, 행정부는 얼마나 변화되었는지 돌이켜보고 냉철하게 점검해 볼 필요가 있다.

　정치란 사회의 안녕에 기반을 두어야지, 법 제정이 만병통치약이란 생각에서 벗어나야 한다. 아나키스트들은 종교적 관습, 풍습, 법 등이 권력을 가진 자에게 얼마나 유리하게 적용되는지 말하고, 극단적인 표현으로 그들을 위해 존재하지는 않는지 재고하지 않을 수 없다는 것이다. 이런 생각에 동조한 대표적인 아나키스를 살펴볼 필요가 있을 것 같다.

푸르동Pierre-Joseph Proudhon(1809~1867)은 최초로 공식적인 아나키스트라 할 수 있다. 푸르동은 술통을 만드는 아버지와 요리사 출신인 어머니 사이에 프랑스에서 태어나 최초로 선택한 직업은 인쇄공이었다. 푸르동은 인쇄공 시절 사회주의자 프리에의 저서에서 영향을 받았다고 하며, 학업에 열중하여 장학금을 받아 파리로 갔다. 파리에서 노동자들의 불만을 관찰하며 "재산이란 훔친 것이다"라는 유명한 문구로 시작하는 《소유란 무엇인가》라는 저서를 집필한다.

이 책은 동시대 지식인들에게 충격과 큰 영향을 끼쳤다. 재산과 정의는 양립되지 않으며, 재산의 과다에 따라 대다수의 생산자가 평등한 권리로부터 배제당한다는 것이다. 그의 주장을 모두 인정하고 실천할 수는 없지만, 사회구조를 이해하는 데는 도움이 된다.

그의 주장은 불교의 무소유와 비슷하다. 그 후 푸르동은 리용으로 옮겨 수운 회사에서 경리사무원으로 일하기도 했으며, 1844년경을 전후로 바쿠닌은 마르크스와 친교를 맺었다. 초기에 마르크스는 푸르동을 대단히 예찬했으나, 훗날 첨예한 갈등을 빚게 된다. 애초부터 친구가 될 수가 없는 사상을 가졌다고 보면 될 것 같다.

푸르동은 의회에 진출해 자신이 발안한 '인민은행'에 대해 정부로부터 지지를 얻어내고자 했으나, 자신의 안案에 대해 의회의 입장이 전혀 다름을 알고 정치를 불신했다. 그의 염원이던 '인민은행'은 1849년 27,000명의 회원을 모집하고, 당시 대통령이던 루이 나폴레옹을 비판하다 투옥됨으로써 인민은행의 구상은 물거품이 되었다. 3년간 투옥생활 중 저서 《노동자 계급의 정치적 능력》을 집필하다 심장병으로 사망했다. 그의 운구가 팟시로 향하자 추모객 수천 명이 뒤를 따랐다고 전한다.

바쿠닌Mikhail Bakunin(1814~1876)은 러시아 귀족 출신으로 모든 면에서 능력과 정력의 소유자로 알려져 있다. 닥치는 대로 책을 읽고, 알콜 도수가 높은 브랜디를 와인이나 물처럼 마셨다고 한다. 작센에서 한 달간 투옥되자 감옥에서 1,600여 권의 책을 읽기도 했다. 그는 대단히 박식했으나, 한 권의 저서도 남기지 않았다. 그는 급진적 헤겔주의, 포이에르 바흐의 휴머니즘, 푸르동의 아나키즘 등의 영향을 받았다. 특히 푸르동에 대해서는 "우리들 모두의 스승이다"라는 표현을 자주 사용했다고 한다.

1849년 드레스덴 봉기에 가담하여 작센 정부로부터 사형 선고를 받았고, 나중에 러시아 헌병에 인계되어 파웰 요새의 지하 감옥에 투옥되었다. 감옥생활 6년 동안 치아는 괴혈병으로 모두 뽑혀 나갔고, 그 후 다시 시베리아로 4년간 유형당했으나 탈출하여 일본을 경유하여 영국으로 갔다. 런던에서 다시 이탈리아로 간 그는 이탈리아에서 1864년 사회민주주의 국제동맹으로 알려진 비밀조직을 결성하였다.

1868년 제1차 인터내셔널에 가맹하였지만 마르크스 지지자들은 그의 사상에 반대하였다. 바쿠닌은 푸르동 예찬가이고 농민과 도시 부랑자들의 자연발생적인 혁명을 제안하자, 이런 방식에 마르크스 주의자들은 싫어했고, 현실을 바라보는 시각차가 너무 컸다. 마르크스 주의자들이 자본의 분배에 관심이 컸다면, 바쿠닌은 부의 부당한 상속에 관심이 커서 마르크스주의자들로부터 배척을 받았다.

크로포트킨Peter Kropotkin(1842~1921)은 자유분방하고 활력 넘치는 바쿠닌과 대조적인 성격이었다. 러시아의 최상류층의 아들로 태어나 16세에 사관학교에 들어가 3년 후에 아무르 지방에 주둔하는 코작 연대의 사관이 되었다. 본래 궁정 사관이 되려고 하였지만, 궁정 생활의 더러움보다 시베리아 자연의 아름다움을 더 사랑했다.

26세에 제대하여 관심을 가졌던 지리학 공부에 매진하여 지리학자로 재출발했으며, 지리학자로 탐험 여행은 그의 사상을 키우는 토대가 되었다. 시베리아에서 북만주, 핀란드에서 다시 스웨덴까지 여행하는 동안 민중의 비참한 생활상을 보고 개혁을 위한 사회이론을 생각하지 않을 수 없었다.

크로포트킨이 최초로 혁명운동에 발을 딛기 시작한 것은 서유럽을 여행하면서, 스위스 동맹의 기욤을 알게 되어 의기투합하여 국제노동자협회의 회원이 되면서부터다. 귀국 후 노동운동단체인 차이코프스키단에 참가한 죄목으로 감옥에 2년간 옥중생활을 하다 탈옥하여 영국으로 망명했다가 다시 스위스로 갔다. 스위스에서 1881년 국외 추방령이 떨어지기까지 5년간 스위스 쥬라에서 아나키즘의 기관지 발행에 정열을 바쳤다. 당시 쥬라 동맹은 아나키즘 운동의 본산이었다.

스위스에서 영국으로, 영국에서 프랑스로 옮겨 다니던 중 투옥되어 3년간 옥살이를 하기도 했다. 출옥 후 한결같이 아나키즘 운동에 헌신하면서 《빵의 정복》《전원·공장·작업장》《근대과학과 아나키즘》 등의 저서를 냈다.

다윈의 약육강식 생존투쟁설에 반론했다. 오히려 종은 상호협동, 부조扶助함으로써 생존 가능하다는 것을 주장한 그의 저서 《상호부조론》(1902)은 여러 분야에 지대한 영향을 끼쳤다. 1917년 여름에 영국을 떠나 러시아로 돌아왔으나, 10월 혁명이 일어나 아나키스트들이 탄압당하는 것을 보게 된다. 이를 목격한 크로포트킨은 볼셰비키 체제를 반대하였고, 레닌과 회견한 후 그를 비판했다. 체포는 면했으나, 건강이 악화되어 1921년 사망했다.

문학가로 아나키스트는 입센, 에머슨, 쇼도루, 휘트먼, 와일드, 톨스토이 등이 있고, 정치가로는 인도의 간디, 아르헨티나의 체 게바라를 들 수 있다. 조선의 아나키스트로는 중국에서 활동한 이회영, 신채호, 유림 등이 있고, 일본 유학생 중에 젊은 날 관심을 가졌던 이들은 박열, 정태성, 이용기, 양일동, 윤길중 등을 들 수 있다. 광복 후 아나키즘에 관심을 가졌던 경북대 철학과 하기락 교수, 금욕적인 삶을 살다가 간 고승, 국경없는의사회 들을 들 수 있다.

아나키스트들은 대부분 금욕생활로 성자에 가까운 생활을 했다. 특히 육식은 인간의 생리와 감정에 해악을 끼친다며 채식을 실천한 사람이 많았다. 일반적으로 아나키스트들은 무국적주의를 옹호한다. 아나키스트의 시각에서 민족주의 국가에서는 하층민은 비참하고, 이들은 다양한 엘리트들의 이해관계에 의해 복무하는 구성원으로 보았다. 그럼에도 팔레스타인, 흑인 민족주의자들, 억압받는 토착 인민들은 지원할 가치는 있다고 보았다. 작은 독립 국가는 권위적이지만, 착취하는 제국들보다는 낫다고 믿었기 때문이다.

푸르동은 권력을 '벌집'과 같이 가능한 분할되는 것이 좋으며, 권력이 집중되는 것은 위험하다고 보았다. 만약 급속한 변혁이 불가능하다면 단계적, 혹은 개량적인 면도 하나의 방법으로 인정하지만, 본질로 여기지는 않았다. 권력 자체가 문제의 근원이라 보고, 권력에서 생기는 성차별, 인종차별, 계급 지상주의, 국수주의, 민족주의에 저항하면서 한 곳에 초점을 맞추는 것에 원천적으로 반대했다. 아나키즘은 모든 인간이 도달하고 싶어 하는 꿈과 환상이라는 점에서 불국토와 비슷한 점이 있으며, 환경운동 및 생태주의 운동에 영향을 주었다.

최근 자생적 아나키스트들은 자연환경 보호, 재생자원 활용, 반생태적 노동운동 거부, 생태계와 조화된 농업, 소규모 공동생활체 운동 등에 관심을 가진다. 이들은 권력을 획득하여 문제를 해결하려는 사회주의적 발상보다 순수하게 개인들의 그물망 형태로 연합하여 개인과 집단의 자유로운 공간의 주체적 형성에 의거하려는 경향이 강하다. 인터넷의 보급과 활용이 아나키즘운동을 더욱 활성화시키고 확산시키는 도구가 될 것이라고 자생적 아나키스트들은 기대하고 있다.

대통령 선거 때마다 작은 정부가 공약과 구호로 등장했으나, 가시적이나마 실천한 사람은 YS가 국회의원 수 30명을 줄인 것을 들 수 있다. 거대하고 비대하여 동맥경화 징조가 보이는 대한민국 행정부를 작고 강하며 효율적인 행정부로 체질 개선하고, 국회의원 수도 줄여 문제를 근원에서 고민해야 할 것이다.

―우리 역사를 찾는 사람들, 토론 발제문(2003. 3.)

05

줄기세포가
미래 사회에 끼칠 영향

 시대와 공간에 따라 변하는 윤리문제, 생물학적으로 형제인 체세포 제공자를 아버지로 봐야 하느냐 법률적으로 형제로 봐야 하느냐, 그에 따른 상속권은 어떻게 해야 하느냐? 배아는 틀림없는 인격체인가? 아버지 없이 어머니만 여러 명인 경우 미래 가족 관계에 대한 상상과 왜 종교계에서 배아줄기 세포연구를 반대하는가 등의 문제를 살펴볼 것이다. 생명공학의 현황이나 진실보다 미래 인문 사회과학에 미칠 영향에 대한 토론장이 되면 좋겠다.
 개체 복제와 치료 복제에 대한 개념의 혼란과 개체 복제에 대해서도 그동안 소설, 영화 등 대중문화에 흔히 등장하듯 복사기가 종이를 복사하듯 인간 복사가 가능할까? 다시 말해 나의 A에서 여러 명의 B가 복사되고, B에서 여러 명의 C가 복사되어, 내가 알지 못하는 나의 복사품이 길거리를 활보하고 돌아다닐 때 어느 것이 원본인지 헛갈리게 하는 일이 일어날 수 있을까?

개체 복사는 나의 유전자에 대한 복사이지 나의 인격에 대한 복사는 아니라고 본다. 내가 살아오면서 경험하고 느낀 것까지 하루아침에 뻥튀기에 넣은 팝콘처럼 복사할 수는 없다는 것이다. 일란성 쌍둥이가 오랜 기간 거의 같은 조건과 환경에서 일생을 같이 살아도 생각과 기질이 다름을 우리는 보지 않는가? 소설, 영화 등 대중 매체의 개체 복제에 대한 오해와 무지가 과학 발전을 저해하고 있지는 않을까. 황우석 사건에서 생명윤리, 논문의 진실성, 공금횡령의 근절은 좋은 말이다. 그러나 한 번 정도 화려한 말잔치 이면을 냉철하게 객관적으로 살펴볼 필요가 있을 것 같다.

인류 역사에 인식의 패러다임을 바꾸어야 했던 지동설, 진화론, 빅뱅설이 발표되었을 때마다 종교계 특히 가톨릭의 거센 반발이 있었다. 배아줄기 세포연구는 앞으로 사회·문화·정치적으로 지난 세기의 어떤 변화보다 훨씬 높은 파고를 몰고 올 것 같다는 생각이 들고, 중세 때 지금의 이탈리아에서 가장 앞서가던 과학과 문화가 교황청의 탄압을 피해 지식인들이 차츰 영국, 프랑스, 독일로 옮겨 중심지가 바뀌게 된 것을 타산지석으로 삼아야 할 것 같다.

1665년 R. 훅이 코르크의 박편을 현미경으로 보고 세포라 명명한 후, 세포학은 장족으로 발전하여 1996년 영국의 이언 윌멋과 키스 캠벨이 양 돌리 복제에 성공했다. 돌리 이전에는 배아의 핵을 이용했으나, 돌리는 체세포 핵을 이용하여 성공하자, 충격을 받은 종교계에서 생명 윤리문제를 크게 우려했다. 남성과 종교에 경종을 울리는 사건이었기 때문이다. 1999년 조직공학을 이용하여 아탈라가 방광을 최초로 만들고, 토끼 음경, 자궁, 질 등을 일부 생산했으나 노력과 투자에 비해 미미한 상태였다.

2004년 2월 황우석의 복제 배아 줄기세포 논문이 《사이언스》에 게재되었고, 미국 대통령 선거에도 복제 배아 줄기세포가 큰 이슈로 등장한다. 2005년 8월 황우석의 세계 최초 복제 개 스너피가 《네이처》에 발표됐다. 황우석이 인간의 질병 치료를 위해 탈핵 난자에 환자의 체세포를 이식하여 며칠 지나면 배반포가 형성되고, 배아의 세포를 떼어내 덩어리로 키우면 환자의 DNA와 일치한다고 주장하여 종교계, 의료계, 제약회사를 충격에 빠지게 했다.

인간 배아 줄기세포주는 환자의 손상된 조직을 대체할 수 있고, 면역거부 문제를 극복할 수 있다는 혁기적 주장에 한국 가톨릭에서 즉각 성체 줄기세포 연구는 허용하지만, 배아 줄기세포 연구는 반대한다는 성명서가 발표되었다.

1960년대 골수 속에서 조혈 모세포가 처음 발견됐고, 성인에게도 배아 줄기세포와 유사한 다기능 줄기세포가 존재한다는 사실을 알았다. 다기능 성체 줄기세포를 찾기만 하면 노화 조직을 복구할 수 있을 것이라는 희망을 가질 수 있었다.

성체 줄기의 경우 윤리문제는 피해 갈 수 있으나, 증식이 잘되지 않고 치료 효과의 폭이 좁으며 완치 가능성이 낮다고 알려져 있다. 배반포가 있다면 인간 배아 줄기세포의 공급원은 확보된 셈이지만, 성체 줄기세포는 상황이 다르다. 성체 줄기는 한 종류에서 다른 종류의 세포로 변환할 운명을 띠고, 우리 몸의 머리에서 발끝까지 곳곳에 자리 잡고 있으면서, 보였다 안 보였다 하여 정확하게 정의와 범위를 말하기 어렵다고 한다.

줄기세포의 서식처는 니치niche이고, 니치 안에서 줄기세포가 분열과 분화에 매진한다. 백혈병 같은 암은 뼛속 니치에 자리한 전구 세포 집단에 생긴다고 하며, 암세포는 니치를 벗어나면 죽는다고 한다. 줄기세포를 위한 인공 니치를 만들 수 있다면 암세포가 성장하기 좋은 조건을 파괴하는 신약개발이 용이할 것으로 보고 있다.

예를 들면 대머리들의 고민을 해결할 털을 재생하는 줄기세포의 니치는 모낭 중간쯤에서 세포들이 불룩 튀어나온 부위인 돌기에 있는 것으로 알려져 있다. 여기의 니치가 신호를 보내지 않고 침묵하게 되면 대머리가 된다고 한다. 니치의 줄기세포가 정확하게 규명되고 방법이 나오면 대머리의 고민을 뛰어넘어 원하는 머리카락 색깔 선택도 가능하다는 소설 같은 이야기가 된다.

폭스와 툼바는 피부가 손상되었을 때 줄기세포들이 떼 지어 자신의 니치를 떠나 상처를 아물게 하는 것을 발견했다. 상처 수선, 재생의학, 피부암의 치료법 개발은 니치가 정의될 때 앞당겨질 것으로 보고 있다.

성체 줄기를 연구하는 사람은 생각이 다를 수 있겠지만, 발생학을 공부하는 사람들은 성체 줄기의 효용성은 인정하나 배아 줄기세포와 비교했을 때 치료 잠재력이 훨씬 못 미친다는 점에 대부분 동의하는 것 같다.

배아 줄기세포가 실용화되었을 때 좀 과장하면, 새로운 췌장을 이식하려고 하면 주문을 하고 몇 주 후 새로운 췌장을 찾아갈 수 있다는 것이다. 이런 시대에서는 의사는 세포액을 주사하거나 붙이고 꿰매는 간호사로 전락할 것으로 상상되며, 이런 시대에서는 의사 못지않게 제약사도 큰 타격을 받을 것은 불을 보듯 뻔하다. 지금 가장 주가가 높고 고소득을 올리는 조혈모세포은행, 성체줄기 연구자들도 타격을 받지 않을까? 이렇게 되면 현재 인기 직업인 의사와 제약사 관계자들도 사양 직업이 될 것으로 보인다.

배아 줄기 치료는 환자의 입장에서 나이, 항원 등 장애물이 많은 성체 줄기나 인공 장기보다 비용 면에서 비교가 안 될 정도로 적은 비용이 들 것이고, 수술 때 거부반응에 대한 문제는 걱정 안 해도 될 것이다. 사기라고 반대하는 사람들은 만약 배아 줄기세포 치료가 가능성이 있다고 해도 실용화되려면 요원하다는 주장을 한다. 과학사에 유사한 수많은 예를 들 수 있지만, 하나의 예를 들라면 최초로 원자핵을 발견한 러더포드가 1930년대 핵분열을 에너지로 바꿀 수 있을 것이라 주장했을 때 많은 과학자들은 미친 짓이라 비웃으나, 그 후 긍정적이든 부정적이든 원자탄과 원자로에 응용되는데 긴 시간이 필요하지 않았다.

황우석의 연구와 주장에 우려의 시각으로 보고 있던 종교계와 시민단체의 강력한 저항이 있었고, 2001년 10월 참여연대에서 성체 줄기 연구를 지지했다. 2004년 2월 12일 황우석 최초로 복제 배아 줄기세포 논문이 《사이언스》에 발표되자, 다음 날 2월 13일 참여연대에서 즉각 윤리 성명서를 발표했고, 2월 18일 황우석팀은 배아 줄기세포 연구를 중단했다.

불교계에서는 황우석을 지지하며 5월 26일 불자 대상을 수여했다.

영국과 일본에서 계속된 배아 줄기세포 연구 성과에 자극받아 9월에 황우석이 배아 복제 연구를 재개했고, 10월 미국 대통령 후보 부시와 케리가 줄기세포를 두고 토론하여 세계적인 정치문제로 관심을 받았다. 한국 천주교 서울대교에서 성체 줄기에 거액의 연구비 투입과 함께 생명 윤리회를 출범시키면서 정면으로 관심을 돌리기 위한 노력을 했다.

2005년 6월 천주교 지도자들이 "배아 줄기 연구는 살인행위"라며 비판했고, 7월 김수환 추기경이 언론에 황우석의 배아 줄기세포 연구를 반대했고, 9월 14일 기독교윤리실천에서 "황우석 교수 배아복제연구 중단"을 촉구했다. 9월 25일 정진석 대주교가 성체 줄기세포 연구 필요성을 강조하자, 11월 23일 참여연대·환경운동연합·한국YMCA 등 14개 시민단체가 황우석의 배아복제 연구중단을 촉구했다.

종교단체야 그렇다고 치더라도 진보성향이라고 알려진 시민단체에서 지동설과 진화론을 반대하고, 천동설과 창조론을 지지하는 격이 되었다고 본다. 더한 것은 과학자들의 연구 주제를 시민단체가 정하고 간섭하는 우스꽝스러운 모양이 되어버렸다. 2006년 3월 22일 황우석은 서울대 교수직에서 파면되었고, 6월 20일 황우석은 법정에 서야 했다.

중세 암흑시대를 지나 르네상스 이후 과학과 진보 사상은 기독교와 끊임없는 갈등과 충돌을 하며 발전해왔으나, 큰 희생이 있을지언정 패배는 없었다. 과학자의 희생과 발전에 있어 주춤거리며 머뭇거림은 있겠지만 과학과 사회는 계속 발전하리라 본다.

일부 종교단체에서 극렬하게 반대하고 명분으로 삼았던 윤리문제를 한 번 생각해 볼 필요가 있을 것 같다. 태아는 사람인가 물건인가? 대부분의 종교계에서는 태아를 인간으로 여기지만, 현실에서는 그렇지 않다. 2001년 7월 프랑스 대법원은 임신한 여성이 자동차 충격으로 태아가 유산되자, 이 사건을 두고 살인이냐 아니냐를 가지고 오랜 기간 치열한 공방전을 펼친 끝에 살인죄가 적용되지 않았다. 법원의 판결이 그렇게 났다고 하여 태아가 사람이 아닌 것은 아니지만, 참고가 될 수 있을 것 같다.

현실적으로 대부분의 나라에서 태아가 자궁에서 독립했을 때 완전한 인격체로 보는 것 같다. 예수교의 원조인 유대교에서도 출생 이후부터 인격체로 보아 왔다.

그리고 윤리의식도 시대에 따라 변한다. 해부학의 베살리우스나 다빈치는 당시 기독교의 윤리에서는 상상도 할 수 없는 시체를 훔쳐다가 인체 연구를 했고, 베살리우스는 훗날 의학의 한 분야인 해부학의 태두가 된다. 이런 용기 있는 선각자들로 인해 서양의 의학이 동양을 추월하고 차별화시켰다. 당시 가톨릭의 윤리에서는 베살리우스 행위는 패륜 행위였지만, 현대 의학에서 해부학의 중요성과 해부학이 인류에 끼친 영향은 굳이 설명할 필요가 없을 것이라 본다.

태아가 인간이라는 주장은 수도 없이 반복되어 왔지만, 반대 주장을 살펴볼 필요가 있을 것 같다. 태아가 인간이라는 주장은 장차 인간이라는 잠재성 때문인데, 미국의 신경과학자 마이클 가자니는 "건축자재 회사 대리점에 서른 가구를 지을 잠재력의 자재가 있는데, 그 대리점에 불이 났다고 합시다. 신문 기사에 '서른 가구가 불탔다'라는 제목이 실리지 않고 '대리점이 불탔다'라는 제목이 나오겠지요."라 했다.

진보적인 신학자 엔레 영은 "잠재성과 실현성이 같은 말인가요? 당신과 나는 죽을 잠재성을 지니고 있지요. 하지만, 우리는 아직 죽지 않았고, 실제로 죽을 때까지는 우리를 죽은 것처럼 다루는 것은 잘못이겠지요."라며 반박하는 주장도 있다.

내가 볼 때 줄기세포 연구로 미래의 문화에 지진이 일어날 것으로 본다. 인간은 모계사회에서 부계사회로, 대가족 사회에서 핵가족 등 환경에 따라 다양하게 변화되어 왔다.

종교계에서 경계하고 떨고 있는, 개체 복제가 현실이 되면 가족관계는 어떻게 될까? 체세포 복제로 탄생한 돌리 양의 경우와 같이 아버지는 없고, 어머니만 여러 명이 나올 수 있다. 난자를 제공한 어머니, 자궁을 빌려준 어머니, 키워준 어머니 등. 만약 핵을 준 사람이 남성이라면 아버지라기보다 쌍둥이 형제로 봐야 하는 것이 옳을 것이다. 족보가 무척 복잡해져 고루한 유학자나 보수적인 사람들은 아마 상상조차 하기 싫어할 것이다.

삶의 패턴이 하루아침에 바뀌지는 않겠지만, 미래 사회는 지금의 시각에서 상상을 초월하는 일이 일어날 것이다. 이대로를 외치며 법과 종교로 무리하게 흐름을 막으려고 애쓰기보다, 장점과 특수 사항을 인정하고 길을 열어주는 게 좋을 것이다라는 생각이 든다.

불과 50년 전만 해도 여자들이 자연스럽게 10여 명의 아이를 출산하고 한 집에 6~7명의 형제가 자라는 것은 흔한 일이었다. 잦은 임신을 인공적으로 피하고 한두 명 임신하여 한두 명 키우는 것은 반생명적이고 반윤리적일까? 세상을 움직이는 정치인, 종교 기득권자들이 주로 남성들이고 우리의 의식과 무의식의 관성은 여기에서 쉽게 벗어나기가 힘들겠으나, 다른 시각에서 보면 배아복제에 따른 극단적인 경우의 육아, 새로운 인간관계의 사회 공동체는 혼돈이나 두려움의 사회만은 아닐 것이다.

복제 인간의 사회적 지위에 관심을 가진 프랑스 법의학자 크리스티앙 비크가 《복제, 인간 그리고 법》에서 "과거에 간통으로 태어난 아이들처럼, 미래에는 복제 인간이 사회적 위반의 산물이 된다 하더라도 신원이나 가계나 상속권이 없어서는 안 될 것이다."라 주장한다. 복제 인간도 동등한 인류의 자격이 있다는 주장이다.

보통 사람과 조금 다른 호모, 레즈비언, 성전환을 한 사람을 멸시하는 풍조가 조금씩 바뀌어 가는 것을 볼 때 변화의 희망을 읽을 수 있지만, 아직 우리 사회는 중세 유럽 때를 크게 벗어나지 못한 것 같다.

—우리 역사를 찾는 사람들, 토론 발제문(2004. 7.)

PART
05

여행,
마음속의
보석

01

옛 기차역은 사라져도
추억은 그대로

사라진 구 함안역사, 지금은 작은 영화관이 들어와 있다

별이 빛나는 가을 저녁, 거리의 악사 풀벌레의 신나는 연주를 들으며 마을 앞으로 산책을 나선다. 멀리 환상의 등불을 매단 기차가 함안역을 출발하자, 나의 상상력은 사라져가는 기차를 따라 긴 여행을 떠난다. 20대 후반에 인생에 좋은 기회가 될 수 있는 면접시험에 세 명의 면접관 중 가장 영향력이 있어 보이는 한 명이 나의 원서를 관심깊게 살피며, 엉뚱한 질문을 하여 나와 다른 면접관들을 당황하게 만든 적이 있었다.

"함안이라… 함안에도 기차가 다니나?"

전공과 전혀 관계없는 질문에 어이가 없기도 하여 속으로 '당신은 큰 학자일지언정, 지리 공부는 좀 더 하셔야 되겠다.' 생각하며 "예"라고 대답하자, 황당한 질문을 또 했다.

"기차 구경은 몇 살 때 했나?"

코미디 같기도 하고 한편으로 무시하는 것 같기도 해서 기분이 약간 상했지만,

"국민학교 1학년 때였던 것 같습니다"

"촌놈을 빨리 면했군. 그런데 이번 자네가 지원한 곳에 너무 많이 몰렸는데, 약간 방향을 바꾸어 볼 생각은 없나?"

나는 그때사 선문답 같은 질문에 애정이 묻어 있음을 알았지만, 융통성 없고 고집불통인 나의 천성을 나도 바꿀 수가 없었다. 나는 짧고 간단하게 대답하여 면접관을 머쓱하게 만들었다.

"조금도 없심더."

나는 결국 그해에 운명을 바꿀 기차를 타지 못했다. 몇 년이 흐른 후, 그 면접관은 소년기에 나와 같은 국민학교를 다녔으며, 함안에서

긴 시간을 보냈음을 알았고, 당시 자신의 전공 분야에 국내 최고의 권위자임을 알게 되었다. 이 면접에서 나는 많은 것을 생각했고, 기차는 나에게 일종의 화두와 같은 존재가 되었다.

30대가 되기까지 나는 꿈과 현실을 구별 못 할 정도로 많은 꿈을 꾸었다. 다른 사람들은 생애에 한 번 경험도 어렵다는 천연색 꿈을 자주 꾸었고 그럴 때는 기분이 좋았으나, 그러다가도 악몽에 시달리기도 했다. 지금은 감정이 메말랐는지 어느 정도 수양이 되었는지 거의 꿈을 꾸지 않지만, 간혹 구舊 기차역을 배경으로 꿈을 꾸는 경우가 있다. 역이 함안면으로 이사한 지 십 년이 넘었으며 새 역사에 여러 번 가 보았으며 하루에도 몇 번씩 역을 지나다녀도, 새 역을 배경으로 한 꿈은 없었다.

옛 역을 배경으로 꾸는 꿈 두 가지가 있는데, 하나는 어머니가 등장하는 꿈이다. 이 세상 사람이 아닌 분을 꿈에서 보면 무섭다고 하지만, 나는 꿈에 어머니를 만나면 왠지 며칠간 기분이 좋아진다. 중학교를 졸업하고 50대에 귀농할 때까지 객지 생활을 했는데, 특히 학교에 다닐 때 방학이 되어 집에 왔다가 돌아갈 때는 대부분 닷새마다 서는 가야장날을 잡아 기차로 떠났다.

집이 있는 함안면에서 옛날 역까지 5km 정도로 만만한 거리가 아니기에 서울 가는 날을 미리 정하고, 어머니와 일찍 내려와 가야장을 같이 돌아다니며 여름에는 참외를 사서 깎아 먹기도 했고, 어느 겨울 한 번은 인삼을 갈아 주스를 만들어 파는 곳이 있어 이것을 마시고 올라가다 기차간에서 얼마나 고생을 했는지 모른다. 내가 인삼 체질이 아님을 그때 알았다. 지금도 꿈에서 기차를 타면 나는 검암 다리를 지나갈 때까지 자리에 앉지 못하고 통로에서 손잡이를 잡고 매달려 하얀 옷을 입은 어머니가 서 있는 함안역 쪽으로 보고 있다가 꿈을 깨는 경우가 있다.

은사 한 분이 《국토탐방》이라는 1,000쪽이 넘는 책을 출판했다며 나에게도 한 질을 보내 주셨다. 이 책 속에 내 이름이 몇 번 나와 30년 전 추억을 다시 생각하기도 했다. 이 은사께서 무진정, 향교 등 함안의 유적지를 구경한 후 함안역에서 진주행 기차를 타고 떠나셨는데, 나는 역에 서서 늦은 오후 멋진 석양 속으로 기차가 완전히 자취를 감출 때까지 서 있는 장면이 간혹 꿈에 나타난다.

이제 옛날 기차역 자리에 작은 영화관이 들어섰고, 선로를 따라 산책길이 생겨 옛 모습은 추억과 상상 속에만 남아 있다. 새 역사 주변에 여름이면, 많을 때는 수십 명의 사람들이 여기저기 삼삼오오 모여, 솥을 걸어 놓고 백숙도 삶고 삼겹살도 구우며 친목을 다지는 새로운 풍경을 보지만, 내 꿈의 배경은 아직 이쪽이 아니다.

함안은 인물의 고장이라 하기도 하는데, 근현대 인물 배출에 기차역이 한몫했음은 부인할 수 없다. 조선 중기부터 함안은 남명南冥 학파에 속했고, 조선 말 남명학파에 속한 근기학를 잇는 성재性齋학파에 속하는 인물이 80여 명이 배출된 곳이기도 하다. 이런 문화적 풍토에서 우물 안 개구리에 머물지 않고, 신문물을 빨리 접할 기회를 기차가 제공했다. 물류 이동이 대부분 기차로 이루어지던 1923년, 기차가 가야면을 관통하며 지나가자 시간이 갈수록 역과 먼 거리에 있는 지역은 모든 분야에 격차가 나지 않을 수 없었다.

일제 강점기 경전선 설계는 현재의 선로가 지나가는 위치와 유사했으나, 함안 조씨 문중에서 전쟁 준비에 광분하고 있는 일제에 의해 자식과 곡물 공출을 당하는 것을 보기 싫다 하며 필사 항쟁을 하자 선로를 가야로 바꾸었다.

해동아파트 아래로 선로를 내면서 귀중한 가야시대 고분이 훼손되었고, 가야동 앞에서 현재 함주공원의 공설운동장 옆으로 지나가는 광정천 물길을 함주교 아래로 돌리면서 다시 고분이 훼손되었다. 풍수에서 용이 여항산에서 내려와 함안고교 북쪽으로 엎드려 물을 마시는 형국인데, 해동아파트 아래로 철로를 내고, 함주교 아래로 물길을 돌리면서 용머리 부분이 두 토막이 나고 말았다.

최근 철도시설공단 이사장을 지낸 후 국회의원에 당선된 모 씨의 구속이 신문을 도배했고, 후폭풍으로 함안역이 여러 번 도마에 올라 난도질을 당했다. 나는 모씨와 정치적 견해가 달라 그를 지지하지 않았지만, 모 후보가 어느 당이라는 깃발을 들고 나오자 이해할 수 없을 정도로 투표자 52%라는 압도적 지지를 받아 당선되었다.

그가 구설수에 연루되자 그의 열성 운동원들까지 모든 것을 부인하며 극언을 하는데, 자기 얼굴에 침 뱉는 격이다. 부정행위는 당연히 지탄받아야 하지만, 성과는 냉철히 평가되어야 할 것이다. 모 의원이 KTX가 함안역에 정차할 수 있는 시설을 갖추는 데는 역할을 한 것 같다. 천문학적인 가치가 있는 알래스카를 미국이 재정 러시아에서 702만 달러로 매입할 때 결정적인 역할을 한 미국의 슈워드 국무장관은 당시 바보 같은 짓을 했다며 모진 비판을 받고 해임되었다. 우리나라의 경우 경부고속도로 건설에 착수하자 국내에서 엄청난 반대와 저항이 있었지만, 경부고속도로는 한국 경제를 수직 성장으로 이끄는 결정적인 역할을 했다.

  단견으로 빨리 끓고 빨리 식는 일은 아름다운 모습은 아닐 것이다. 함안면으로 선로 변경과 함안역에 KTX를 정차할 시설을 갖추게 한 것은 함안군과 경남의 균형 발전을 위해서는 잘한 일이다.

―《함안문학》 25호(2014.)

02
암행어사 박문수와 함안 미산령

미산 저수지에서 바라 본 미산령. 구름 아래 잘록한 부분이 미산령

사람이 사는 곳에는 생존과 더 나은 삶을 위해 물류와 문화의 교류가 길을 통해 이루어진다. 미산령이 현재는 함안군과 창원시의 경계가 되지만, 1989년 이전까지는 고개 너머 창원시 진전면 둔덕, 옥방이 함안군에 속했으며, 미산령은 함안의 주요한 장고개였다. 2022년 후반기가 시작되는 7월 1일, 조선 영조 때 암행어사 박문수가 함안군의 민정을 살피기 위해 창원시 진전면 대정에서, 미산마을로 넘어오다 탈진으로 죽을 뻔한 미산령을, 경남문협 이달균 회장과 홍혜문 소설가와 함께 극기훈련 삼아 걸어서 넘기로 했다.

승용차로 창원시 진북면 대정에서 출발해 옥방을 지나 둔덕까지 약 8km 정도 되는 긴 협곡 아래에 있는 도로까지 이동했다. 길 좌우로 돌을 쌓아 만든 다랑논과 밭들이 계속 나타났다. 산과 가까운 곳은 일부 농업을 포기해 칡넝쿨과 잡초로 덮여 있으나 돌을 쌓아 만든 묵은 경작지의 윤곽은 여러 군데 보였다.

경작지의 돌 언덕을 이어 놓으면 아마 수십km는 될 것이다. 경지정리나 다른 용도로 사용하기 위해 중장비가 들어가면, 수백 년 동안 쌓아 만든 공든 탑이요 설치 예술이 일시에 사라질까 걱정이 앞섰다. 부가가치가 높은 농작물로 수입을 올리면서 오랜 기간을 통해 형성된 돌 언덕들이 보존될 방법이 나오면 좋을 것 같다.

고개 아래 첫 마을인 둔덕 길가에서 오씨골에 산다는 이현섭(78세) 씨를 만나 박문수가 넘었던 길 이야기를 하자 들은 적이 있다고 하면서, 군북면 오곡에서 넘어오는 임도와 함안면 미산령에서 넘어오는 임도가 합류하는데, 옛날의 산길도 현재의 임도와 비슷하게 나 있었다고 한다. 임도가 합류하는 근처에 차를 두고 약 7km 정도 된다는 미산령으로 방향을 잡아 걸었다.

얼마 걷지 않아 비가 온 후이고 습도가 높아 땀이 팥죽처럼 흘렀다. 어사 박 공이 이 고개를 넘다 탈진으로 죽을 뻔하자 자기와 같은 사람이 나오면 안 된다고 생각해 통행을 막는 금패령을 세우기도 했으나, 주민들에게 필요한 길을 법으로 오랫동안 막아 둘 수는 없었다.

지리산 영신봉에서 길게 뻗어 내려온 낙남정맥이 함안 미산령을 지나면서 고도가 점점 높아지다 여항산에서 우뚝 한 번 솟은 후, 남쪽으로 달리던 산맥이 방향을 한 번 크게 동쪽으로 바꾸었다가, 다시 북쪽으로 소용돌이치듯 굽었다가 함안을 빠져나가면서 만든 계곡에, 많은 희귀식물과 동물들의 서식처가 되고 있다. 12시경 미산령 팔각정에 도착하자 반대 방향에서 차로 올라온 70대 중반으로 보이는 노인 세 명이 먼저 정자를 차지하고 있어, 우리는 그 옆 공터 그늘에서 이달균 회장이 준비해 온 비싼 조粟가 많이 섞인 잡곡밥을 배불리 먹고, 산에서는 사치품으로 분류되기도 하는 뜨거운 커피까지 한잔하면서 한담을 나누었다. 이야기의 소재는 주로 시와 소설로 오갔다. 머리 들어 멀리 남쪽을 건너다보니 적석산 쪽 하늘엔 솜털 같은 하얀 구름 떼가 추억과 세월을 가득 싣고 유유히 흘러가고 있었다. 미산령을 넘어 내려가자 길가에 탐스럽게 익은 빨간 산딸기가 도처에 깔려 있어 호사스런 후식으로 따 먹으며 걸었다. 홍혜문 소설가는 홀로 깊은 산속에서 아름다움을 뽐내고 있는 산수국에 더 관심을 가지며 관찰을 했다.

이 일대가 한국전쟁 때 격전지에 속해 전쟁이 끝난 후, 오랜 기간 동안 수류탄, 박격포 등이 지천으로 깔려 있어 인명사고가 종종 일어났었다. 나무를 켜는 제재소에서 이 근처에서 나온 나무에 총알이나 금속 파편이 많이 박혀 있어 받아 주지 않았던 적도 있었다. 산에는 전화선이 거미줄처럼 깔려 있었는데 주민들은 삐삐선이라 불렀다. '삐삐' 소리가 나는 통신기에 사용한 전선이라 그렇게 부른 것 같다. 미산마을 사람들이 이 선으로 시장바구니, 광주리를 만들어 장으로 들고 와 선보이자 실용적이고 미관상으로 좋아, 1970년대까지 함안의 명물로 웬만한 집에는 하나씩 다 있었다. 고개에서 3.5km 정도 내려가면 미산저수지가 나온다.

지금은 미산마을이 저수지 아래에 자리 잡고 있지만, 옛날에는 마을이 저수지 위에 있었다. 표범과 여우가 민가에 자주 내려와 주민들에게 피해를 주자, 이를 피하여 차츰 저수지 아래에 마을이 형성되었고, 지금 저주지 위에는 한 세대도 살지 않는다.

어사 박 공이 호남, 영남, 함경도 구석구석을 누비고 다녀 요즘 말로 프로 탐험가에 가까웠으나, 미산령을 넘어오다 마을 위에서 탈진하여 사경을 헤맬 때, 미산마을에 젖먹이가 있던 박씨 아주머니에게 운 좋게 발견되어 구사일생으로 살아났다. 박씨 아주머니가 겨울철에 땔감을 구하러 갔다가 탈진해 쓰러져 있는 박 어사에게 응급조치로 젖을 먹여 구하고, 기운을 차린 박 어사가 주막에서 잠시 머물면서 박씨 아주머니께 고맙다는 인사와 함께 소원을 묻자, 호구지책으로 남편에게 포졸 자리 하나를 마련해주면 좋겠다고 하자, 박 어사가 함안군을 떠나면서 군수에게 부탁하여 포졸로 취직시켰다고 한다.

《조선왕조실록》을 참고로 하면 어사 박문수가 영조 3년(1727년) 음력 3월에 궁궐로 들어가 왕에게 보고하고, 호남과 영남 지방의 몇몇 부정한 수령을 파직시키는 것으로 볼 때, 1727년 초겨울이었을 것으로 보인다.

　어사 박문수보다 조금 빠른 시기에 서양에서 활동한 화가 루벤스 (1577~1640)가 그린 '시몬과 페로'라는 제목의 그림이 있다. 시몬이 국사범으로 몰리고 왕이 '굶겨서 죽여라'라는 왕명에 의해 시몬이 감옥에서 굶어 죽어가자, 이 소식을 들은 해산한 지 얼마 안 된 딸 페로가 아버지를 살리기 위해 감옥으로 달려가 옷고름을 풀고, 불어 있는 젖을 아버지에게 먹이는 그림은 후세 사람들에게 감동을 주고 많은 것을 생각하게 한다.

　함안군의 특산물로 곶감과 수박이 알려져 있다. 함안에서 곶감이 생산되기 시작한 것은 은진 임씨들이 미산저수지 위에 자리를 잡은 후, 곶감을 생산하면서부터이다. 지금도 마을 주변에는 곶감의 원료인 감나무를 구석구석에 심어 동네를 덮다시피 하고 있다.

　마을이 큰 산 아래 자리 잡아 물 빠짐이 좋아 감나무가 잘되고, 마을이 북쪽으로 십 리 넘게 길게 열려 있는 계곡을 따라 겨울철 북쪽에서 불어오는 자연풍으로 곶감을 말리기에 최적의 조건을 갖추고 있다. 오래전부터 남한의 여러 곳에서 곶감을 생산해 왔으나, 함안 미산 곶감이 최고급품으로 알려진 계기는 상품이 좋기도 하지만, 포장에서 다른 지역보다 앞서갔다. 1970년 초까지 다른 곳에서는 곶감을 짚으로 엮어서 팔았지만, 함안에서는 깨끗한 종이 상자에 넣어 유명 백화점과 거래를 하면서 함안 곶감이 고급 브랜드가 되었다. 당분을 섭취하기 어려운 시절 감을 건조하여 만든 곶감은 꿀과 함께 최고의 자연식품으로 인기가 좋았다. 아직도 미산마을의 주요 수입원은 곶감으로 통한다.

　미산마을 입구에 오래된 나무 몇 그루가 숲을 이루는 곳이 있다. 심한 북풍을 막기 위한 방풍림과 마을을 숲으로 가리기 위해 풍수에서 말하는 비보裨補로 심은 나무로 보이며, 주민과 지나가는 등산객들에게 좋은 쉼터로 이용되고 있다. 한 곳의 느티나무를 살펴보면 땅에서 약 1m 높이에 혹이 있는데 한국전쟁 때 인민군들이 이 느티나무 아래에서 솥을 걸어 놓고 소를 잡아 군인들에게 보급할 때 나무가 화기를 받아 그렇게 되었다고 한다.

　북한의 6사단장 방호산이 이끄는 부대가 미산에서 멀지 않은 서북산에서 더 전진하지 않고 치열한 전투만 했다. 아마 인민군 다른 부대의 움직임을 살폈던 것 같다. 더 이상 단독으로 전진한다는 것은 숲을 벗어난 호랑이 꼴이 될까 신중했던 것으로 보인다.

　한국전쟁 전 여러 편의 소설을 썼던 김사량이 종군기자로 방호산을 따라 내려와 문인들에게는 좋은 이야깃거리가 되고 있다. 광복 전 동경대학 독어독문학과에서 석사까지 한 김사량이 여항산과 연결된 서북산에서 북한 노동신문에 전쟁의 종말과 승리를 암시하는 "아, 바다가 보인다…"로 시작하는 기사를 타전하여 유명해지기도 했으나, 후퇴하던 중 30대 중반에 전사한 것으로 알려져 있다. 전쟁에서 아까운 인재와 문화재, 경제적 손실 후 얻은 대가代價는 과연 무엇일까?

　마을 앞에 미리 차 한 대를 대기해 놓은 것을 타고 함안면 사무소를 지나 함안낙화놀이로 유명한 무진정에 어사 박 공과 관계된 유적이 있어 그곳으로 갔다. 무진정 정자 좌측에 조경송趙景松(1678~1747)의 효행을 기념하는 '효자담孝子潭'이라는 조그마한 표지석이 있어 둘러

보았다.

 조경송이 부모님을 위해 물고기를 잡던 효자담은 무진정 건너편 냇가에 있었고, 경내 정비를 하면서 표지석과 안내 표지판을 이곳에 세웠음을 알 수 있었다.

 어사 박 공이 걸었던 길은 약 15km의 길고 험한 길이었지만, 현재는 포장이 잘되어 있다. 우리는 좋은 길에 좋은 신발을 신고, 영양보충을 충분히 하면서 일부만 걸었다. 만약 어사 박문수처럼 옛날 방식으로 대정에서 그대로 걸어서 넘어왔다면, 아마 우리도 체력이 고갈되어 쓰러졌을 것이라는 말을 나누었다.

―《경남문학》140호(2022. 가을)

03

오래된 목조 건축물 하나
함안군 구 괴산재槐山齋

함안의 동헌 목재로 지은 구 괴산재

함안면 괴산리 584번지에 있는 구 괴산재는 한국전쟁으로 조선시대 건축물이 대부분 전소될 때, 화禍를 피하고 남아 있는 함안군에서 가장 오래된 목조 건축물이다. 전면 5칸 측면 2칸으로 짜임새가 아름답고 고졸한 홑처마 단층 맞배 목조물이며, 지붕의 판넬은 2007년 지붕의 누수를 막기 위해 기와를 걷어내고 응급조치를 한 것이다. 기둥은 22cm×22cm 사각으로 되어 있고 건축물 안의 대들보와 종도리 등의 보존 상태는 매우 양호하다.

  이 건물은 조선 후기 고종 때 지금의 함안면 함성중학교 안에 있던 함안군 동헌琴鶴軒의 목재가 팔리자 함안 조씨 집의공파에서 1899년 매입한 후 목재를 이곳으로 이동하여 지은 것이다. 비슷한 사례로는 전주 류柳씨 가에서 전주 감영의 목재를 매입하여 재각齋閣으로 지은 경우와 전라북도 무주 동헌 목재를 개인이 매입하여 주택으로 사용하다 목재를 사찰에 팔아 절로 사용한 예가 있다. 함안군 구 괴산재 목재의 역사는 1813년 경에 건축한 함안 동헌의 것으로 보인다.

  괴항마을의 1932년생으로 동갑내기인 조석제, 조영제 등 노인들에 의하면 이구동성으로 괴산재는 새 목재로 지은 재실이 아니고, 관공서 건물이 헐리자 목재를 사와 조립했다는 것에는 의견이 일치한다. 이런 말에 신빙성이 있는 것은 조립하면서 치수가 맞지 않아 새로 지으면서 길이를 맞춘 옛 흔적이 여러 군데 남아 있고,《함안군총쇄록咸安郡叢瑣錄》의하면 1889년 함안 고을의 동헌이 모두 10칸 건물이라 했는데, 이는 지금 구 괴산재의 건축 구조와 같다.

  일제 강점기를 거치면서 대부분의 동헌이 훼철되었으나, 강원도 원주의 선화당宣化堂(관찰사 거주, 전면 7칸 측면 4칸), 충북 충주의 청

녕헌淸寧軒(목사 거주, 전면 7칸 측면 4칸), 울산의 일학헌一鶴軒(부사 거주, 전면 6칸 측면 2칸) 등이 원형에 가깝게 남아 있고, 나머지는 복원하면서 변형된 경우가 많다.

조선 말기에 일반적인 현상으로 향반과 아전들의 횡포가 심해 지방관은 허수아비와 같은 존재가 되기도 했다. 함안군은 유독 심해 조폭 수준인 아전들이 남당과 북당으로 나누어 온갖 비리와 횡포를 부렸으나, 감사나 군수도 어찌해보지 못하고 손을 놓고 지켜볼 수밖에 없는 지경이 계속되고 있을 때, 무인 출신 오횡묵 군수가 부임해 범죄 집단을 발본색원하여 모조리 귀양을 보내 버리자, 문제가 된 아전의 가족을 제외한 군민들은 모두 통쾌하게 생각했고, 특히 식자층에서는 오횡묵 군수에게 신뢰와 지지를 보냈다.

군수 오횡묵은 한 걸음 더 나아가 탁월한 능력을 발휘하며 허물어져 오랫동안 돌보지 않던 태평루太平樓, 양사재養士齋, 금천재琴川齋 등을 중수했으며 민심을 바로잡기 위해 임기가 끝나는 날까지 최선을 다했다. 풍수에도 조예가 깊던 오횡묵은 함안 고을의 쇠퇴한 인심과 타락한 분위기를 동헌을 새로 지어 쇄신의 발판으로 삼고자 했음을 볼 수 있다.

중봉(강도정姜都正)이 밖으로부터 돌아와 말하기를, "가만히 보니 영공의 모습이 장차 정각政閣(동헌)을 옮겨 세울 일을 하실 것입니다."라고 하였다. 내가 놀라서 답하기를, "과연 그렇다. 그러나 그것이 마땅한지 아닌지를 알 수가 없다. 원컨대 듣고 싶다."라고 하였다. 중봉이 말하기를, "이 읍의 터를 보니 분명히 감坎(북)의 방향을 지고 이離(남)

의 방향을 향해야 할 곳인데, 현재 동으로 향하여 서 있으니 풍수가들은 좋게 여기지 않습니다. 만약 고쳐서 남향으로 한다면 읍이 장차 크게 복을 누리게 될 것입니다." 하였다.

내가 다시 자세히 길하고 참된 곳을 살피게 하니, 내가 마음속으로 점쳐둔 바에 어긋나지 않았다. 그가 안목이 높은 사람이라는 것을 알 수가 있다. 대개 이 읍의 정당政堂(동헌)이 처음 남향으로 있던 날에는 고을에 명현과 석학들이 많고 부유하고 풍요로웠는데, 류기상柳冀常(군수)이 옮겨서 동향으로 만든 뒤에는 읍의 모양이 점점 쇠퇴해져 폐해지고 고질화가 됨이 점점 심해졌다.

내가 이 고을에 부임할 때에 노성老成한 분들이 혹 권하기를, (좌를) 남쪽으로 옮기라고 하였다. 나도 그 말을 그렇다고 여기면서도 겨를이 없었으나 지금 가을에 비로소 반드시 옮길 것을 결의했다. 그러나, 이 경영의 헤아림을 마음에만 두었을 따름인지라, 처음 온 나그네가 알 수 있는 것이 아닌데 중봉이 능히 말을 하니, 어찌 그렇게도 신비스러운가!

—《함안군총쇄록咸安郡叢瑣錄》 1892년 10월 2일

오횡묵 군수가 이전에 강한 의지를 보였던 동헌 건물은 류기상柳基常 군수 때 건립된 것이며, 류기상 군수가 함안 동헌을 지으면서 좌를 남향에서 동향으로 돌려놓아 원성이 높았던 것도 추측할 수 있다. 1587년 함안군수 정구가 편찬한 《함주지咸州誌》를 수정 보완하여 1939년 발행한 《함주지》에 의하면 류기상 군수는 순조純組 신미(1811년)에 부임하여 갑술(1814년)에 파직된 사람이니, 동헌 건립 시기를 빠르게 잡으면 1812년 정도일 것이고, 늦게 잡아도 1814년 (파직되던 해)를 넘어가지는 않았을 것이다. 당시 풍수나 민가의 정서와 시간상으로 볼 때 아마 1813년 닭띠 해인 계유년癸酉年에 동헌의 좌를 해가 뜨는 동쪽으로(닭을 상징하는 유좌酉坐) 하여 건립했을 확률이 높다.

오횡묵의 《함안군총쇄록咸安郡叢瑣錄》에서는 류기상 군수의 이름을 柳冀常(류기상)이라 했으나, 《함주지》와 《인명사전》에는 모두 柳基常(류기상)으로 나온다. 우리말로 발음이 같은 '기'를 오횡묵 군수가 일기를 쓰면서 잘못 알고 쓴 것 같다.

《함안군총쇄록咸安郡叢瑣錄》에 의하면 오횡묵 군수가 1892년 10월 초에 동헌 이전을 위한 계획에 들어갔으나, 1893년 1월 말에 조정으로부터 고성부사로 이배한다는 통보를 받았다. 군수가 떠난다는 소식을 듣고 여러 선비가 찾아가 기념으로 백일장을 열기를 청하자, 1893년 2월 5일 백일장이 열리고 시제詩題가 사뭇 의미 심상하다.

　　나와 뜻을 같이하여, 이어서 지붕을 이어준다면, 아마도 이 누각이 썩지 않을 것이다(與我同志, 嗣而葺之, 庶斯樓之不汚也(古文眞寶), 押樓)

이날 많은 선비가 오횡묵 군수가 떠나감을 아쉬워하며 백일장에 참여하고 있다.

《함안군총쇄록咸安郡叢瑣錄》 1893년 2월 8일에도 동헌 이전에 대해 기록이 보인다.

(…) 처음 관아를 옮길 것을 계획하여 보조비용 조로 500냥 구별하여 둔 것을 임시로 양로사에 부쳐 놓았는데, 이제 관아 이전移轉은 군수가 바뀌니 다른 사람의 일에 속하게 되었다. 그러나 포기하거나 방치할 필요가 없다. 금천재琴川齋(동헌의 부속 건물로 4칸이었음) 복구의 일도 계획을 옮기는 뜻으로 재유齋儒들에게 교유敎諭에 부쳤다. (…)

고을의 분위기 쇄신을 위해 당시 동헌을 새로 짓고 좌를 바꾸는 것은 숙원사업이었음 알 수 있고, 오횡묵 군수가 고성으로 자리를 옮기면서 모아 놓은 재원을 동헌 건물에만 집착하지 말고 금천재를 복구에 사용해도 좋다는 말을 하고 있다.

《함안군총쇄록咸安郡叢瑣錄》을 보면 1893년까지 동헌을 좌를 남쪽으로 바꾸어 새로 짓기 위해 고심한 흔적이 몇 군데 더 보인다. 어떤 절차나 과정을 거쳤는지는 모르지만, 동헌은 헐리게 되고 목재가 팔려 1899년 8월에 괴산재가 상량된다.

오랜 세월과 역사를 가진 기둥이 장정 한 아름이 넘는 붉은색 금송 대들보를 구름처럼 떠받들고 있다. '괴산재 상량문槐山齋上樑文'과 구전으로 내려오는 말을 종합해 보면 괴산재는 원래 지금보다 약간 아래에 1670년경부터 초가집으로 있었으나 노후화되자, 1889년 지금의 자리에 동헌 목재로 건축하여 옮겼다고 전하고 있다. 2000년 아라가야 향토사연구소에서 현장의 소리를 듣고 간행한 《문화유적분포지도》에 "…옛 함안동헌 건물을 옮겨와 지은 함안 조씨 재실이며 축소시킨 목재가 뚜렷이 나타나 있어 옛 동헌은 상당히 큰 건물일 것으로 추측된다…"라 기록하고 있다.

1899년 중수 이전의 재실에 대한 기록은《함안군총쇄록咸安郡叢瑣錄》에서 오횡묵 군수가 1889년 3월 2일(음력) 조남산趙南山에 있는 지금의 '사적 67호 성산산성星山山城'에 올랐다가 내려오면서 괴항재槐項齋에 들러 공부하는 학동들을 격려하는 장면이 나온다. 옛날 아래 장소에 있었던 서재를 괴항재槐項齋라 불렀음을 알 수 있고, 초가집을 허물고 위에 넓은 공간과 기와집으로 옮기면서 괴항재槐項齋에서 괴산재槐山齋재로 바꾼 것으로 보인다.

건물을 낙성한 후 중수기重修記는 월고月皐 조성가趙性家(1824~1904)가 지었는데, 조성가는 하동군 옥종 출신으로 문집을 20권 남긴 당대를 대표하는 학자 중의 한 사람이다. 조성가는 특이하게 영남 출신으로 우리나라 성리학의 6대가 중의 한 사람인 기호학파 거두 노사蘆沙 기정진奇正鎭(1798~1879)의 수제자가 된 후 기호학의 학통을 이어받으나, 영남 출신으로 기호학을 이어 영남과 기호 양쪽에서 약간 소외된 학자이다. 조성가가 괴산재의 중수기를 쓰게 된 가장 큰 동기는 일산一山 조병규趙昺奎(1846~1931)라는 학자와의 인연 때문인 것으로 보인다.

함안군 산인면 입곡 출신인 일산 조병규는 이 마을에 입향한 무진정無盡亭 조삼趙參의 직계 후손이며, 실학파인 근기 남인학을 잇는 성재性齋 허전許傳(1797~1886)의 고제자로 남명南冥 조식曺植의《남명집南冥集》(정유본丁酉本)과 성재性齋 허전許傳의〈사의士儀〉와《성재선생문집性齋先生文集》을 간행할 때 깊이 관여했던 사람으로, 기정진의 고제인 조성가와 함께 당대 양 학파를 대표하는 학자들이다.

학파와 당색이 다르면 한자리에 앉기조차 싫어하던 당시의 분위기에 두 학파를 대표하는 월고 조성가와 일산 조병규의 교류는 당시 선비사회에 화젯거리요 미담이 되기도 했다.

이런 인연으로 무진정 조삼의 직계 후손으로 괴산재에 드나들던 일산一山 조병규, 진사進士 조기영趙基永(청송 거주), 서고西皐 조굉규趙宏奎, 금계錦溪 조석제趙錫濟 등 이름난 선비들이 있었으나 조성가가 중수기를 쓰게 된다.

일제에 의해 국권을 박탈당하자 신식 학문에 영향을 받은 선각자들이 교육을 일으켜 나라를 되찾겠다며 1908년 교남학회嶠南教育會를 설립했으나, 보수적인 영남에서 신학문에 대해 호응을 별로 하지 않았을 때, 앞장서서 호응하며 회원에 가입하여 활동한 신산信山 조성부趙性孚(1867~1918)가 후학들에게 교육 활동을 펼친 거점이 괴산재였다.

이런 배경으로 전국의 명사요 거물 정객들이었던 안재홍(일제 강점기 때 조선일보 사장), 홍명희(임꺽정의 저자), 여운형(독립 운동가) 등과 막역하게 교류하며 함안군의 신간회 활동 및 하층민과 백정의 인권해방운동인 형평사운동衡平社運動을 주도한 퇴우退憂 조진규趙珍奎(1904~1941)와 같은 분이 괴산재를 배경으로 하여 탄생할 수 있었다.

조진규는 1920~1930년대《동아·조선일보》주재 기자 및 지국장을 하며 애국계몽 활동을 헌신적으로 하다 38세에 울분으로 요절하자, 훗날 조진규趙珍奎의 비문은 조성부趙性孚의 아들 조전규趙典奎가 기록한 전傳을 바탕으로 하여 전前 성균관대 교수 이가원李家源이 썼다.

함안군 동헌 신축이 오 군수 재임 중에는 이루어지지 못했으나, 오 군수가 떠난 후 목재가 매각된 것으로 보인다. 괴산재의 대들보에 〈崇禎紀元後五 己亥八月二七日 巳時〉라 기록을 하고 있는데, "崇禎

紀元後五己亥"는 숭정 연호를 사용한 후 다섯 번째 기해로 1899년이 되고 그해 8월에 상량했음을 알 수 있다. 옛 동헌 건물이 헐리고 괴산재로 탄생하기까지 6년이 걸렸음을 알 수 있고, 건물을 낙성한 이듬해인 경자년庚子年(1900년)에 조성가가 중수기를 쓴다고 밝히고 있다.

한국전쟁을 피한 건물로 낙성하기까지의 절차인 '고유문告由文' '상량문上樑文' '중수기重修記'가 모두 완전하게 남아 있는 함안에서 가장 오래된 목조 건축물이다.

—2023. 5.

04

통영 승전무와 한산도 생미역

이달균 시인이 전화로 오늘 밤에 통영 앞바다에서 한산대첩 재현이 있으니 구경 가지 않겠느냐고 한다. 며칠 후 신문사에 보낼 통영 승전무 원고와 관련이 있어 바로 가겠다고 했다. 한국전쟁 후 통영 승전무의 맥이 끊어질 위기에 있었는데, 몇몇 선각자들에 의해 간신히 살아남은 사연과 이 축제와 연관이 있어 더 생각해 볼 여지가 없어 흔쾌히 대답했다.

이순신 장군의 한산대첩을 말할 때 빠지지 않고 등장하는 왜적 장수 와키자카 야스하루(脇坂安治)(1554~1626)이며, 영화나 게임과 같은 매체를 통해 많이 왜곡되어 소개되고 있다. 와키자카 야스하루는 원래 육군 출신 장수로 도요토미 히데요시(豊臣秀吉)(1537~1598)로부터 받은 33통의 편지가 아직 그 후손들에게 전해지고 있다고 하니 많은 총애를 받은 것 같다.

한산도대첩보다 한 달 정도 빠른 음력 6월 6일 경기도 용인 근처에 있었던 용인 전투에 그의 이름이 화려하게 등장한다. 조선의 삼도근왕병三道勤王兵 7만 명 정도가 용인 근처에 주둔한다는 급보를 들은 와키자카 야스하루가 1,600여 군사를 데리고 조선군을 급습하자, 조선의 7만 병사들이 칼도 한 번 제대로 못 휘두르고 도망치다 1,000여 명의 전사자를 냈다.

조선군은 얼마나 다급했던지 주요 문서와 많은 군량軍糧을 내팽개치고 한 번에 무너져 줄행랑을 쳤다. 조선군에게 치욕적인 전투이고 왜적에게는 빛나는 전투로 기록되면서 아울러 와키자카란 이름이 알려지게 된다.

같은 시기 남해에서 일본 수군은 이순신에게 번번이 참패를 당하고 있었다. 용인전투가 있기 하루 전날인 음력 6월 5일 당항포에서 해전이 있었다. 전라좌수사 이순신(함선 23척), 전라우수사 이억기가(함선 25척), 경상우수사 원균(함선 3척) 도합 51척이, 당항포에서 일본 육군 중에서 가장 잔인한 장수 가토 기요마사가 이끄는 육군병력 일부가 선승해 있던 일본의 26척의 배를 포구 밖으로 유인한 다음 이기남이 이끄는 거북선이 돌진하여, 적진을 흔들고 화력전을 펼쳐 왜선을 분탕 섬멸시켰다. 이날 작전상 남겨 둔 배 한 척에 잔적들이 타고 도주하자 이 적마저 수장시킨다. 조선의 조정에서는 이 전투를 보고받고 이순신에게 자헌대부資憲大夫(정2품)를 내렸다. 하루 쉬고 음력 6월 7일에도 조선 수군은 율포해전에서도 대승을 거두었다.

히데요시가 용인 전투에서 와키자카의 활약과 바다에서 일본 수군이 연전연패한다는 보고를 받자, 수군의 전세를 뒤집기 위해 특명을 내려 원래 해적 출신으로 수군이었던 구키 요시타카(九鬼嘉隆)와 가토 요시아키(加藤嘉明)를 와키자카와 함께 남해로 급파했다. 와키자카는 3만 석의 영지를 받을 때 해적질을 주업으로 하던 곳의 땅을 받아 그의 부하들은 수군 출신이 더 많았다. 조선 침략 초기 일본 수군은 만 명 정도였고, 구키 요시타카(九鬼嘉隆)와 가토 요시아키(加藤嘉明)는 각 1,500여 명의 병사를 거느리고 해안을 수색해도 조선 수군이 보이지 않자 육군을 돕고 있었다.

용인에서 웅천(진해)으로 내려간 와키자카는 일본 수군의 주장이 되어 음력 7월 8일 대소 함선 70척을 이끌고 견내량으로 이동해 정박했다. 조선 수군은 전라 좌수사 이순신(40척), 전라 우수사 이억기(20척), 경상우수사 원균(7척) 합 72척의 함선을 견내량과 인접한 한산도로 이동해 정박하자 양측 수군은 지척의 거리에 있으면서 서로를 알지 못하고 있었다.

조선인 목동 김천손이 미륵산에 올랐다가 왜적 70척이 견내량에 나타난 것을 확인하고 이순신에게 급히 달려가 알리자, 이순신 장군이 이를 확인하고 미리 작전을 짤 수 있었다. 이순신이 볼 때 견내량은 좁고 암초가 많아 판옥선의 싸움터로 불리하고, 또 견내량에서는 적들이 쉽게 육지로 도망칠 수 있다고 판단하고 한산도 앞바다로 유인했다.

이순신은 해전에서 사용하기 어려운 학인진으로 포위한 후 지자, 현자, 승자총통으로 집중 포격을 가하여 불태운 함선이 66척, 적의 목을 베어 가져온 수급이 86, 조선인 포로 7명을 석방하는 성과를 거두었다. 부상을 입은 와키자카와 일부 패잔병들이 한산도로 도망가자, 이순신 장군은 굳이 육지로 올라가 잡으려고 하지 않았다. 당시 한산도에는 거주하는 사람이 없는 무인도라 그냥 두어도 굶어 죽을 수밖에 없는 상황이기 때문이었다. 그 후 패잔병들이 대부분 한산도에 갇혀 굶어 죽거나 기진맥진하여 쓰러져 있는 것을 조선 어부들이 가서 목을 베어와 상을 받기도 했다.

용인전투 후 히데요시의 특명을 받은 구키 요시타카(九鬼嘉隆)와 가토 요시아키(加藤嘉明)는 부산포에 도착하여 준비할 동안, 먼저 웅천(진해) 쪽에 도착한 와키자카가 조선 육군에게 대승을 거둔 공명심에서 못 벗어나 조선의 수군을 얕잡아 보고, 혼자 공을 크게 세우고자 서둘러 출격하여 이순신 장군의 용인술에 걸려 대패한 것이다. 이 전투에서 와키자카의 부장 와키자카 사베에(脇坂左兵衛)와 와타나베 사마노조(渡邊左馬允)는 전사하고 마나베 사마노조(眞鍋左馬允)는 할복하게 했다. 육군의 치욕을 수군 이순신 장군이 멋지게 씻은 것이다.

한산도에 기어 올라가 먹을 것을 못 구한 주장主將 와키자카가 여러 날을 굶주리고 생미역만 먹으면서 생존해 있다가, 천신만고 끝에 부산으로 탈주에 성공하여 일본으로 돌아간 후 한산도에서 겪은 일을 훗날 기록으로 남긴다.

히데요시 사후 권력 투쟁인 세키가하라 전투 때 와키자카는 처음엔 인간관계로 서군 쪽에 섰다가, 나중에 도쿠가와 이에야스 쪽인 동군에서 활약한 공으로 이에야스 정권 동안 그의 후손들은 부귀를 누린 것으로 알려져 있다. 일본에서 와키자카는 크게 유명한 인물은 아니지만, 조선에서는 용인전투와 이순신의 한산도전투로 이름이 유명하게 되었다.

이순신은 세계 해전사에 찾아볼 수 없는 23전 23승을 거둔 독보적인 장군이다. 오늘날 무제한급 격투기 선수가 23전 23승 전 KO승으로 선수 생활을 마감해도 전설적인 기록이 될 것이다. 국운을 건 전쟁에서 이런 기록은 인류 역사에서 찾아보기 어렵다.

일 년 중 가장 덥다는 보도가 연일 나오고 있는 시기라 바닷가임에도 열기로 후덥지근했다. 현장에 도착했을 때 축제가 열리기까지 시간 여유가 있어 이순신공원을 산책했다. 한산도 해전이 일어난 지 430년이 지난 통영에서는 이순신 장군을 추모하기 위해 승전무를 추지만, 일본의 와키자키의 후손들은 한산대첩이 있었던 음력 7월 8일에 그들의 조상 와키자카가 한산도에 갇혀 열흘 정도 생미역만 먹다가 구사일생으로 살아 탈출한 것을 상기하고 추모하기 위해, 이날은 다른 음식은 안 먹고 미역만 먹는다고 한다.

우리 일행은 전망이 좋은 이순신공원에서 수십 척의 배가 바다에서 그때를 재현하는 축제를 볼 수 있었으나, 기대했던 칼춤은 보지 못했다. 아마 사당에서 헌무로 올렸을 것이라는 생각이 든다. 공연을 보고 있는 시간에 함안에 귀한 소낙비가 퍼붓고 있다는 메시지가 카톡에 들어왔다. 가뭄이 계속되던 함안에는 귀한 비라 다행이란 생각이 들었고, 축제가 열리고 있는 통영은 날씨가 맑고 화창하여 두 곳 다 축복받은 것 같다.

만약 통영에서 가까운 함안에 내린 소낙비가 이날 통영에 왔다면, 귀한 대접을 받지 못했을 것이다. 축제가 끝나 갈 무렵에는 시원한 해풍이 불어왔고, 마지막을 장식하는 화려한 불꽃 쇼는 스트레스를 시원하게 날려 보내기에 충분했다.

―《함안문학》 33호(2022. 8.)

05
함안차사 주인공
노아蘆兒의 무덤

철교와 산이 접하는 곳에 승가사僧伽寺 절이 있고,
절 옆에 모현정慕賢亭이 있으며, 모현정 바로 뒤에 노아의 무덤이 있다.

나는 기생 노아란 이름을 들으면 미국의 20세기 섹시 심벌 영화배우 마릴린 먼로(1926~1962)가 제일 먼저 머리에 떠오른다. 남성 중심의 경색된 사회구조에 쉽게 복종이나 포기보다 아름다운 미모와 재기발랄한 재능을 무기로 부조리한 사회구조를 조롱하기도 하고 때로는 내로라하는 고위층 남성들을 농락하여 곤경에 빠뜨리기도 했다. 노아와 먼로 두 사람 모두 내면적으로는 감당하기 어려운 매우 고통스러운 삶이었을 것이다.

한국의 이름난 기생으로 오늘날까지 회자되고 있는 인물은 대부분 조선 중기 이후의 인물이지만, 함안차사의 주인공 노아는 고려 말의 인물로 추정된다. 노아의 아버지가 역모에 연루되자 고려의 수도인 개경에서 함안까지 차사(안찰사)가 여러 차례 파견된 것으로 보아 어떤 사건이었는지는 모르지만, 큰 사건이었을 것으로 보인다.

《함주지咸州誌》에 의하면 노아는 "…절세미인으로 이름이 났을 뿐만 아니라 문장력이 있었다…"라 하고 있는데, 당시 가장家長이 역모에 연루되면 부인이나 딸들은 관비나 기생으로 전락되는 경우가 대부분이었다. 아무리 좋은 재능을 타고나도 한문으로 시나 문장을 지을 정도의 경지에 들려면 많은 시간을 투자해야 함을 참고로 하면 노아는 몰락한 선비 집 딸이었을 것으로 보인다.

다시 말해 문헌에서는 노아의 아버지를 단순한 죄인으로 말하고 있지만, 여러 정황으로 보아 글을 아는 선비 출신으로 중대한 사건에 연루되었을 것으로 보인다. 조정에서 뽑아 보낸 경차관이 하나같이 모두 노아의 미모와 잔꾀에 당하자, 나라에서 가장 강직한 경차관을 다시 뽑아 보냈다. 노아 또한 치밀한 계획과 완벽한 연기로 그를 농락하고, 며칠 후 차사가 주관하는 재판이 시작되자 노아가 억울한 사정을 호소하면서, 쓴 글과 함께 제출한 아래와 같은 시가 오늘날까지 회자되고 있음을 볼 때, 노아는 문학적 재능이 탁월한 여인이었음이 짐작된다.

      蘆兒玉臂是誰名　노아의 고운 팔에 이름 쓴 이 그 뉘던가?
      刻入肌膚字字明　살결에 새긴 글이 글자마다 분명하네
      寧見洛東江水盡　차라리 낙동강 강물 말라 없어도
      妾心終不負初盟　맹세한 첩의 마음 변할 길이 있으랴

노아에 대한 기록은 1587년 편집 완료하여 1600년에 간행된 《함주지咸州誌》에 많은 지면을 할애하면서 게재하고 있으며, 적어도 200년 정도 전의 일을 생생하게 기록했다는 것은 그때까지 민간에 많이 알려져 있었음을 알 수 있다.

《함주지咸州誌》가 간행된 후 다시 약 300년 정도가 되는 1890년 1월 오횡묵 함안군수가 함안에서 그날그날 보고 느낀 것과 체험한 것을 기록한 《함안군총세록》이란 책에도 노화란 이름이 등장한다. "…강의 북쪽 1리쯤에 합강정合江亭이 있는데, 조간송당趙澗松堂이 지은 것이다. 오른쪽에는 반구정伴鷗亭이 있고, 정자 가까이에는 노화蘆花의 묘가 있다…."라 쓰고 있다.

무덤이 용화산 근처에 있다 하면서 노화蘆花라 한 것은 발음이 비슷한 '아兒'를 '화花'로 잘못 들었거나, 아이에서 꽃으로 높였을 수도 있을 것이다. 오횡묵 군수가 기록을 남길 때 반구정은 지암담(경양대)과 멀지 않은 말바위에 있었는데, 그 후 청송사 절이 망하자 청송사 절터로 옮긴 것이 지금의 반구정이다.

필자가 노아의 흔적을 찾고자 오래전부터 나름대로 여러 문헌을 살폈으나 찾지 못하고 있던 중, 오횡묵이 《함안군총쇄록》에서 노화에 대해 언급한 한마디를 귀중한 실마리로 삼아 여러 방면으로 위치를 다시 찾기 위해 시도했으나, 더 이상의 성과는 얻을 수가 없었다.

그러던 중에 부산에서 공무원 생활을 하다 퇴직 후 용화산 반구정伴鷗亭에 은거하고 있는 조성도趙性道란 분을 알게 되었는데, 한학에도 조예가 깊고 기억력이 좋아 혹시나 하고 전화로 노아의 무덤이 용화산 기슭에 있다는 말을 《함안군총쇄록》에서 보았는데 혹시 들은 바가 있는지 물었다. 그분이 어릴 때 들은 적이 있다고 했다. 조성도(2009년 현재 83세)란 분이 약 75년 전에 큰형님인 송계松溪 조성지趙性智 씨와 함께 우연히 노아의 무덤 옆을 지날 때 "여기가 유명한 기생 노아의 무덤"이라고 한 말을 생생하게 기억한다고 했다. 송계 조성지는 함안군 유도회 회장을 역임했고 문집을 남길 정도로 유림에 많이 알려진 분이다.

2009년 10월 26일 함안문화원 원장 이하 여러 임원 이사들이 '낙동강 유역 향토사 현장답사' 때 반구정을 방문할 기회가 있었는데, 필자가 노아의 무덤 대한 이야기를 꺼내자 조성도란 어른이 십여 명의 사람들 앞에서 구체적으로 위치를 말했고, 이때 대산면에 거주하는 조영제 씨(당시 74세, 교직으로 정년)도 학생 때, 조성도 씨가 말한 무덤에 대해 누군인지는 모르지만 유명한 기생의 무덤이란 말을 들은 적이 있다고 했다.

11월 6일 필자는 확인차 촬영 전문인 음영대 씨와 함께 조영제 씨의 안내로 현장을 답사했다. 현장에서 육안으로 보아도 금방 알 수 있는 오래된 축대와 돌무덤을 확인할 수 있었다. 노아의 무덤이 용화산의 반구정(구 반구정) 근처에 있다는 120년 전에 기록한 《함안군총쇄록》의 내용과 조성도, 조영제 씨의 증언을 종합하면 모현정慕賢亭 뒤편에 있는 오래된 무덤이 바로 노아의 무덤이 틀림없음을 확인할 수 있었다.

한 사람 증인으로 실수가 있을지 몰라 조성도 어르신을 별도로 모시고 재차 방문하여 확인하니 같은 지점을 지목했다. 오랫동안 돌보는 사람이 없어 무덤 위와 묘역에 큰 나무가 무성하게 자라 있지만, 묘의 규모는 조선시대 웬만한 사대부 묘를 능가해 보였다.

며칠 후 농업기술센터 소장 S씨를 찾아가 엔진 톱 기술자와 인부 지원을 요청하니, 역사와 문화의 귀중함을 잘 아는 소장이 한나절 지원해 주었다. 막걸리와 명태 등 건어물을 준비하여 소장과 함께 고사를 지낸 후 말끔하게 정리했다. 다음 날 나는 농약 근사미와 붓을 준비하여 가서 그루터기에서 새싹이 돋아나지 못하게 발랐다. 그리고 문화공보과에 안내판을 세우자는 건의를 하자, 며칠 후 답변은 그 지점이 창녕군으로 되어 있어 어려움이 있다고 했으나, 몇 달 후 함안군에서 안내문을 세웠다.

노아의 무덤이 있는 곳은 낙동강 700리 중 가장 아름답다는 용화산 부근이며, 이곳에 간송澗松 조임도趙任道가 강학하던 합강정合江亭과 두암斗巖 조방趙㻩이 강학하며 은둔하던 반구정伴鷗亭이 있다. 두 정자까지는 함안군에서 이미 임도 정비를 잘하여 승용차 정도는 다닐 수 있다.

　영남의 거유 한강寒岡 정구鄭逑, 의병장 곽재우郭再祐, 여헌旅軒 장현광張顯光, 간송澗松 조임도趙任道 등이 모였던 것을 기념하기 위해 후손들이 계를 모아, 매년 봄에 낙동강 강변 모현정慕賢亭에서 모임을 하고 있는데, 노아의 무덤은 모현정 뒤 지척 거리에 있다. 낙동강의 절경이 한눈에 들어오는 곳이다.

―《아라신문》(2009. 11. 13.)

06
진주 선학산 만죽동 시절

 진주성 동쪽 외곽에 구릉을 겨우 면한 선학산이 있는데, 그 산기슭 아늑한 곳에 만죽동이 있다. 조선 선조 때 선비 최영경이 이곳에서 꽃을 가꾸며 학 한 마리와 함께 신선처럼 살았으나, 어처구니없는 옥사에 연루되어 억울하게 희생되자, 훗날 그의 후손과 진주 유림에서 그를 추모하며 도강서당을 세웠다.

 학창 시절 나는 우연히 도강서당에서 2년 가까이 머문 적이 있었다. 매달 방세 낼 형편이 어려워, 어느 날 진주 토박이 동생에게 "진주에 귀신 나오는 폐가 같은 곳이 없을까?"하고 물었다.

 훗날 모 신문사 문화부 기자를 오래하게 되는 그가 웃으며 "요새 그런 집이 어디 있소." 하며 내 형편을 고려하여 도강서당을 추천했고, 진주시청에서 5분 정도 걸어가니 도강서당이 나왔다. 마루에 걸터앉아 멀리 남쪽을 바라보니 덕유산에서 발원한 남강 물줄기가 유유히 진주성을 돌아본 후 아쉬움을 남긴 채 다음 목적지를 향해 굽이치며 흘러가고 있었다. 서당 주변에는 울창한 대나무숲이 있었고, 집 뒤로는 다른 민가가 없어 조용하여 첫눈에 마음이 강하게 끌렸다.

서당 부속 건물에 후손이 살고 있었다. 70대 중반으로 보이는 할머니와 50대의 아들과 며느리가 있었다. 할머니는 젊은이처럼 자세가 꼿꼿했고, 눈이 유난히 맑고 총기가 감돌았다. 젊었을 때 틀림없이 미인 소리를 많이 들었을 것 같았다. 50대의 아들은 체격이 좋았고, 인상이 후덕해 신뢰가 갔다. 수더분한 며느리는 잠시도 쉬지 않고 왔다갔다 하며 일을 하고 있었다.

시내에 방을 구할 형편이 못 되어 서당에 좀 있으면 안 되겠냐고 물은 후, 장소가 너무 좋다는 말도 했다. 내 말을 들은 아들이 잠시 생각하다 그의 모친을 보면서 말했다.

"어머니, 어떻게 할까요?"

할머니가 잠시 난처한 표정을 짓다가 말했다.

"형편이 딱한 것 같은데 전기세만 좀 받고…?"

이렇게 하여 나는 도강서당에서 거주하게 되었다. 문중 정기총회 때와 가을 시제 때 두 번은 자리를 비켜 주기로 했으나, 행사 때 미리 와서 숙식하는 사람이 많지 않아 방을 비워주는 일 없이 그대로 사용했다.

50대의 가장은 서당 뒤에 있는 배밭에서 배 농사로 2남 1녀를 공부시켰는데, 수확 철에 배에 약간의 상처만 나도 상품으로 팔지 못했다. 이런 배를 모아 먹으라고 한 광주리씩 주었다. 고맙긴 했으나 먹기 위해 칼로 잘 익은 배의 상처 부위를 도려낼 때는 농심을 도려내는 것 같아 마음이 아팠다.

당도가 좋은 배를 실컷 먹고 밤에 소변 보러 다닌다고 잠을 못 이룬 적이 여러 날 있었다. 배가 수박 못지않게 이뇨작용 한다는 것도 그때 알았다. 주말에 함안으로 가는 날은 상처받은 배 중에서 좋은 것을 골라 배낭에 잔뜩 넣어 어머니께 가져다드리고, 감 수확 철에는 함안의 감을 배낭에 넣어 할머니께 가져다드리기도 했다.

한문 원전을 읽기 위해 기초 작업으로 비봉산 아래에 거주하던 허형 선생님 댁에서 몇몇 학생들과 사서를 읽었다. 이 댁에 진주의 명사들이 인사차 많이 오갔는데, 하루는 좀 특이한 사람이 공부하러 왔다. 50대 후반으로 보이는 낯선 여성 한 분으로 진주검무 예능보유자 성계옥 선생이라 했다. 고려대학에서 청강생으로 한문을 공부하다 방학이라 내려왔다 했고, 겨울 방학에 잠시 같이 공부했다. 나는 중학교 때 무협지에 심취했고, 고등학교 때 검도에 빠졌던 적이 있어 혼자 상상하기를, 진주가 임진·정유 난 때 격전지라 진주에 내려오는 독특한 검도 문파가 따로 있는 것으로 알았다.

진주검무를 배워보고 싶은 마음은 굴뚝같이 있었으나, 당시 나의 하루 일정이 너무 바빠 그 말은 꺼내지 못했다. 40년이 훌쩍 지난 2022년 어떤 인연으로 진주검무, 진주포구락무, 진주한량무의 역사와 계승, 현재의 예능보유자에 대해 경남신문에 글을 쓰면서 여러 곳에 등장하는 성계옥 선생의 역할과 활약을 알게 되었다. 성 선생은 2009년도 작고했으나, 현존하는 진주의 여러 무형문화재 보존에 독보적인 존재였음을 확인할 수 있었다. 당시 무형문화재에 대해 아는 것이 없었으니 옆자리에서 같이 공부해도 관심을 가지지 못했다.

《시경》을 혼자 공부할 수 없어서 이이재二以齋에서 최인찬 선생께 지도를 받았는데, 최 선생님은 신학문과 한학을 두루 공부하여 이해하기 쉽고 에로틱한 장면도 여과 없이 가르쳤다. 몇 달 지나지 않아 내가 서울로 장소를 옮겨야 할 일이 생겨 끝까지 지도를 받지 못한 아쉬움이 있다. 이이재에도 많은 명사가 오고 갔지만, 권용현 선생의 모습이 아직 기억에 많이 남아 있다. 그는 매일 이이재로 출근하다시피 했고, 하얀 두루마기를 입고 단정하게 앉아 바둑을 두었는데, 주로 하용문 선생과 말없이 두었다.

옆에서 책을 잘못 읽거나 해석을 잘못하면 눈은 바둑판을 응시하면서 한 수씩 가르쳐 주셨다. 1988년 서울에 있을 때 권 선생님이 작고했다는 소식과 마지막 유림장을 한다는 소식을 여러 언론 보도를 통해 들었다.

직장생활을 하다 2006년 함안으로 귀촌하여 문중 사무실에 갔더니 권용현 선생의 방대한 문집을 보고 놀라지 않을 수 없었다. 유유자적하게 사시면서 언제 그렇게 많은 글을 남겼는지 의아한 생각이 들었다.

외환위기 때 나는 할 일이 없어 정인홍을 주인공으로 역사소설을 썼다. 그때 최영경에 대한 자료도 구해 읽었고, 소설에 등장시켰다. 최영경 선생이 누명을 쓰고 진주 감옥에 갇히자 진주 일대 유림 1,200여 명이 감옥 앞에서 항의 농성하는 장면과 그가 서울로 압송되자 항의하러 서울까지 1,000여 명이 따라가는 장면, 감옥에서 죽어가는 선생 곁에 있던 박사길이라는 선비가 가르침을 청하자, 그의 무릎에 바를 정正자 마지막 획을 못 긋고 절명하는 모습을 소설에 담았다. 정권을 잡기 위해 옥사를 기획한 사람이 어떤 사람인지 세상에 알리고 싶었다.

  진주에서 만난 성계옥 선생, 권용현 선생, 최영경 선생을 가까이 있을 때는 알아보지 못했고, 인연이란 것도 산 자들만의 몫이 아닌 것 같다. 죽은 자와 산 자가 수백 년 시공을 뛰어넘어 이루어지는 경우도 있다.

  현재의 남강초 뒤편을 옛날에는 만죽동이라 불렀으나 지금은 상대동으로 부르고 있으며, 진주에 대한 나의 추억과 기억은 대부분 도강서당을 배경으로 떠오른다.

    ―《남강에 어린 논개의 혼을 담다》, 경남문협 사화집 진주 편(2024. 7.)

07
무진정無盡亭 돌아보기

봉래산, 방장산, 영주산을 상징하는 세 개 섬이 보인다

경남유형문화재 제158호이며 경남무형문화재 제33호 함안낙화놀이를 보유한 현재의 무진정은 화려한 조명을 받으며 전국적인 명소가 되어있다. 이곳을 찾는 방문객의 대부분은 지금 보이는 무진정이 건립 후 500년 가까이 그 자리를 지켜 온 것으로 알고 있으나, 무진정이 외침에 폐허가 되어 200여 년 동안 건물 자체가 사라지고 없었다고 하면 믿기 어려울 것이다. 무진정에 얽힌 화려함과 고통의 역사를 세세하게 한번 돌아보고자 한다.

무진정을 창건한 조삼 선생은 성종 때 어린 나이인 15세에 진사시에 입격하여 주목을 받았다. 머리 좋은 유생들이 대부분 20대 초에 합격하는데, 파격적인 나이에 진사가 되었으나 곧이어 연산군의 폭정이 시작되자 문과를 포기했다. 큰형님 조순趙舜이 진사, 생원, 문과를 일찍 통과한 후 연산조에 사간원 정언을 하면서, 연산군과 첨예한 갈등으로 집안 분위기가 하루하루 위태위태한 살얼음판이라 조삼은 문과를 단념하고 학문에만 힘썼다.

연산군이 쫓겨나고 중종이 들어서자 조삼은 바로 성균관에 들어가 공부하였다. 이때까지 조정에서는 아무런 혐의가 없었던 남이南怡(1443~1468) 장군을 모함하여 죽이고, 거기에 모자라 연산군 때는 무오·갑자사화를 기획하여 많은 선비를 도륙낸 류자광柳子(1439~1512)이 계속 승승장구하는 것을 보고, 조삼은 격분하여 성균관 유생 대표로 소두가 되어 유자광을 파직시켜야 한다는 상소를 올렸다. 빗발치는 여론에 밀려 유자광은 결국 파직되어 유배지에서 생을 마쳐야 했다. 그 후 조삼 선생은 쉽게 문과를 통과한 후 30여 년간 주로 지방관을 하면서 치적을 올리고 백성으로부터 청백리로 호칭되며 존경을 받았다.

중종 초에 조삼의 칠 형제가 모두 좋은 관직에 있었고, 그의 아버지 군수 조동호趙銅虎는 퇴직 후 진주의 학자들과 교류하기 위해 진주 뒤벼리 남강 변에 옥봉정사玉峯亭舍를 짓고 살았다. 이 시기 아들들이 문안 인사차 나룻배를 타고 남강을 건너 교대로 오가자, 당시 진주 사람들이 부러워하며 현재 진주 경상대병원이 있는 곳을 칠인평야라 부르다가 훗날 칠암동 동명이 되었으며, 진주 남강 변 뒤벼리에 있던 옥봉

정사는 아직 그대로 유지되고 있다. 조삼은 7형제 중 세 번째라 삼參이라 불렀고, 옥봉정사는 이조참판을 역임한 맏형 조순趙舜이 물려받았다.

중종 초에 정치가 잘되었던 것은 폭군 연산군을 몰아낸 초기라 개혁의 의지가 강해서였던 점이 있었지만, 중종의 왕비 장경왕후章敬王后(1491~1515)의 보이지 않는 내조의 역할도 컸다. 나는 장경왕후를 생각할 때마다 중국 당태종의 왕후였던 문덕왕후를 연상한다. 장경왕후는 윤여필의 딸로 어려서 총명하고 귀여워 이모부 월산대군 집에서 자랐다.

월산대군은 혈통으로는 왕이 되어야 했으나, 정치적 메커니즘에 의해 그의 동생이 왕이 되니 성종이다. 풍류를 즐기며 살던 월산대군의 본처에서 자녀가 없었고, 월산대군은 일찍 죽었다. 월산대군의 부인이 쓸쓸하여 여형제의 딸을 데려다 자신이 낳은 친딸로 생각하며 반듯하게 키웠고, 이 딸이 여러 과정을 거쳐 중종의 왕비 장경왕후가 되었다.

중종의 왕후 장경왕후가 인종을 낳다 죽으니 장경왕후의 성품과 총명함을 아는 사림의 학자들이 매우 애통해했고, 어떻게 하든 장경왕후가 낳은 인종을 지키고자 했다. 당대의 많은 엘리트들이 일시에 희생되는 기묘사화가 1515년 장경왕후가 죽은 지 얼마 되지 않은 1519년에 일어난다. 희생된 기묘 명현들은 대부분이 조광조의 동지들이고 대표적인 제자로는 정황丁熿이 있었다.

장경왕후의 아들인 인종은 총명했으나, 재위 일 년을 못 채우고 승하하자 문정왕후가 장례를 주도하면서, 인종을 왕이 아닌 사대부의 장례에서도 볼 수 없는 갈장渴葬으로 치르고자 하였다. 문정왕후가 너무나 잔인하여 아무도 그의 부당함을 겉으로 드러내지 못하고 속으로만 비분강개했다.

이때 정암 조광조의 제자 정황이 분연히 일어나 장례 절차가 잘못되었음을 단호하게 말하다가 거제도로 유배되었다. 정황이 국사범으로 유배지 거제도에 머물 때 학식과 기개가 높은 남명南冥 조식曺植이 위험인물 정황을 방문하려 하자 주변에서 말렸다. 이런 위험하고 엄중한 시국에 왜 국사범을 만나려고 하는지 묻자, 누구보다 고전을 많이 읽어 예학에 밝았던 조식이 정황에게 예禮를 묻기 위해 간다는 그 말이 많은 선비들의 입에 오르내렸다. 조식의 거제도 방문의 실상은 예를 물으러 가는 것이 아니라, 문정왕후의 처사가 잘못되었음을 규탄하는 일종의 시위였다.

정황은 결국 거제도에서 돌아오지 못하고 유배지에서 죽었다. 정황은 무진정 조삼 선생과 사돈 간이었다. 조삼은 대부분 지방관으로 있어 기묘사화는 피할 수 있었으나, 그의 손녀가 정황의 며느리로 들어가 죽을 고생을 하게 되고 훗날 이를 표창하는 정려각이 서게 된다.

기묘사화 후에 날이 갈수록 중종의 처족인 대윤과 소윤이 편을 지어 알력과 갈등이 첨예화되자, 조삼은 관직에서 용퇴하고 함안으로 내려와 1541년 무진정을 지었고, 4년 후인 1545년 훗날 을사사화라 부르는 사화가 일어나 많은 선비들이 희생되었다는 안타까운 소식을 듣게 된다.

조선시대 정치이념은 유교였고, 유교 사상의 핵심인《주역》의 영향을 받은《주비산경周髀算經》이란 책에 '하늘은 둥글고 땅은 모나다'를 신봉하며 정자 앞 연당을 만들 때 대부분 규모가 작은 사각으로 하였으나, 무진정은 규모가 크고 점진적 발전을 상징하는 초승달 형을 취하였다. 유교 사상이 아닌 도교의 삼신 사상에 따라 연당에 방장산, 봉래산, 영주산을 상징하는 3개의 섬을 설치한 독특함이 있다.

출입문의 이름이 동정문動靜門인데, 이 이름에서도 동動에서 정靜으로 돌아가고자 하는 도가사상인 자연주의를 표현한 향기가 난다. 정문을 통과하면 끝없이 변화하는 자연의 아름다움을 만끽할 수 있는 정자가 나온다. 정자를 세운 주인공이 유학자로서 한 생애를 살면서 인간의 탐욕에서 비롯된 어처구니없는 무오, 갑자, 기묘, 을사사화를 목격하고 정신적 휴양지와 안식처를 찾고자 했음을 엿볼 수 있다.

무진정을 찾는 대부분의 방문객은 마루에 한 번 앉아 보거나 한 바퀴 빙 둘러보는 것으로 관광을 마친다. 건물을 지을 때 주변 경관을 가장 잘 볼 수 있게 고려한 공간은 마루의 우물 정井자 가운데가 핵심이고, 그곳이 신선이 머무는 장소며 신선이 우주를 바라보는 공간이다.

조선시대 누정으로 남원 광한루가 무진정과 유사함이 있다. 광한루 건립은 무진정보다 70여 년 빠른 1419년이고, 연당 가운데에 삼신산을 설치한 것은 무진정이 80년 정도 빠르다. 신선세계를 표현한 남원에 있는 광한루를 신선이 사는 광한전廣寒殿이라 하지 않고 한 단계 낮추어 광한루라 한 것은, 위로는 왕이 거주하는 정전正殿이 있고, 공자를 모신 대성전大成殿, 석가를 모신 대웅전大雄殿이 있어 낮추어 쓴 것으로 보인다. 광한전 하면 제일 먼저 떠오르는 이미지는 허균의 누나 허초희이다.

허초희가 8세 때 쓴 산문으로 하늘나라에서 여러 신선을 초대하기 위해 광한전을 지었으나, 막상 상량문을 지을 인재가 없어 자신이 초대받고 가서 써주고 왔다는 가상세계를 배경으로 한 〈광한전백옥루상량문廣寒殿白玉樓上樑文〉은 중국에까지 알려져 많이 회자되었다. 허초희의 시를 보면 인간이 아닌 속세에 잠시 유배 온 신선이라는 생각이 든다.

허초희 〈규원閨怨〉이란 짧은 시를 하나 감상해보고 넘어가면 좋을 것 같다.

달빛 내리는 누각에 가을은 저물고 옥병풍은 허전하구나.
서리 내리는 갈대 섬, 저녁 무렵에 기러기 내려앉네.
북두비파瑤瑟 보듬고 한 곡조 튕겨보지만 아무도 들어줄 이 없구나.
들판 연당에 연꽃만 시들어가네.
〔月樓秋盡玉屛空 霜打蘆洲下暮鴻 瑤瑟一彈人不見 藕花零落野塘中〕

한마디로 시가 절창이다. 깊어가는 가을밤에 난간에 쓸쓸하게 기대어 북두칠성을 보고 요슬瑤瑟로 표현한 것은 기가 막히는 표현이라 하지 않을 수 없다. 고대 인도 아리안족의 영향을 받은 아랍 천문학에서는 북두칠성을 '관을 끌고 가는 사람들'로 보았고, 국자 손잡이 맨앞의 별 이름은 삶과 죽음을 결정하는 알카에다로 불린다. 어디서 들은 귀에 익은 이름일 것이다. 고대 동아시아에서는 중국의 영향을 받아 북두칠성은 인간의 죽음을 결정하는 별자리로 생각했고, 그래서 살아서 권력을 휘두르고 부귀를 누린 자의 고분군에 이 별자리가 많이 등장한다. 우리나라 옛 장례 때 북두칠성을 상징하는 칠성판을 관 속에 깔고 죽은 자를 그 위에 놓았다. 고대로부터 우리의 무의식에 북두칠성 하면 죽음을 연상시키는 으스스한 별인데, 허초희는 창공에 걸려 있는 멋진 악기로 본 것이다. 그 악기를 내려 멋지게 한 곡 연주하자, 허초희의 가을 창공에는 은은한 천상의 음악이 울려 퍼지고 있는 것이다. 여덟 살 때 깜찍한 발상으로 쓴 〈광한전백옥루상량문〉이나 〈규원〉의 시를 보면 그녀가 잠시 속세에 머물렀지만, 인간이 아닌 신선이라는 생각이 든다.

무진정의 또 다른 자랑거리는 주세붕 선생이 쓴 기문이다. 전국적인 명사인 주세붕 선생의 많은 글 중에 〈무진정 기문〉은 최고의 백미로 통하고 있다. 조삼 선생과 나이 차는 20여 세이고 서로 신뢰하고 존경했음이 글 속에 구구절절 표현되어 있으며, 기문 안에 최고의 존경어 선생이란 단어를 하도 많이 사용하고 있어, 세어보니 12차례 나온다.

현재 무진정에 걸려 있는 오래된 현판의 글씨가 주세붕 선생의 친필로 믿는 사람들이 많은데, 이 점을 살펴보고자 한다. 무진정 조삼의 증손자가 1597년 정유재란 때 왜적들이 떼를 지어 다니며 약탈 방화하고 선조 무덤의 부장품을 꺼내기 위해 파는 것을 보고, 목숨을 걸고 꾸짖으며 항의했다. 당시 왜적들은 기술자나 학자를 강제로 포로로 잡아가는 분위기였는데, 조삼 선생의 증손자를 포로로 잡아가려고 조삼 선생의 무덤에서 500m 정도 끌고 내려왔다. 무진정 아래에서 무진정의 증손자 참봉 조준남趙俊南은 더 이상의 모욕을 당하기 싫다며 자신의 단도로 목을 찔러 자결해 버리자, 왜적들이 놀라 옷으로 시신을 덮어주고 달아났다. 무진정의 고손자는 1627년 정묘호란에 평안도 의주에서 의주 부윤 이완李莞(1579~1627) 장군과 함께 같은 날 순국하는 불행을 당한다.

이완 장군은 정유재란 때 이순신 장군의 마지막 전투인 노량해전에 잠시 나오는 이름이다. 이순신의 큰형 이희신이 일찍 죽자 이순신이 조카 이완을 아들처럼 데리고 다녔고, 전투에도 함께 참전한 것이다.

1598년 음력 11월 18일~19일 한겨울에 국운을 건 정유재란 마지막 전투 노량해전에서 이순신은 왜선 200여 척을 수장시키고, 100여 척은 빼앗고, 나머지 도주하는 배를 관음포 앞바다까지 추격하다 흉탄에 맞아 쓰러지면서, 곁에 있던 이완에게 "완아, 나의 죽음을 알리지 마라." 하자, 이완이 이 말의 뜻을 정확하게 알아듣고 방패로 이순신 장군을 덮었다.

그리고 이순신 장군을 대신하여 북채를 들고 힘차게 북을 치며 독전하여 승리에 일조한다. 그때 이완의 나이 18세였다. 정유재란이 있은 지 30년 후 평안도 의주 부윤이 된 이완은 후금(청)의 침략 정보를 접하고 조정에 조삼의 고손자인 선전관 조계선趙繼善을 군무를 위해 막하로 보내줄 것을 조정에 요청했다.

의주를 포위한 후금 정예의 기마부대는 1만 2천이었고, 후속부대는 따로 있었다. 성을 지키는 조선군 3천여 명이 맹렬히 싸웠으나, 중과부적으로 성이 무너지자 이완 장군은 화약고에 불을 붙인 후 뛰어들어 산화했고, 무진정의 고손자 조계선은 불타는 집에 뛰어들어 산화한다. 그래서 용인시에 있는 이완 장군의 묘와 함안 법수면 두배에 있는 선전관 조계선의 묘에는 시신 대신 평소 입던 옷가지, 머리털, 손

톱 등을 매장하고 초혼제로 조성된 것이다.

임진·정유 왜적의 침입으로 7년 국제전의 아픈 고통을 조선의 민초들이 가장 많이 감내해야 했다. 임진년 다음 해인 계사년에는 장티푸스가(콜레라라는 주장도 있음) 유행하여 수많은 민초들이 병으로 죽거나 굶어 죽어야 했다. 왜적이 민가를 약탈하고 지나가면, 명나라 군사가 또 훑고 지나갔다. 구원병으로 온 명나라 군사의 약탈이 더 심했다. 이 참상을 류승룡은 왜적은 얼레빗이요, 명나라 군사는 참빗이라 표현하기도 했다. 당시를 배경으로 나온 시나 산문을 보면 살아남기 위해 들판에 널려 있는 시신의 인육을 먹은 비참한 흔적들이 여러 곳에 보인다. 또 효자들이 자신의 살점을 부모님에게 단백질로 공급한 흔적을 보고, 일제 강점기 일인 학자들이 조선인은 인육을 먹는 야만인이라 주장하기도 했다.

임진년에서 정묘호란 시기까지 무진정 조삼의 가계를 살펴보면 청송으로 이주한 둘째 아들 집안의 몇 가구가 경북 청송에 계속 살고 있었고, 큰아들 후손은 함안면 괴항마을에 살았다. 정묘호란 시기 어린 애까지 다 모아도 후손은 10명이 채 되지 못했다. 종손 부자父子가 전쟁에서 희생되어 가세가 극도로 기울어 이 시기에 무진정이 황폐되어 사라지게 된다.

이런 안타까운 사정을 난곡蘭谷 이현진李顯震, 초계 선비 임동원林洞遠, 당시 함안을 대표하던 황후간黃後幹 같은 선비 3명이 〈무진정 흥폐기〉란 기록을 남기게 된다. 현재 무진정 자리에서 건물이 사라진 지 200여 년 만인 정조 때 비로소 정자가 세워졌다. 예조판서 이익운李益運이 이때 쓴 '무진정 중수 상량문'을 참고로 하면, 중건이라 하지 않고 중수한 점을 볼 때 건물을 짓고 약간의 시간이 경과 후 수리를 거쳐, 예조판서 이익운의 글을 받은 것으로 보인다. 처음 무진정 건립 후 259년 만에 서기 1800년(정조 24년 5월)에 비로소 현재의 자리에 제대로 된 건물이 다시 건립되었음을 알 수 있다.

〈무진정 흥폐기〉를 참고로 하여 다시 정리하면 처음 무진정이 건립되어 50여 년 내려오다 정유재란을 지나면서 어느 시점에 건물이 사라져 빈터로 내려왔고, 최초 건립 후 259년 만에 그 자리에 새로 세웠으니, 200년 정도 건물 자체가 없었던 것이다. 1800년(정조 24년)경에 건물을 새로 짓고 처음 주세붕 선생이 지은 기문을 다시 쓴 후, 옆에 추신으로 '259년 후에 중간重刊한다'는 글을 새겼다. 옆에 새긴 글씨체가 다르면 주세붕 선생의 글씨로 생각할 여지가 있을 수 있으나, 같은 글씨이기 때문에 주세붕 선생의 글씨로 볼 수 없다.

다른 글씨체라면, 주세붕 선생의 친필 기문을 정자에 걸었다가 정자가 사라질 때 누군가 보관해오다 259년 후 현판을 다시 걸면서 옆에 사연을 간략하게 기록했다는 가정이 성립될 수 있다. 하지만, 같은 글씨체라면 창건 때 주세붕 선생이 259년 후 5월에 이런 일이 일어날 줄 알고 미리 써 두었다는 주장이 되기 때문에 친필이 될 수 없다. 서기 1800년경에 세운 건물이 노후화되자, 다시 1929년 일제 때 중건하고 중건기는 조성락趙性洛이라는 분이 썼다.

조삼 선생이 세운 정자는 무진정 외 2개가 더 있었다. 현재 법수면 주물리 용주사 옆에 풍탄정이 있었고, 현재의 의령군 화정면 화양리에 십완정이 있었다. 조삼 선생 작고 후 정유재란을 거치면서 마을에 있던 무진정도 복원 못 하는 처지가 되자 먼 거리에 있는 풍탄정楓灘

亭과 십완정十翫亭에 신경 쓸 여력이 없었다. 그 후 십완정은 의령 출신으로 판서를 지낸 정사룡 집안에서 관리했다고 전하며 지금은 강변에 표지석만 남아 있고,《의령군지》에는 정사룡의 유적으로 기록되어 있다. 서기 1700년대 후반기 이재李栽와 김성탁金聖鐸의 문인으로 함안의 저명한 학자 황후간黃後幹(1700~1773)이 쓴 조삼 선생의 묘표략墓表略에는 조삼 선생이 생전에 풍탄정과 십완정에 거처했다고 명확하게 밝히고 있다. 풍탄정 터는 후손들이 관리하고 있고 표지석도 서 있다.

정자 좌측 아래에 있는 효자담孝子潭이란 안내 표지판이 있는데, 무진정의 후손 조경송趙景松(1678~1747)과 암행어사 박문수에 관한 이야기다. 이 이야기는 기호남인으로 조선 후기 실학자 성재性齋 허전許傳의 대표적인 문인인 조병규의 《일산문집一山文集》〈효자담비〉에 상세하게 기록되어 있으며, 내용을 요약하면 다음과 같다.

조경송이 열 살에 어머니를 잃은 후 얼마 되지 않아 아버지마저 중풍으로 거동이 불편하여 멀리 외출을 하지 못했고, 날씨가 아무리 추워도 냇가에 나가 물고기를 잡아 아버지를 봉양했다. 외아들이 젊은 나이에 요절하자 아버지가 상심할까 슬픈 표정을 보이지 않았다. 혹독하게 추운 어느 겨울날 이수지二樹池(국토부에서 도로를 내면서 도로 아래로 들어감)에서 얼음을 깨고 물고기를 잡으면서 혼자 슬피 울고 있었다. 암행어사 박문수(1691~1756)가 지나가다 우는 사유를 묻자, 조공이 말했다. '길 가는 행인이 알 바가 아니요.' 하자 박공이 더 이상 묻지를 못하고 지나가는 사람들에게 물으니 모두가 조효자의 효행과 슬픈 사연을 말했다. 어사 박 공이 듣고 '하늘이 낸 효자'라며 탄

복을 한 후 함안을 다 돌아보고 떠나면서 문서로 함안군수에게 쌀과 어육을 내리게 했다. 훗날 박 공이 영남균제사로 부임되어 다시 어물을 내렸으나, 조공이 작고한 후였다.

돌로 된 표지석은 조경송이 물고기를 잡던 냇가 이수지二樹池 옆에 처음 세웠으나, 무진정 쌍절각 옆으로 옮겼다가 다시 경내 정비사업을 하면서 현재의 자리로 옮겼다. 안내판의 내용에 대한 원고는 필자가 요약해 주었다.

도로변 아래 물가에 있던 이수지는 큰 홍수 때마다 물길이 이곳을 깊이 파고 지나가 필자가 중학교 다닐 때도, 소의 지름이 20m가 넘었고 제법 깊었다. 이수정二樹亭은 한자 이름에서 알 수 있듯 처음부터 건물이 있었던 것이 아니고, 두 그루 큰 나무 아래 돌을 쌓아 만든 야외 정자였다. 필자가 기억하는 1970년대까지 이수지 옆에 돌이 산재해 있었고, 그 뒤쪽으로 논에 물을 대던 물길인 이수제방이 있었다. 지금도 도로 밑으로 농수로인 이수제가 있는 것으로 안다.

무진정과 이수정이 다른 것은 여러 문헌에 나오지만, 가장 손쉽게 확인할 수 있는 문헌은 2003년 함안문화원에서 번역 간행한 오횡묵의 《경상도함안군총쇄록》상上 48~49쪽에 군수 오횡묵이 1889년 음력 4월 21일 군수 부임하는 경로를 기록한 것에 무진정과 이수정을 다르게 구분하고 있다. 다만 군수 오횡묵은 나무가 많은 곳에 있다 하여 나무 수樹 대신 덤불 수藪로 바꾸어 기록했다.

1911년 일제 강점기 조선총독부가 조선 침탈을 위해 지명을 아주 세밀하게 조사한 《조선지지자료朝鮮地誌資料》〈함안군 산내면〉편을 보면 명확하게 구분해 놓고 있다. 1970년대까지 이수정이 있던 주위에 대장간, 주막 등 대여섯 가구가 있었고, 현재 무진정 주차장이 있는 곳에도 대여섯 가구 살았는데, 모두 괴항마을에 포함된 자연마을이며 괴항마을 사람들도 이 일대를 통칭하여 이수정으로 부르고 있다.

일제 강점기에는 일제가 무진정을 철도공사를 통해 파괴하고자 했다. 괴항마을 앞에 함안역을 짓고 철로는 무진정 뒤편을 통과해 조남산 아래를 거쳐 군북으로 가게 설계가 되어 있었으나, 후손들이 이를 필사적으로 막아 위기를 넘겼다. 이때 함안면이 역세권으로 발전할 기회를 놓쳤다며 오랫동안 원망하는 사람들이 많이 있었다.

보수의 고장 안동에 가면 임하댐 아래 안동 사람들의 자존심인 고성 이씨 임청각이 있다. 상해 임시정부 초대 국무령을 지낸 석주 이상룡이 종손으로 태어나 자란 집이다. 일제가 임청각 99칸 집을 철도공사를 통해 절반 정도를 파괴했다. 자기들에게 협력하지 않으면 어떻게 된다는 것을 시범적으로 보여 준 것이다. 이상룡 선생은 광복을 못 보고 작고했으나, 광복 후 건국훈장 애국장을 받았고, 안동시에서는 임청각 앞으로 난 도로를 석주로로 명명해 주었다.

고성 이씨 탑동파(임청각)는 대대로 학식, 재물, 인물, 명예를 두루 갖추고 있어 아무리 안동 토박이라도 이 집안과 혼인관계나 사승관계가 없으면 안동에서 양반이나 지식인으로 인정받기 어려웠다고 한다. 이곳에 처음 자리 잡은 고성 이씨는 세종 때 좌의정을 지낸 이원李原의 여섯 번째 아들 이증李增이었고, 건물을 지은 사람은 이증의 세 번째 아들 이명李洺이었다.

무진정 조삼 선생의 외할아버지가 안동 임청각에 자리 잡은 이증李

增이고, 임청각 건물을 지은 이명李洺은 조삼 선생의 어머니 바로 아래 남동생이니 외숙부가 된다. 이증이 안동에 처음 자리 잡은 인연은 세조를 탐탁하게 생각하지 않아 생계로 지방의 작은 벼슬을 하면서부터였다. 생육신의 한 사람인 어계 조려와 마음이 통하는 동지로서 쉽게 사돈을 맺을 수 있었다. 이런 인연으로 영산현감 이증李增의 딸이 어계漁溪 조려趙旅의 큰며느리가 되었고, 무진정 조삼의 어머니가 되었다.

2005년경 무진정 앞으로 왕복 4차선 도로를 건설할 때, 설계 대로 하면 도로가 연못에 거의 붙게 되어 사람이 겨우 걸어 다닐 수 있었으나, 후손들이 1년 넘게 설득하고 싸워 현재의 1차선 도로를 확보할 수 있었다. 문화재 하나 지키기가 얼마나 힘든지를 엿볼 수 있다. 공사가 1년 넘게 지연되어 많은 국가 예산이 낭비된 것으로 안다. 문화재에 대한 개념이 없는 사람이 설계하여 예산 낭비와 문화재를 지키려는 사람들에는 큰 고통을 주었다. 그때 확보된 차 한 대가 다닐 수 있는 길은 현재 행사 때마다 중요한 효자 역할을 하고 있다. 만약 이 길이 없다면 현재 낙화놀이는 거의 불가능할 것이다.

그 후 2012년 함안면에서 괴항마을 앞으로 내려오는 마을 앞 우회도로를 직선으로 하여 정자 바로 뒤로 관통시킨 후, 조남산 아래로 바짝 붙여 길을 내고자 공청회를 열자 또 한차례 수난을 당하게 된다. 이때 필자가 객지에서 함안으로 귀향했을 때라 두 가지 이유를 들어 함안면장 앞으로 탄원서를 제출했다. 한국전쟁으로 고려 조선시대 함안의 도읍지에 내려오던 동헌, 태평루, 향교 등 주요 문화재가 모두 불타고 한韓 참봉 아래채만 남았다는 말이 있을 정도로 남은 문화재가 없는데, 무진정마저 볼품사납게 만들어서야 되겠냐고 설득했다.

한국전쟁 때 인민군이 숨어 있는 천년 고찰 합천 해인사와 팔만대장경을 폭파하라는 명령을 받고 명령대로 하지 않은 김영환 공군 대령의 예를 탄원서에 넣었다. 김영환 대령이 명령 불복종으로 죽을 고비를 넘기면서까지 합천 해인사를 살린 이야기, 차일혁 경무관이 인민군이 기거하고 있던 구례 화엄사를 소각하라는 명령을 따르지 않고 살린 이야기를 하며, 설득하고 협조를 구했다. 만약 계획대로 마을 한가운데로 넓은 직선도로가 지나가면, 이 길로 인해 몇 사람은 반드시 죽고 크게 다치는 사람이 나올 것이니, 이는 살인을 방조하는 것과 같다는 말과 함께 탄원서를 제출했다.

탄원서 제출 이후 이 길에 대해 다시 언급되지 않은 것으로 봐서, 당시 함안면장이 큰 힘을 쓴 것으로 추측한다. 경제성장과 함께 문화재에 대한 인식이 많이 바뀌어 가고 있지만, 문화재에 대한 애정과 관심을 가질 때 그 가치를 볼 수 있고 지킬 수 있다고 생각한다.

—《함안뉴스》(2025년 8~9월 연재)

08
장량이 잠든 장가계

황석공과 장량의 전설을 간직한 황석채

9월 5일 김해공항에서 9시 50분발 중국 장사長沙행 아시아나 비행기를 탔다. 비행기에는 180명 가까이 탔고, 우리 일행은 부부끼리 온 사람 6명, 모녀끼리 온 4명, 여자 친구들 모임에서 온 6명, 나와 내 친구 합해서 모두 18명이었다.

장가계, 내가 얼마나 가고 싶어 했던가. 세계 여러 곳을 둘러보고 눈이 높아져 있던 친구들도 장가계는 가볼 만한 곳이라 추천이 있어 마음이 더 설레고 있었다.

장가계를 수천 리 밖에서 그리워했던 것은 무엇보다 장량張良(?~B.C. 189년)이라는 인물이 결정적인 역할을 했다. 중국은 땅이 넓고 역사가 길어 독특한 철학이나 사상을 제시한 개성이 넘치는 사람들이 많았고, 역사와 인민의 현실에 큰 영향력을 끼친 매력이 넘치는 책사들도 많았다.

책사 중에 내가 좋아했던 인물로는 범려范蠡(중국 춘추전국시대 월의 정치가), 장량, 노중련魯仲連(전국시대 제나라 사람), 엄자릉嚴子陵(한나라 광무제 때 사람), 주은래周恩來(1949~1976)를 꼽을 수 있다. 한漢 고조 유방을 도와 중국을 통일하는데 큰 공을 세웠던 장량이 노년에 부귀영화를 헌신짝처럼 버리고 천문산 아래로 들어가 여생을 마치자, 금평계곡에 묻혔다는 기록을 보고 더 관심이 갔다.

유난히 무더웠던 팔월 한 달 동안 경남대 산업협동관에서 일주일에 12시간씩 문화체육부에서 실시한 위탁 교육을 8월 27일까지 받은 후, 인터넷을 검색하자 3박 5일 김해공항에서 출발하는 착한 상품이 보여 초등학교 동창 한 명과 계약을 하고 비행기에 올랐다.

인구 580만 명 정도 된다는 호남성 장사 공항까지 약 세 시간이 소요되어 밤 12시경에(시차 1시간) 도착했고, 짐을 찾아 밖으로 나오자 '모두 투어' 소속 가이드가 기다리고 있었다. 가이드는 조선족으로 부모는 중국 청도에 살고 있다는 26세 허봉이라는 청년이었다. 그는 우리말을 정확하게 구사했으나 북한 억양이 남아 있어 더 매력이 있었다.

공항에서 20분 정도 떨어져 있는 화동 대주점까지 31인승 버스로 가면서, 허봉 가이드는 이번 여행이 끝날 때까지 주요 이동은 이 차로 움직일 것이며, 버스 기사는 장가계 근처에 사는 중국 소수민족 토가족 출신으로 성은 유씨라 소개했다. 토가족은 4천 500년 정도의 역사와 별도의 문자를 가진 민족으로 원래는 산적질을 하며 살았는데, 장량이 장가계에 들어가 농사짓는 법과 문화를 전수하자 풍습이 바뀌었다고 한다. 중국에서는 호텔을 대주점으로 표현하고 있어 모두 의아해했다. 우리에게 주점이나 주막 하면 옛날 허름한 초가삼간이 떠오르는데, 20층 정도 되어 보이는 호텔을 주점이라 하니 웃음이 나왔다. 화동 대주점은 건물은 높고 컸지만, 속은 허름했다.

9월 6일 아침 6시에 기상하여 화동 대주점 뷔페에서 아침을 먹었다. 중국 음식이 느끼하여 먹기 힘들다는 말을 듣고 배낭 속에 고추장, 겨자, 김을 비상용으로 준비해 갔으나, 한국에서 먹는 음식과 구별 못 할 정도로 맛이 입에 맞았다. 그 후 고추장 겨자 김 등 꺼낼 필요가 없었고 짐만 되었다. 7시 20분 출발할 때 보슬비 비슷한 게 내리더니 한 시간 정도 달리자 햇볕이 쨍쨍 났다. 가이드가 날씨를 검색해 보고 오늘은 비가 없을 것 같다고 했다. 일 년에 200일 이상 비가 오는 지역이라 한다. 나보다 먼저 이곳에 왔다 간 두 팀의 친구들이 비가 와서 제대로 구경 못 했다는 말을 듣고, 출발할 때부터 마음속으로 공들여 가는 여행이니 맑은 날이 계속되길 기도했는데, 기도발이 통한 것 같다는 생각이 들었다.

　장사시가 소속된 호남성은 동정호 남쪽에 위치해서 호남이라는 이름을 가지게 되었다는 말과, 모택동의 고향이 이곳이라는 가이드의 설명이 있었다. 가이드의 사회로 버스 안에서 장가계 여러 코스 중에 어디로 갈 것인지 토론에 들어갔다. 인터넷에 소개된 고정된 코스만 가는 줄 알았는데, 점점 재미있다는 생각이 들었다. 아줌마 부대, 부부 부대, 모녀 부대, 내가 속한 소수층이 한 시간 정도 소모임과 토론을 일사분란하게 거친 후 코스가 확정되자 가이드에게 제출했다. 한국 민주주의의 성장을 이제 이런 작은 곳에서 느낄 수 있었다.

　일행 중에서 자기주장이 강한 사람이 있었지만, 안案이 확정되자 모두들 깨끗하게 승복했다. 나도 개인적인 생각으로는 장량의 무덤이 있는 금편 계곡을 꼭 가보고 싶었지만, 다수의 주장을 따르지 않을 수 없었다. 저녁 식사 후 앞으로 일정도 미리 파악했다. 구경 후 저녁에 발 마사지, 전신 마사지, 서커스 구경은 자율로 하기로 했는데 나와 친구 그리고 봉화에서 온 손수락 형 부부는 안 하는 것으로 통보했다.

　가이드가 오늘은 날씨가 보기 드물게 좋을 것 같으니, 먼저 천문산으로 가는 게 어떻겠느냐고 묻자, 일행은 모두 환영의 박수를 보냈다. 천문산 아래로 이동한 후, 식당 이름을 독도라 붙인 한식점에서 점심을 먹고, 케이블카로 1,528m 천문산에 올랐다. 케이블카로 산을 오르는데 어찌나 덜커덩거리는지 마치 비포장도로를 트럭으로 달리는 듯했으나, 공중에서 상하좌우로 보이는 경치는 천하 절경이었다. 평소

나도 간이 좀 크다고 자부해 왔는데, 덜커덩거리는 케이블카 안에서 투명으로 된 바닥 아래를 보니 오금이 저렸고, 천하 절경을 놓치지 않고 눈에 담기 위해 부지런하게 고개를 좌우로 돌리면서 감탄사를 연발하지 않을 수 없었다.

 산 전체가 거대한 암석 덩어리로 이루어져 압도하는 무게가 있었고, 산에서 뿜어내는 맑은 정기는 어디에서도 느껴보지 못할 강렬함이 있었다. 케이블카에서 내려서 사진으로 많이 보았던 귀곡 잔도로 갔다. 절벽 위에 아슬아슬하게 낸 길에서 아래를 내려다보니 아래가 까마득했다. 일행 중에 남편과 함께 온 중년의 부인이 고소공포증이 있어 난간 반대편 벽에 붙어 눈을 감고 거의 기어가다시피 했고, 바닥이 유리로 된 잔도에서는 결국 그녀는 포기했다. 나중에 알고 보니 그 부인과 함께 온 남편은 창원 두산중공업에 다니는 친구의 친구였는데, 인상이 선하게 생겼고 성격이 연하고 이해력이 좋아 돌아올 때까지 다른 사람보다 많은 이야기를 나누었다. 하늘로 통한다는 천문까지 가기 위해 수백 미터 거리를 다시 에스컬레이터와 백룡열차로 이동했다.

 기묘하게 생긴 돌산 정상에 큰 구멍이 나 있었고, 하늘로 통한다는 뜻으로 천문산이라 부르고 있었다. 1999년 장가계에서 세계특기비행 경기 대회가 열렸는데, 이 구멍으로 비행기를 몰고 통과하는 대회였다고 한다. 굴의 세로 길이가 100m가 넘고, 가로로 50m가 넘는다고 했다. 이때 러시아 공군에서 네 대로 이루어진 한 개 편대가 통과해 화제가 되었다고 한다. 천문산을 내려올 때는 999개 계단으로 알려져 있는 계단을 걸어서 내려왔는데, 가이드 말에 의하면 이름은 999계단이지만 실제 계단 수는 약 720여 개 된다고 했다.

　급경사 계단과 가파른 높이로 난간을 잡지 않고 내려오다 굴러 넘어지면 바로 저승길이 되겠다는 생각이 들었다. 친구와 조심스럽게 내려오다 중간에 쉬어가는 곳에서 몇 차례 쉬면서 내려왔다. 계단은 아마 산 정상에서 1/3 정도까지 있는 것 같았고, 나머지 길은 봉고 버스로 내려왔다. 기사들이 운전에 숙달되었다고는 하지만, 낡은 차로 어찌나 험하게 모는지 뒷좌석에서 천천히 가자는 말이 저절로 튀어 나왔다.

　여행을 같이 온 친구는 삼성전자에 근무하다 퇴직 후 EM을 생산 판매를 하다 시간을 내어 함께 왔다. 창원에서 함안을 왔다 갔다 하며 농사를 짓고 있는데 술을 어찌나 좋아하는지 친구들에게 초병으로 통하고 있었다. 이 친구가 술을 잘 참더니 밤이 되자 한 잔을 하잔다. 몸이 피곤하여 한잔하면 잠이 잘 오겠다는 생각이 들어 주점에서 운영하는 가게에 들렀다. 냉장고를 열어보자 알콜 농도 38% 사이다병 크기의 술병이 보여 그것과 함께 간단한 안주를 사서 나오자, 옆에서 보고 있던 친구가 따라나오다. 잠시 생각하더니 한 병으로 모자랄 것 같다면서 돌아가서 자기가 한 병을 더 사서 왔다. 방에서 술도 잘 참고 강행군한 친구를 칭찬하며 술을 컵에 따르자, 이상하게 거품이 뽀그르 올라왔다.

　내가 "도수 높은 술이 왜 이렇지" 하자, 친구가 술잔을 들어 맛을 보더니, "이건 술이 아니라 음료수"라 한다. 병에 남은 술을 내 잔에 따른 후 맛을 보자 정말 술이 아닌 것 같았다. 분명 알콜 도수 38%였는데, 술병을 들어 자세히 보니 숫자 사이에 희미한 점이 하나 있는

3.8% 맥주였다. 둘은 박장대소하고 음료수로 여기고 한 병씩 마신 후 몸도 피곤하여 그냥 잠을 청했다.

 9월 7일 아침 7시 20분 하루 더 묵기로 한 개천국제주점에 무거운 짐은 두고 케이블카로 황석채에 올랐다. 장량의 스승 황석공이 살았던 곳이라 전해지기도 하여 기대가 컸다. 황석채를 가 보지 않고 장가계 구경을 했다는 말을 하지 말라는 말이 있다.

 지금은 천하 절경으로 알려져 있는 장가계가 수억 년 전에는 바닷속이었다 한다. 입체로 된 중국 지도를 보기 전에는 이 말이 이해가 잘 가지 않았다. 산악이 표시된 입체화된 지도를 보면 황해와 접해 있는 제남·청도 일대는 높은 산이 없는 허허벌판으로 이루어져 있는데, 먼 옛날에 바닷속이었음과 천문산 일대도 바닷속이었다는 말에 실감이 간다. 황석채는 산의 정상을 칼로 조각하고 다듬어 놓은 것처럼 높이가 고르게 이루어져 있고, 구석구석이 구경할 만한 곳이라 인산인해를 이루고 여기저기서 절경에 탄성이 쏟아지고 있었다.

 길은 혼잡한 시장바닥 같았으며 구경꾼 80% 이상이 한국 사람들로 보였다. 뒤에 따라오는 사람들이 경상도 방언을 사용해 물어보니 울산서 왔다 하고, 조금 전 먼저 앞서간 사람들에게 물어봤을 때는 대구서 왔다고들 했다. 황석채는 집을 팔아서 구경 왔더라도 후회하지 않을 곳이라는 생각이 들었다. 가이드 말에 의하면 작년에 한국인 23만 명이 왔다 갔으며 매년 관광객이 늘어나고 있다고 했다. 우리가 순수하게 한 사람당 입장료로 내었던 게 20만 원 정도라 하기에 작년에 우리나라 사람이 장가계에 입장료로 뿌린 돈이 460억 원 정도 된다고 하니까, 우리 일행 중 경북 봉화에서 온 올해 69세인 손수락 형이 이런 천하 절경을 구경하고, 생활에 활력소가 된다면 그런 돈은 조금도 안 아깝다고 한다. 그는 중국 여러 곳, 남미, 세계 여러 곳을 구경하고 온 여행광이었다. 내 말에 국고 손실이라는 뜻은 없었는데, 그런 뉘앙스가 묻어 있었던 것 같아 나는 즉시 "중국인들도 제주도에 와서 돈을 많이 뿌리고 간다."라고 하자 옆에 듣고 있던 사람들이 수긍했다.

창원에서 온 키가 아담하고 야무지게 생긴 아주머니가 친정이 함안이라 해서 몇 마디 물었는데, 알고 보니 젊은 나이에 결혼하고 일 년도 되지 않은 시간에 유복자 하나를 남기고 요절한 절친한 친구의 외사촌 동생이었다. 그 친구가 세상을 떠난 지 30년이 넘어 한동안 잊고 있었는데, 이렇게 화창한 날씨에 만리타국 황석채 정상에서 그 친구를 다시 생각하니 가슴에 눈물이 흘렀다. 젊은 날 그 친구와 여러 곳을 많이 다녔고, 살아 있었다면 틀림없이 같이 왔을 것이다는 생각을 했다.

빨리 우울한 기분을 털고 상소를 옮겼다. 전망이 좋은 곳은 발 디딜 틈이 없었지만, 비집고 들어가 부지런하게 구경도 하고 사진을 찍었다. 올망졸망 작은 규모는 각도를 잘 잡아 사진을 찍으면 실물보다 더 좋아 보일 때가 있지만, 이렇게 온 시야가 천하 절경일 때는 일부분밖에 못 담기 때문에, 사진이 본래의 이미지를 망치고 만다. 사진을 찍기는 찍지만 만 분의 일도 담지 못하여 안타까움이 컸다.

천하 제일교와 미혼대를 눈으로 양껏 보고, 마지막으로 약속 장소에 도착하여 잠시 숨을 돌리는데, 친구가 함안에서 온 사람들이 있다 하여 돌아서서 물어보니 가야읍 당산리에서 왔다는 10여 명의 사람들이 있었다. 만리 밖에서 고향 까마귀를 만나자 무척 반가웠으나, 가는 코스가 달라 구경 잘하고 가시라는 인사말만 했다. 백룡 엘리베이터를 타고 내려온 후 십리화랑은 차로 이동하면서 구경했다. 일행 대부분 지쳐 있었고, 어둠이 내리는 시간이라 졸고 있는 사람이 더 많았다.

　저녁은 여행사가 준비한 삼겹살 만찬이 기다리고 있었다. 가이드 허봉 청년의 고향이 중국 청도라 했는데, 2011년 함안문화원에서 태산과 제남을 여행하면서 독일인이 세웠다는 청도 맥주공장을 방문한 적이 있었다. 맥주병을 자세히 보니까 그곳에서 만든 맥주였다. 맥주를 몇 잔 마시고 맥주병 크기에 담긴 46도 중국 술 한 병을 친구와 비우자 술을 제대로 한잔 했다는 생각이 들었다. 이웃하여 다른 테이블에 앉은 일행에게도 술을 권하기도 하고, 몇 잔 받아 마셔 좋은 기분으로 숙소로 돌아왔다.

　9월 8일 개천국제주점에서 뷔페로 아침을 해결하고 8시에 짐을 챙겨 황룡동굴로 갔다. 이틀 동안 다니면서 본 시냇물이 모두 횟가루를 뿌려 놓은 것처럼 뿌연 색이었는데, 오늘 보는 물은 제법 맑아 보였다. 차를 타고 가면서 보이는 냇가에 많은 사람이 나와 빨래를 하고 있었다. 마치 우리나라 구한말 때 서양인들이 찍어 놓은 사진을 보는 듯하다. 가이드 말에 의하면 빨래는 토가족들의 부업이란다. 전기와 세탁기 시설이 좋지 않아 아직 그런대로 일거리가 있다고 했다.

　동굴 입구는 좁고 안의 길이는 약 2.8km이고 4층으로 이루어져 있으며, 높이가 높은 곳은 100m 정도 된다고 했다. 안에서는 배로 이동을 할 정도 수량이 많은 물이 흐르고 있었고, 옥처럼 귀하게 생긴 종유석도 있어 완전히 신천지를 보는 듯했다.

　처음 들어와 발견한 사람은 큰 규모와 경이로운 모습에 얼마나 놀랐을까 하는 생각이 들었다. 배에서 내려 동굴을 둘러보는 길목에 천장에서 떨어지는 물에 의해 100년에 1cm씩 자라난다는 종유석이 있어 눈길을 끌었다. 바닥에서 자란 높이가 이미 2m 정도 되니까 2만년 정도 진행된 셈이고, 천장에 붙은 종유석과 10cm 정도 남았으니까 앞으로 천년 정도 더 진행되면 천장과 붙겠다는 생각이 들었다. 15m 정도 되는 탑을 세워 놓은 것 같은 종유석들이 많았고, 작지만 모양이 아담하고 예쁜 종유석들이 즐비했다. 여행객들이 못 들어가게 막아 놓은 곳을 자세히 보니 햇빛이 전연 들어오지 않는데도, 1cm 정도 되는 작은 식물들이 살고 있었다.

 동굴에서 나와 전용버스로 말레이시아 사업가가 개발했다는 보봉호로 장소를 옮겼다. 주변 경관은 좋았지만, 영화나 우리나라 유명한 호수를 많이 돌아보아 그렇게 감흥을 받지는 못했다. 노래하기를 좋아하는 우리나라 사람들이 배에서 노래를 많이 부르는지, 가이드가 〈내 나이가 어때서〉 〈여행을 떠나요〉 〈안동역에서〉 등 여러 곡을 말하면서 너무 흔한 노래는 안 부르면 좋겠다고 미리 귀띔을 해 주었다. 선착장에 도착하자 먼저 구경을 하고 배로 들어오는 한국인 남자 한 사람이 뱃머리에 서서 탁한 목소리로 신나게 독창을 하면서 들어오고 있었다.

 우리가 배를 타고 나가다 손뼉을 치자 배에서 대기하고 있던 토가족 여인이 나와 노래 몇 소절을 하고 들어갔다. 우리가 탄 배는 올해 18세라는 중국인 도우미가 먼저 짧은 노래 한 곡을 했고, 함께 탄 다른 팀의 50대로 보이는 한국인 남자 한 사람이 마이크를 넘겨받아 희미하게 노래 한 곡을 했다. 우리 일행 중에 마이크를 건네 잡은 창원에서 왔다는 50대 아주머니가 뱃머리에서 음악에서 맞추어 싸이의 〈강남 스타일〉 춤으로 받았다.

보봉호에서 내려 줌마들의 진주 쇼핑이 있어 따라갔는데, 여행을 떠나기 전에 블로그에 올라온 글들이 대부분 부정적인 내용이 많아 마음에 색안경을 끼고 들어갔다. 직원들의 표정이 굳어 있고 생기와 의욕이 보이지 않았다. 조금 앉아 있다가 버스로 돌아왔는데, 몇 사람은 제법 물품을 구입하고 왔다.

장가계 대협곡으로 가는 길목에서 한국인이 경영하는 것으로 보이는 한정식 집에서 점심을 먹고, 라텍스 판매장에 둘러 아주머니들이 이불 배개 같은 것을 구입하여 짐이 많이 불어났다.

전용 버스로 산길을 돌고 돌아 대협곡 주차장에 도착했다. 바위와 바위 사이가 마치 도끼로 내려쳐 인공적으로 만든 것 같은 좁은 협곡이 600~700m 정도 되어 보였다. 반 정도는 가파르게 깎인 바위 사이에 만들어 놓은 계단을 걸어서 내려갔고, 남은 반 정도는 어릴 때 경사지에서 비료 포대로 눈썰매를 타듯 엉덩이에 두꺼운 천을 대고 위에서 미끄럼을 타면서 내려갔는데, 모두들 동심으로 돌아간 듯 좋아했다. 산 높이는 그렇게 높지 않았으나 산과 산 사이의 협곡 길이는 한 시간 정도 걸어야 할 거리고, 돌산이라 대협곡이라는 이름을 붙일 만했다. 협곡 입구를 막아 호수를 만들어 놓은 마지막 부분은 배로 이동했다.

장가계에서 공항까지 4시간 정도 걸리는 거리라 시간 여유가 조금 있었으나, 여행 일정을 모두 소화한 상태였고, 시간은 이미 오후 6시가 넘어가고 있었다. 길목에 중간중간 휴식도 할 겸 몇 군데 농산물 시장과 기념품 판매점을 둘러보기도 하면서 공항을 향해 출발했다. 8시경에 금륭산장金隆山莊에서 푸짐한 저녁 식사를 한 후 장사공항에 밤 10시 넘어 도착하여 탑승 수속을 밟았다.

깨끗한 피부에 차분하게 생긴 허봉이라 불리는 가이드는 직업의식이 투철했다. 3박 4일 동안 조금도 흐트러지는 모습 없이 침착하게 하나하나 설명하고, 시간에 맞추어 일을 진행해 모두가 마음속으로 인정하고 좋아했다. 마지막까지 일행 18명의 여권과 표를 챙기고 화물을 하나하나 확인하고 붙이고, 우리가 완전히 사라질 때까지 지켜보고 있었다. 줌마 부대에서 누군가 '고마 담아 싣고 갈까' 하고 농담을 해 웃음이 터졌다. 우리 일행은 여러 번 돌아보며 가이드를 향해 작별의 손을 흔들었다.

비행기를 탈 때까지 한 시간 정도 여유가 있어 면세점을 돌아보며 좋은 기념품이 있는지, 산 물건을 제값 주고 샀는지 비교를 하며 시간을 보내는데, 한 사람이 우리 일행에게 뛰어와 손뼉을 치며 속았다는 말을 연발했다.

여행 이튿날 막간을 이용해 찻집에 쇼핑하러 가서 10만 원을 주고 보이차를 산 사람이 있었는데, 여기 면세점에서는 똑같은 물건을 5만 원에 팔고 있다고 했다. 라텍스 이불·베개 심지어 농산물까지 모든 것이 턱도 없이 면세점이 싸다는 것을 알고는 모두 탄식을 했다.

중국에서는 같은 물건이라도 값이 앞집 다르고, 옆집 다르고, 뒷집 다르다는 소문을 들었지만, 이렇게까지 될 줄은 몰랐다. 비싼 교육비를 들이고 난 후에 늦게 깨달았다. 새벽 2시 50분 출발하는 아시아나 항공기를 타고 김해국제공항에 내리자 동이 트는 새벽 6시였다. 3~4년 후 다시 장가계를 한 번 더 가야겠다는 생각을 하며 공항을 빠져나왔다.

—《함안문학》 26호(2015. 8.)

09
중국 장강 유역

파왕채 아래로 흐르는 장강

세월이 '유수와 같다', '날아가는 화살과 같다'란 말이 실감이 간다. 몇 년 전에 초등학교를 다닌 것 같은데 벌써 60줄을 넘었고, 공무원으로 근무한 친구들도 호적이 정상적으로 된 친구들은 모두 퇴직을 했다. 초등학교 동창계 모임에서 친구들이 부부 동반으로 중국 여행을 한 번 하자는 말이 나왔고, 결행에 동참한 친구는 7명이었다. 나와 다른 한 친구는 남자만 참가했고, 계모임 때 없었던 세 명의 친구는 부인만 합류하여 총 15명이 여행을 하게 되었다.

처음 여행을 계획하면서 여러 곳이 후보지로 올라왔으나, 우리나라에서는 양자강으로 많이 알려져 있는 장강長江 쪽으로 최종 결정을 했다. 《삼국지 연의》에 나오는 3대 대전 중 두 번이 장강을 끼고 일어났고, 중국의 많은 문인들이 장강을 배경으로 문학작품을 남겨 꼭 한 번 가 보고 싶은 곳이었다. 초등학교 저학년 때 한글을 깨우치고 제일 먼저 읽은 책이 박종화 선생의 《삼국지 연의》였고, 대학 때 한문 원서로 제일 먼저 읽은 책도 《삼국지 연의》라 이 책은 나에게 각별하다. 《삼국지 연의》에 나오는 지명과 현재의 지명이 달라 그것을 알아내는 묘미도 쏠쏠함이 있다. 4월에 장소가 확정되자 마음은 국민학교 때 소풍을 기다리는 마음처럼 들떠 갔다.

5월 15일 아침 함읍농협조합 앞에서 8시에 15명 전원 집결하여 대형버스로 출발했다. 지난해 장가계 여행 때는 친구가 마산역까지 태워주었고, 거기서 다시 리무진으로 김해공항까지 가야 하는 번거로움이 있었으나, 이번에는 대형버스가 집 근처까지 오게 되어 편하게 움직일 수 있었다.

김해공항에서 중국 의창까지 2시간 조금 더 걸리는 시간이라 피로감도 없었고, 비행기에서 내리자마자 바로 중국 10대 폭포 중 규모가 가장 크다는 삼협폭포로 이동을 했다. 우리가 도착하기 전날 장강 근처에 많은 비가 내려 높이 102m와 폭 130m에서 떨어지는 거대한 물줄기가 장관을 이루고 있었다. 출발하기 전에 인터넷에 올라와 있는 사진들과는 비교가 안 될 정도 거대했다. 흩어지는 물보라가 만드는 무지개가 우리를 환영이라도 하듯, 대형 현수막처럼 멋지게 폭포에 걸려 있었다. 입구 안내소에서 제공하는 1회용 우비와 미끄럼을 방지하기 위한 비닐 덧신을 착용하고 물이 떨어지는 안쪽으로 나 있는 길을 지나갔다.

　안쪽으로 튀어 들어오는 물방울이 마치 폭우 속으로 지나가는 느낌이었고, 입구에서 두려움으로 포기하고 돌아서는 사람도 몇 명 있었다. 폭포 속을 지나자 작은 공터가 있었는데, 여기서 폭포를 감상하다 대부분의 여행객들은 물길을 따라 나 있는 길로 내려갔다. 위를 올라가는 좁은 길이 보여 30m 정도 올라갔는데, 몇몇 친구는 거기까지 함께 올라갔다. 장엄하게 떨어지는 폭포수를 보며 모두 감탄사를 연발하며 기념 촬영을 했다. 조금 내려오다 옆으로 꺾인 길을 따라 안쪽으로 40m 정도 들어가자 숨겨진 곳에 높이 100m 정도 되는 가는 실폭포가 있었는데, 마치 하늘에서 하얀 비단을 내려놓은 것 같은 신비감을 주었다. 만리타국에 비싼 경비를 내고 온 여행이 아닌가? 부지런하게 발품을 잘 팔았다는 생각이 들었다.

　다음은 종유동굴 금사동金獅洞으로 소형 전용 버스를 이용해 이동했다. 시계가 오후 5시 정도 되었는데, 점심때 볶음밥 기내식으로 간단히 먹은 후 많이 걷고 움직이고 하여 배고프다는 아우성이 들렸다. 농협 NH여행사에서 따라온 여성 인솔자가 미안해 어찌할 바를 몰랐다. 동굴 입구에서 중국 고구마를 사서 한 개를 두 명씩 나누어 먹었는데, 배가 고프니까 꿀맛이다. 한 친구가 농협에 근무한 덕분에 농협에서 운영하는 여행사가 있다는 것을 알고 이용하게 되었고, 비행기가 연착되어 중간에 간식을 준비할 시간이 없었던 것이다.

함안에서 아침 8시에 출발하여 삼협폭포를 구경하고, 버스로 1시간 이상 이동 후 금사동 동굴을 구경할 수 있을 정도로 교통의 발전이 엄청나게 빠르게 진행되고 있음을 느낄 수 있었다. 입구에서 단체 기념 촬영을 하고 안으로 들어갔다.

작년에 갔던 장가계의 황룡동굴보다는 규모가 작지만, 수억 년 동안 진행된 석회암 동굴의 아기자기한 진수를 볼 수 있었다. 자체가 가지고 있는 아름다운 형상에 조명을 보강하자 더 환상적으로 보였다. 금사동 동굴을 다 본 후 의창 신도 국제호텔에 투숙하여 피로를 풀었다.

나는 신경이 예민하여 잠자리가 바뀌거나 옆에서 누가 코를 골거나 이빨을 갈면 잠을 못 자기 때문에, 집에서 출발할 때부터 잠자리를 은근히 걱정했으나, 방을 같이 쓰는 친구가 잠을 조용히 자는 스타일이라 숙면을 할 수 있었다.

5월 16일 호텔 식당에서 아침식사를 했는데, 속이 편하게 주로 죽과 과일을 먹은 후 전용버스를 이용하여 부두로 갔다. 이동하는 도중 여행 가이드에게 굴원屈原(?~B.C. 277)이 죽은 멱라수를 아는지 물어보니까. 상수湘水 근처로 여기서 멀지 않은 곳에 있으나, 한국 관광객에게 인기 있는 곳이 아니라서 여행 코스로 개발이 안 되어 있다고 한다.

9시 10분에 우리가 탄 배가 부두를 출발하여 강을 거슬러 올라갔다. 배는 100명 정도 탈 수 있는 허름한 소형선이었다. 장강의 강폭이 넓지는 않지만, 깊은 협곡으로 흐르며 길이가 6,300여 km로 세계에서 세 번째이고, 아시아에서 제일 긴 강으로 알려져 있다. 중국 지명에서 강江은 원래 이곳 장강을 말하고, 하河는 황하를 말한다. 가이드가 이틀 전에 많은 비가 와서 강물이 불어나 있다고 했다.

물살이 빠르고 급해 은근히 두려웠고 걱정이 되었다. 작년에 여객선이 돌풍에 휘말려 대형사고가 난 곳이 어디 정도 되는지 가이드에게 물어보니 위치는 모르겠다고 했다. 마침 옆에 다른 팀을 인솔하고 온 조선족 출신 두 명의 다른 가이드에게 물어봐도 위치는 모르고 있었다. 두 시간 정도 배를 타고 서능협까지 거슬러 올라갔다.

황하유역이 인류문명의 4대 발상지가 된 것은 비옥한 퇴적토와 주변이 넓은 구릉지로 이루어져 가능했지만, 장강은 깊은 협곡으로 이루어져 인간이 발붙이기가 쉽지 않은 지형조건을 갖추고 있다. 장강 이남以南은 산이 많고 사람이 살기 어려워 남쪽 야만인들이 산다 하여 옛날에는 남만南蠻이라 불렀다. 친구들과 함께 배 안에 있는 의자에 앉아 양편으로 펼쳐지는 절경을 감상하면서 육포를 안주하여 맥주를 마셨다. 나는 맥주를 마시다가 캔을 들고 밖의 뱃머리로 나갔다. 시원한 강바람을 맞으며 카메라로 강 양쪽의 절경을 찍었다.

모래를 가득 실은 대형 바지선 여러 척이 우리 배와 비슷한 속도로 강물을 거슬러 앞서가고 있었다. 아마 상류 어딘가 건설현장에 들어갈 모래일 것이다. 중국의 역동성을 강 가운데서도 느낄 수 있었다. 우리는 서능협 용진계곡 부두에서 하선하여 잘 보존된 토가족의 건축물, 농기구, 무기 등을 본 후 파왕채巴王寨로 이동했다.

파왕채가 강변의 꽤 높은 위치에 있고, 많은 관광객으로 인해 밀려서 걷다 보니 일행이 흩어져 걸었다. 가이드가 일행을 모으기 위해 목소리 높여 '함안, 함안'이라고 외치고 다녔다. 김해공항에서 비행기를 탈 때부터 코스가 같은 두 팀이 있었다. 울산에서 온 팀과 김해서 온 팀들인데, 숙식하는 호텔도 같았고, 같은 배를 타고 와 짧은 시간이지만 자주 만나니까 얼굴이 익숙해졌다.

그중 한 사람이 다가와 자기는 직장이 김해에 있어 김해 사람들과 같이 왔으나, 고향이 가야읍 말산이라 밝혀 반가웠다. 이때부터 만날 때마다 인사를 나누고 식사 시간에 술도 한 잔씩 권하기도 했다.

파왕채 아래 식당에서 점심을 먹고 산책 겸 용진계곡을 구경했는데, 이곳 아가씨들의 피부가 하나같이 어찌나 깨끗한지 옆에 있던 친구한테 비결이 무엇일까 궁금해하니까, 자기 생각으로는 습기가 많은 곳에 살아서 그런 것 같다는 대답을 했다. 나도 그게 하나의 요소는 되겠다는 생각을 했다. 파왕채 부두에서 중국인 현지 여성 가이드 두 명이 유적지를 해설하기 위해 따라왔는데, 중요한 곳에서 중국어로 해설을 하면 가이드가 통역을 했다. 계곡 입구에서 잠시 쉬면서 노래를 한 곡 신청해서 들었다. 제법 멀리까지 노랫소리가 흘렀고, 끝나자 여기저기 박수를 보내는 사람들이 있었다. 다른 여행사를 이용한 팀들이 같은 돈 주고 왔는데 자기들은 현지 가이드가 없다고 불만을 토로했다.

　용진계곡을 구경한 후 내일 여행을 위해 전용 버스를 타고 약 4시간 정도 소요되는 은시恩施로 이동했다. 어수선하게 버스를 타면서 현지 가이드 2명에게 잘 가라는 작별 인사를 못 하고 와서 모두들 버스 속에서 미안한 마음을 가졌다.

　은시로 가는 길에서 보는 자연경관도 구경할 게 많았다. 버스 속에서 가이드가 우리가 많이 지쳐 있다는 것을 알고, 지쳐 기진맥진한 병사들에게 힘을 불어넣기라도 하듯 "오늘 강행군으로 쌓인 피로를 확 풀어주기 위해 예쁜 아가씨들이 하는 1시간 발 마사지가 우리를 기다리고 있다."고 했다. 모두들 생기가 나는지 여기저기서 농담을 주고받으며 활기가 다시 돌았다. 나는 발톱무좀이 있어 부끄러워 못 가겠다고 하니 걱정하지 말고 따라오라 했고, 친구들이 격려하여 망설이다 같이 가기로 했다. 발을 온탕에서 잘 씻겨 주고 숙달된 솜씨로 지압을 하자 발의 피로가 완전히 풀렸다. 무좀 때문에 좀 미안하지만, 잘 왔다는 생각을 했다. 마사지 후 반주와 함께 푸짐하게 식사를 하고 은시 모벤픽 호텔로 이동했다.

　5월 17일 호텔에서 아침 식사를 하고 8시경 천은산天恩山 은시恩施 대협곡을 향해 버스로 이동했다. 몇 년 전 산동에 갔을 때 가도 가도 들판만 보여 중국 전체가 들판으로 이루어져 있나 생각했는데, 이번에는 산만 몰아서 보는 느낌이 들었다. 버스가 산길로 접어들어 서서히 올라가자 옆자리에 앉은 친구가 갑자기 해발 몇 미터나 되는지 궁금해하여, 인터넷 웹으로 검색을 했다. 검색이 안 될 줄 알았는데, 찾아보니까 검색 기능이 있고 480m 정도 나왔다. 평소 필요가 없어 그런 기능이 있는지 몰랐는데, 의문을 제기하는 사람이 있어 한 가지 지식을 축적할 수 있었다.

 이동 중 버스에서 보는 주변의 경관도 볼 만했다. 눈길을 돌려 좁은 찻길 아래를 보자 수십 미터 절벽이라 덜컹거리는 버스로 인해 아찔함을 맛보아야 했다.

 거대한 협곡과 깎아지른 절벽이 과연 천하절경이란 말이 절로 나왔다. 케이블카를 타기 전에 지각변동 때 깊게 파인 계곡 아래로 내려갔다. 수십 미터 높은 곳에서 떨어지는 여러 개의 폭포를 감상하고, 다시 올라와서 천은산天恩山 꼭대기까지 케이블카를 타고 올라갔다.

 작년 가을 케이블카로 천문산天門山을 오를 때 어찌나 덜컹거리는지 간이 콩알만 해졌는데, 여기는 케이블카가 늦게 설치되어 그런지 승차감이 좋은 차를 타듯 부드럽게 올라갔다. 케이블카에서 내려 조금 걸으니까 해발 1,600m 정도 된다는 표지판이 서 있는 것을 보았다. 자연을 살려 산책 코스를 만들어 놓았는데 마치 꿈속을 걷는 환상을 느끼게 한다. 급할 것도 없고 천천히 1시간 정도 걷고 12시경이 되어 정상에 있는 식당에서 점심을 먹고 다시 강행군했다.

 여기서부터는 거대한 바위 사이로 민둥하고 꾸불꾸불하게 길이 나 있었고, 그 길을 따라 내려갔다. 술을 좋아하는 한 친구가 물이 바뀌고 전날 마신 술로 배탈이 나서 화장실만 보이면 들렀다 가야 했다. 친구들 모두 마음속으로는 걱정하면서 다음에 자기 혼자 다시 오려고 영역을 표시하기 위해 저런다고 웃으며 놀렸다. 어떤 친구는 응급조치로 삶은 계란으로 항문을 막으면 된다고 놀리기도 했다.

이곳은 연 강수량이 많아 좋은 날씨가 별로 없다는데, 이번 여행 며칠 동안 날씨가 한국의 가을 하늘처럼 맑아 운이 좋은 팀이라고 가이드가 몇 번이나 찬사를 했다. 코스가 같아 함께 움직이는 한국에서 온 60여 명이 입고 온 복장이 모두 울긋불긋 밝고 화려하여, 좋은 날씨와 자연 풍경과 앙상블을 이루고 있었다. 경치와 풍광이 안 좋은 곳이 없었지만, 일주향一炷香이 천은산 여행의 클라이맥스인 것 같았다. 수십 미터 깎아지른 두 절벽 사이에 수십 미터 돌기둥이 곧 무너질 것 같은 불안함을 주었다. 좁은 절벽 사이 우뚝 솟은 돌기둥이 너무 높아 렌즈를 따로 준비하지 않아 잘리지 않게 사진을 찍기가 힘들었다. 20분 정도 기념 촬영도 하고 쉬었다가 다시 협곡 사이로 걸어서 내려갔다.

한 친구의 부인이 발 관절 수술을 받고 퇴원한 지 며칠 지나지 않은 상태에, 이번 여행 신청 마지막 날까지 동행을 망설이다가 합류하여 모두 걱정했다. 그가 제일 선두에서 걷게 하고 보조를 맞추었는데 예상외로 끝까지 잘 걸었다. 어려운 여건을 극복하고 와서 그런지 하마터면 천하 절경을 구경할 기회를 놓칠 뻔했다며 좋아했다.

은시로 돌아오는 길에 토가족 문화와 민속 풍경을 볼 수 있는 은시 토가성을 방문했다. 보존을 위해 다른 곳에 있는 것을 이곳으로 수평으로 이동한 것이라 한다. 벽면의 조각에 청나라에게 항복하는 장면을 새겨 둔 것으로 보아 청에게 망한 것으로 보인다.

대문에서 좀 걸어 들어가자 입구에 중국 지도를 돌에 새겨 놓은 것이 인상적이었다. 카메라로 찍었지만, 오후 늦은 시간이라 빛이 약하고 돌의 마모도 있고 때가 묻어 있어 제대로 나오지 않았다. 건물 안으로 들어가자 작은 정원이 있는 양쪽 벽면에 유교를 바탕으로 하는 통치이념과 풍속을 대리석에 새겨 놓았는데, 단체로 이동해야 했기 때문에 시간이 없어 상세하게 읽지는 못했다.

　은시대협곡에서 4시간 넘게 걸었고, 다시 버스로 이동한 시간이 길어 모두 피로한 기색이 역력했다. 여행 일정에 따라 저녁을 먹기 전에 단체로 전신 마사지를 받기 위해 갔다. 한 방에 8명이 들어갔는데, 나를 마사지하는 아가씨가 생글생글 웃으며 장난기가 있었다. 발 마사지를 하는 과정에 내 발을 들어 이동하면서 바로 옆에서 돌아서서 친구를 마사지하고 있던 아가씨 엉덩이 근처를 엄지발가락으로 30cm 정도 주욱 그어 버렸다.

　아가씨는 깜짝 놀라 돌아보았고, 고의가 아님을 알고 세 명이 크게 웃자 다른 친구들은 왜 웃는지 궁금해하며 모두 쳐다보았다. 마사시 후 저녁 식사에 술을 좋아하는 친구들은 반주로 알콜 35도 중국 술을 나누어 마셨고, 친구 부인들은 한국에서 가져온 소주가 최고라며 소주를 마신 후 은시 모벤픽 호텔로 이동했다.

　5월 18일 우리가 묵었던 호텔이 모두 오성급이라 아침 식사가 진수성찬으로 제공되었고, 많이 움직이니까 입맛도 당기고 하여 이날도 배부르게 먹었다. 식후 청강에서 유람선을 타기 위해 호텔 앞에서 8시경 버스로 출발했다. 1시간 넘게 소요한 후 분수하 선착장에 도착할 수 있었다. 배탈이 난 친구가 아직 다 낫지 않아 중간에 차를 세우고 화장실을 여러 번 이용해야 했다. 이번 여행에 마음이 잘 맞는 친구들과 함께 출발했고, 날씨, 코스도 다 좋았는데 한 친구가 배탈이 난 게 옥에 티라는 생각이 들었다.

장강이 멋진 남성의 강이라면, 청강은 아름다운 여인과 같은 강이었다. 청강화랑清江画廊은 장강의 지류로 의창시宜昌市에 가까운 거리에 있고, 가이드에 의하면 이곳에 사는 토가족土家族들이 어머니의 강 '모강母江'이라고 부르기도 하고, 물이 맑아 "청강"이라 한다고 했다.

유람선은 9시 30분경 출발했는데, 날씨도 좋았고 배를 타고 움직이니까 배가 움직이는 각도에 따라 경치가 시시각각으로 변했다. 아침에 호텔에서 일어나 청강화랑을 검색했는데, 낙타바위, 나비바위, 박쥐바위, 선녀탕, 선녀바위, 승천바위, 비룡폭포, 구멍폭포, 줄기폭포, 촛대폭포 등 수많은 볼거리가 있다는 것을 사전에 학습을 하고 와서 중간중간 가이드가 설명하는 말이 쉽게 귀로 들어왔다

누가 말한 것도 아닌데 남자 친구들이 모두 뱃머리로 나왔고, 감탄사를 연발하며 아름다운 추억이 될 기념 촬영을 했다. 한 친구와 뱃머리에서 구경하다 2층으로 올라가 풍광을 즐기며 여러 가지 이야기를 많이 나누었다. 현재의 경치도 좋지만 단풍 드는 가을은 더 좋다고 다른 팀 가이드가 말했다.

12시경 배에서 점심으로 도시락을 제공한다 하여 잠시 내려갔다. 배를 타는 시간이 4시간 정도 되니까 아무리 좋은 경치라도 지루한지, 고스톱을 치는 사람들이 늘어났다. 잔돈 준비가 되지 않아 이쑤시개를 돈으로 환산하여 고스톱을 치는 사람도 보였다.

도시락을 먹은 후 따가운 햇볕을 받으며 멋진 장면을 하나도 놓치고 싶지 않아 부산에서 합류한 친구와 내내 2층에 있었다. 농협에서 인솔자로 온 가이드도 2층에 계속 있어 여행에 대한 정보를 많이 받았다. 뱃머리에 가서 서면 아름다운 청산이 멋진 미래를 담아 오는 것

청강화랑 중 나비 바위

같고, 배의 뒤편에 가서 서면 아름다운 경치가 멀어지고 사라지는 것이 안타깝고 슬프기까지 했다. 시를 한 편 써볼까 생각했으나 부질없다는 생각이 들어 접었다. 청강 자체가 시요 그림이라 할 수 있는데, 이런 멋진 풍경을 누가 백만분의 일이라도 글로 표현하고 붓으로 살릴 수 있을까? 괜히 시로 천하 절경을 훼손할까 두려웠다. 즐거운 여행 중에 있지만 오늘은 36주년 5·18기념이 있는 날이라 마음 한편에서는 무거움이 있었다.

36년 전 그때 희생자들 대부분 내 나이 또래이고, 내가 그 자리에 있어도 같은 행동을 했을 것이라는 생각이 든다.

멀리 댐이 보이기 시작했다. 가이드가 하는 말이 댐을 보고 두 시간은 더 가야 한다며 농담을 했다. 30분 정도 가자 배가 사포아 선착장에 도착했고, 우리는 전용 버스로 첫날 묵었던 의창의 신도 국제호텔로 이동했다. 첫날 발 마사지를 받았던 곳에서 다시 발 마사지를 받고, 가이드가 예약해 둔 식당으로 가서 자축하는 케이크를 자르고 기념 촬영을 했다. 여행 마지막 밤이라고 함께 따라온 여행사 김실장이 특별히 마련한 중국 술 두 병과 소주 여러 병을 주어 취할 정도로 나누어 마셨다.

5월 19일 호텔에서 아침식사를 하고《삼국지》3대 대전 중 하나인 이릉전투가 있었던 곳으로 가는 도중 의창 강탄공원에 잠시 들렀다. 장강 하류 강변에 만든 공원이라 볼거리는 없었고, 같이 온 김실장과 가이드는 버스를 지키겠다면서 30분의 시간을 줄 테니 돌아보고 오라고 했다. 이리저리 산책하다 전탑塼塔이 하나 보여 그쪽으로 가 보았다. 탑에 대한 설명도 안 보이고 가이드도 안 따라와 혼자 투덜거리며 돌아서는데 등 뒤에 4m 정도 떨어진 곳에 탑에 대한 내력을 돌에 새긴 안내판이 보였다.

일행은 벌써 버스로 다 돌아간 지 오래고 급하게 한 번 대충 훑어보는데 뜻밖에 이곳에 탑을 처음 세운 자는 곽박이었다. 동진 시대 곽박郭璞(277~324)은 풍수학에서 교과서와 같은 금낭경錦囊經을 지었고, 예언가, 시인, 훈고학자 등 여러 방면에 신적인 존재로 한국에도 잘 알려져 있는 인물이다.

서기 1700년대 청나라 때 이 탑을 중수했다고 기록되어 있었다. 탑의 재료는 시대와 국가에 따라 많은 변천을 해왔으나, 한국은 화강암, 일본은 목재, 중국은 전탑이 머리에 먼저 떠오른다. 사진을 찍었지만, 공항에서 필요 없는 사진을 지우다 잘못하여 이 탑에 대한 것을 지워버렸다. 혹시 누군가 인터넷에 올려놓은 사진이 있을까 컴퓨터에서 아무리 찾아봐도 멀리서 찍은 사진은 있어도 가까이에서 찍은 사진은 찾을 수가 없었다. 탑의 이름은 천연각天然閣으로 기억한다.

촉한의 유비가 오나라 손권과 국운을 걸고 전투를 한 이릉으로 가는 버스에서 마이크를 빌려 곽박에 대한 설명을 잠시 했다. 다음에 다른 팀이 오면 가이드가 이 탑과 곽박에 대한 설명을 해주면 좋겠다는 말을 했고, 친구들에게도 곽박에 대해 검색을 한 번 해보시기를 권했다.

장강 하류에 있는 이릉은 중국 삼국시대 전략적 요충지로 이곳을 서로 차지하기 위해 국운을 걸고 유비가 이끄는 촉나라와 손권의 오나라는 싸우게 된다. 전투 때 병력에 대한 여러 이견이 있으나 유비군 약 7만 명과 오나라 육손이 이끄는 5만 명이 생사를 걸고 싸웠고 육손의 화공에 유비가 대패한 전투였다. 이 전투 후 유비의 촉나라는 국운이 기울게 된다.

여행 첫날 장강을 거슬러 올라가면서 내가 삼국지 이야기를 하니까 우리 팀 가이드가 조선족 출신으로 다른 팀 가이드로 따라온 사람을 소개해 준 적이 있었다. 그때 그가 관우에 대해 많은 이야기를 했다. 오나라 여몽이 관우의 목을 베었으나, 유비의 보복이 무서워 관우의 머리를 조조에게 바치자, 조조가 성대하게 묻어준 곳이 관림이고, 몸은 당양 관릉에 장례를 지냈다고 한다. 혼백은 당양 서쪽 옥천산으로 돌아가 그곳에 있기 때문에, 후손들이 성묘를 세 군데서 해야 온전한 성묘를 한 것으로 믿는다고 한다. 관우보다 먼저 세상을 떠난 장비도

몸이 묻힌 곳과 머리가 묻힌 곳이 다르다. 난세 영웅들의 삶이 어떠했는지를 잘 보여 준다.

장강 주변은 높은 산이 많고 토지가 적은데 무엇을 먹고 사는지 가이드에게 물어보자 감자, 옥수수가 주식이고 이곳에서 나는 녹차가 유명하다고 했다. 이릉 전투장은 잘 보전되어 있었고 돌아보는데 1시간 정도 소요됐다. 두보, 오삼계, 이백 등 유명한 사람들이 이곳에서 남긴 시를 돌에 새겨 둔 곳이 많았다.

의창비행장으로 이동하는 중에 이슬비가 내리기 시작하더니, 공항에 도착하자 많은 비로 변했고, 오후 2시 30분경에 김해공항을 향해 비행기가 이륙했다. 비행기를 타자 피곤하기도 하고 이번 여행을 반추하며 눈을 감았다.

—《함안문학》 27호(2016. 8.)

10

중국 서안으로 가다

출발(5월 22일 수 맑음)

　함안문화원 정기총회 때 김동균 원장이 올해 여러 사업 중 하나로 회원들의 견문을 넓히기 위해 중국 서안 문화답사를 밝혔고, 얼마 안 있어 여행 일정을 알리는 우편물을 받았다. '노 쇼핑, 노 옵션'이란 단어가 눈에 제일 먼저 들어왔다. 중국 여행 때 관심 없는 쇼핑에 여러 번 예사로 끌려다니기도 하고, 계획에 없었던 옵션이 현지에서 붙어 중국 여행에 안 좋은 이미지를 가지고 있었으나, 안내문을 보고 걱정을 단칼에 날릴 수 있었다.
　여태 절경만 찾아다녔는데, 이번에는 유서 깊은 서안이 아닌가? 중국의 과거를 보고 싶으면 서안으로, 현재를 보고 싶으면 북경으로, 미래를 보고 싶으면 상해로 가라는 말이 있다. 유교 문화와 불교 문화가 꽃폈던 중국의 서안에 꼭 한번 가고 싶었다. 인생에 돈 많고, 시간 많고, 건강 좋을 때가 며칠이나 되겠는가? 한두 가지 부족한 게 좀 있지만, 나는 망설임 없이 신청했다.

  5월 22일 오후 6시 10분전 문화원 뒤쪽 집결지에 도착하자, 군청 버스 2대가 대기하고 있었고, 이영학 행정국장·박문수 문화공보체육과장과 군청 직원들이 배웅 나와 있었다. 52명의 함안문화 회원을 위해 공항까지 군청 버스 2대가 왕복운행을 해줌으로, 노 쇼핑과 노 옵션에 생기는 경비 문제에 큰 보탬이 되었음은 말할 필요가 없을 것이다.

  시간을 잘못 알고 몇 사람이 10분 늦게 도착하여 출발이 늦었다. 나는 2호 차에 배정되어 이후 계속 2호 차를 탔다. 2호 차 팀장 황성원 부원장이 건강하고 즐거운 마음으로 무사히 마치고 돌아오는 여행이 되기를 바란다는 인사말이 있었다.

  김해공항으로 가는 버스 속에서 문화에 대해 잠시 생각해 보았다. 문화란 자연이 아닌 사람에 의해 만들어지는 것이라, 함안 문화란 함안 사회에 담겨 있는 함안 사람이 만든 모든 것이라는 생각이 들었다.

  문화가 사람에 의해 생성되는 것이라 학습, 공유, 축적, 변화될 수밖에 없다. 그래서 문화에는 좋은 문화만 있는 것이 아니라, 안 좋은 문화도 당연히 생겨날 수 있다. 함안 사회를 풍요롭고 아름답게 선도하기 위해 문화원이 존재하는 이유이고, 그래서 수장인 원장과 회원들의 역할은 매우 중요하다는 생각이 든다.

  황성원 부원장이 오늘 참석 못 하는 홍선자 사무국장이 마련했다며 쑥떡을 돌렸다. 이재동 대리에 의하면 홍 사무국장이 함께하고 싶어 했으나, 병원 갈 일도 있고 문화원을 지킬 사람이 있어야 해서 명단에서 빠졌다고 한다. 자리에 있지는 않았으나 모두 홍 사무국장께 감사의 박수를 보냈다. 떡을 받자마자 맛있게 먹는 회원들이 많은 것으로 보아 모이는 시간이 어중간하여 저녁 식사를 못 하고 나온 것 같다.

옆자리를 보니 연세 많은 회원이 보였다. 조정제(88세), 조동제(83세) 어르신 외에 80대가 더 있었고, 60~70대가 제일 많은 것 같다. 나이가 들어도 배우고 익히며 최선을 다하는 사람은 늘 여유와 기쁨으로 충만해 있는 사람들이라고 본다. 문화의 한 부분에 속하는 역사, 문학, 음악, 미술, 어려운 외국어 등에 소양이나 깊은 지식을 가진 사람은 하늘에서 떨어진 것을 하루아침에 주운 것이 아니라, 강한 학습 의지와 실천으로 성취해 가는 사람들이라 매일매일 즐거울 수밖에 없을 것이다.

그래도 80대 노인의 체력이 걱정되어 "이번 여행이 은근히 강행군인데, 괜찮겠습니까?" 했더니, 조동제 어르신이 웃으며 말했다.

"이번에 함께 온 우리 일행 3명이(조만제 씨 포함) 여항면 봉성저수지 둘레길에서 미리 체력 단련을 하고 왔다."며 자신감을 보였다. 히말라야 등정을 떠나는 산악인들이 사전에 가까운 험지를 선택하여 고된 훈련하는 모습이 떠올라 함께 웃었다.

공항에서 수속받는 일은 이래호 박사가 이리저리 뛰어다니며 52명의 업무를 처리했다. 전에 다른 일로 잠시 그를 만난 적이 있었는데, 아직 나를 기억하고 있어 반가웠다. 이 박사가 중국통임을 볼 때 이번 여행이 성사되기까지 중요한 역할을 했을 것으로 짐작이 갔다. 짐을 부친 후 탑승을 기다리는 시간이 길고 배가 고파 물을 한 병 산 후 받아 두었던 떡을 먹었다.

비행기는 예정대로 10시 조금 넘어 이륙하여 서안공항에 그쪽 시간 새벽 12시 30분 조금 지나 도착했다. 시차 한 시간 정도를 계산하면 3시간 30분 정도 소요된 것 같다. 가이드 두 사람이 나와 기다리고 있었는데, 1호차 석화철 씨·2호차는 한정남 씨가 맡는다고 했고, 바로 숙소인 쉐라톤 호텔로 향해 이동했고, 40분 정도 소요되었다.

　2호 차 담당 한정남 가이드가 호텔로 가는 버스 속에서 자신은 중국 심양 출신 조선족이라 소개한 후 내일 여행에 대한 예습으로 요점 강의를 했다. 옛날에는 이곳을 장안이라 불렀으나, 명나라가 북경을 수도로 정한 후 북경의 서쪽에 있다 하여 그때부터 서안으로 불렸다고 한다. 서안에 13개국이 도읍으로 삼았으며 72명 황제가 다스려 땅속은 지하 박물관이나 다름없단다. 이곳은 해안에서 1,000km 정도 떨어져 있어 태풍이나 홍수의 피해가 전혀 없고, 사계절이 뚜렷하며 겨울에는 -5℃ 이하로 내려가는 날이 거의 없으며, 대신 7~8월 한여름에는 37~38℃는 예사로 올라간다고 했다. 물이 귀한 곳이라 평생 목욕을 2번 하는데, 태어났을 때 한 번, 결혼 전날 한 번 한다는 말에 모두 웃었다.

　서안에 현재 26개 민족이 섞여 살고 있으며, 밀이 주식으로 굶는 자가 없는 곳이라는 말과 함께 옛날 이곳에 산 사람은 평생 쌀과 바다를 구경 못 하고 죽었다는 말도 덧붙였다. 현재 중국 주석 시진핑의 고향이 이곳 서안이라, 정부에서 다른 지역보다 관심을 더 많이 가지고 있다고 했다. 시진핑은 북경에서 태어났으나, 6세 때 아버지가 고위직에 있다가 하루아침에 실각하자(하방) 가족이 뿔뿔이 흩어져야 하는 아픔이 있었다. 비슷한 또래 14명과 서안 량자허에 도착하여 7년을 그곳에서 견디어 냈다. 함께 온 친구들은 요로에 힘을 써서 얼마 되지 않아 모두 돌아갔으나, 혼자 남아 7년을 견뎌냈는데, 이런 점이 당으로부터 높이 평가되어 명문 청화대학 법학과에 특례 입학한 것으로 알려져 있다.

 부모들이 자녀를 어떻게 하든지 편한 자리, 당장 겉으로 보기 좋은 자리로 보내려고 힘쓰는 일은 자녀를 나약하게 만드는 지름길이라는 생각과 신흥 명문 거창고등학교 직업 선택의 십계명 중 하나인 "부모와 아내가 결사반대하면 틀림없다. 의심치 말고 그곳으로 가라."라는 말이 생각났다. 앞으로 상상을 초월하는 격변의 AI 시대에서는 더 깊이 새겨야 할 교훈이 될 것 같다.

 시진핑은 고향과 조상을 사랑하는 마음이 남다르다고 알려져 있다. 만약 청소년기 북경에서 편안하고 안락한 생활만 했다면, 고향에 대한 진한 사랑이 나올 수 있을까? 우연의 일치인지 시진핑이 아버지의 유골을 서안으로 옮긴 후 정권을 잡자 풍수가들의 흥미를 끌었다. 예로부터 관중(서안)을 얻는 자 천하를 얻는다 했는데, 시진핑은 관중의 민심을 얻은 것 같다.

 가이드가 한국의 삼성전자가 이곳 서안에 들어와 있으며 삼성전자가 들어옴으로 협력업체 170여 개도 함께 들어와 서안 경제에 큰 힘이 된다고 했다. 나중에 시내를 다니며 알았는데, 과학기술 대학, 전자대학 간판 등을 자주 볼 수 있었다. 업체에서 볼 때 중국이라는 넓은 판매시장과 서안에 80여 개의 4년제 대학이 있어 인력 공급도 쉬우며, 자연재해가 없는 곳이라 사업하는 사람이라면 당연히 관심을 가질 것 같다는 생각이 든다.

서안이 황하 남쪽에 있고 회수와 비슷한 위도라 주식이 쌀일 줄 알았는데, 밀이라는 말에 연평균 강수량이 궁금하여 가이드에게 물으니, '비가 많이 오지 않는다'는 말만 했다. 인터넷 검색을 하자 500mm 정도 나와 있었다. 강수량과 기후대는 농작물에 매우 주요한 자연조건이다. 중국 강수량 대를 나눌 때 만리장성이 지나가는 선이 대략 400mm 선이다. 만리장성 너머 북쪽 지역은 강수량 400mm 이하 지역이라 밀 생산이 어려워 목축에 의존할 수밖에 없다. 만리장성 남쪽으로 강수량 800mm 선까지는 주로 밀을 생산하고, 800mm~1,000mm 내외 지역에서는 쌀 생산이 가능하다. 무이산맥에서 남령산맥으로 잇는 남쪽은 강수량이 1,600mm 정도라 벼 이모작이 가능하다.

중국은 땅 면적이 넓어 문화, 농업, 기질을 크게 남북으로 나눌 때 회수淮水를 경계로 하고, 남북이 같은 언어를 쓰는 하나의 국가지만 문화는 별개의 국가처럼 큰 차이가 있다. 회수 이북은 밭농사(밀), 회수 이남은 주로 논농사(벼) 지역으로 보면 된다. 회수 이남의 귤나무를 회수 이북에 가져다 심으면 탱자가 열린다는 말은 워낙 유명하여 대부분 알고 있을 것 같다. 한의학도 회수 이북은 침술이 유명하고 회수 이남은 식물이 많아 약초를 많이 이용한다. 건축물도 회수 이북은 겨울에 난방을 가장 중시하고, 회수 이남은 난방에는 신경을 안 쓴다. 《중용》에 공자의 애제자로 무인 기질이 강했던 자로子路가 스승 공자에게 강强함이 무엇인가 묻자, 공자가 "남쪽의 강함인가 북쪽의 강함인가 되물은 후, 너그럽고 부드러움으로 가르치고 무도한 것에 보복하지 않는 것은 남쪽 지방의 강함이고, 창칼로 싸우다 죽는 것도 두려

위하지 않는 것은 북방의 강함이다."라고 말하는 장면이 있다. 사람이 환경에 적응하면서 생긴 문화 차이인 것 같다.

　새벽 1시 넘어 세라톤 호텔에 도착하여 방 배정을 받았다. 가이드가 내일 아침은 6시 30분부터 호텔 식당에서 식사할 수 있음과 이동 과정에 지쳐 있음을 고려하여 조금 늦은 9시 20분에 목적지로 향해 출발한다고 알려주었다.

첫째 날(5월 23일 맑음)

　7시에 호텔 식당으로 내려가자 일부 회원들은 이미 식사를 하고 있었다. 젊은 사람들과 여행하면 최대한 잠을 많이 자고 식사 시간을 겨우 맞추는 경우가 많은데, 이번은 좀 다른 것 같다. 자리를 잡고 식사를 시작할 무렵 일행 대부분이 내려왔다.

　어젯밤에 예고한 시간보다 10분 빠르게 진시황 용마갱으로 가기 위해 버스에 올랐으나, 한 사람이 모자라 잠시 우왕좌왕하였다. 한 회원이 발을 헛딛어 찰과상을 입어 응급조치를 한다고 조금 늦게 출발했다.

　버스 속에서 가이드의 간단한 설명이 있었다. 진시황의 본명은 영정嬴政으로 그에 대한 역사적 평가는 각도에 따라 다른데, 현재 서안 사람들에게 관광 수입은 생활에 큰 도움이 된다고 했다. 중국 관광 수입에 효도 역할을 하는 만리장성은 여러 왕조에서 필요로 하여 일부분씩 쌓았으나, 진시황제가 가장 의욕을 가지고 30만 명 정도 동원하여 성을 연결했고 그 후 명나라 때 다시 보강하여 현재의 만리장성이 되었다고 한다. 만리장성은 길게 뻗쳐 있어 북경에서도 쉽게 볼 수 있으나, 이곳 서안에서도 가까운 거리에 만리장성이 있어 보고자 하면 쉽게 볼 수 있단다. 진시황제 때 만리장성 축성과 약 38년에 걸쳐 70만 명이 동원된 진시황릉 공사에 강제로 동원되었던 사람 절반 이상이 굶주림과 골병으로 죽었고, 일부만 살아서 고향으로 돌아간 것으로 알려져 있다. 진시황제 시대 중국에서 태어나지 않은 것은 천만다행이란 생각이 든다.

서안의 한낮 기온이 36℃가 넘어가고 있었다. 이번 여행 안내서에 밤에 기온이 내려갈 수 있으니 긴 팔 잠바를 하나 정도 준비하라 하여, 나도 가벼운 겨울 잠바를 준비했다. 회원 중 한 사람이 버스 밖 날씨가 자글자글 볶는 것을 보고 여러 사람이 들을 수 있게 '준비한 오리털 잠바 언제 한번 입어 볼꼬' 하는 말에 모두 크게 웃었다. 가이드로부터 마이크를 넘겨받은 이래호 박사가 현재 중국 전반에 대해 열강을 하고 있었는데, 설명이 길어지자 양조남 전 감사가 잠시 중단시키고 각자 자기소개부터 하자고 긴급 제안했다.

진작 소개부터 해야 하는데, 기회를 놓친 것이다. 앞 좌석에서부터 시작하여 어디에 사는 누군지 소개가 끝났을 때, 양조남 전 감사가 다시 마이크를 잡고 함께 탄 회원들이 과거 어떤 일을 했고, 현재 어떤 일 하고 있는지 보충 소개를 했다.

개인신상 보호를 위해 그랬다며 목걸이 이름표에 이름을 너무 작게 써놓아 누군지 읽을 수가 없었다. 뒷자리에 앉은 김몽룡 부원장께 앞으로는 쉽게 볼 수 있게 이름을 크게 쓰면 좋겠다는 말을 했다. 회원들 이름이 국가기밀도 아닌데 평소에 알던 사람이 간혹 있었지만 대부분 서로 모르는 상태라 얼굴로 일행이라는 것만 알 수 있었다. 김몽룡 부원장과 가벼운 이야기를 여러 차례 나누었는데, 나중에 알고 보니 동갑내기라 더 친밀감을 느꼈다.

진시황릉 지하궁전 앞에 도착했을 때 기온은 이미 36℃가 넘어가고 있었고, 평일인데도 관람객들이 많아 떠밀려 다녔다. 주말에는 더 많이 오기 때문에 정신이 없단다. 도용이 발견될 때 지하에서 파손되어 있어서 하나하나 복원하는데 많은 시간이 걸리고 있으며, 현재 전시되고 있는 것은 오랜 시간 지하 흙 속에 있다 밖으로 나오면서 변색이 되었다고 한다. 벽면에 사진으로 걸린 도용은 노출 시간이 짧았을 때 찍어 색깔이 살아 있고, 표정도 훨씬 실감이 갔다. 보병으로 보이는 1호 갱, 지휘부로 보이는 2호 갱, 전차부대로 보이는 3호 갱을 가이드의 설명을 들으면서 빠르게 훑어보았다.

중국의 장례문화는 일반 서민들도 진시황처럼 살아생전에 사용하던 물건을 싹 쓸어 이사 가듯 하는 잘못된 문화에 대해, 협객들의 정신적 지주인 묵자가 가장 신랄한 비판을 가했다. 특히 가족만 알고 장례 때 이사 가듯 하는 유가儒家와 날카로운 대립각을 세웠던 묵가 사상은 중국 사상사에 한여름에 마시는 시원한 냉수와 같은 존재라 할 수 있겠다.

1호 갱 입구 벽면에 진시황의 정치적 업적을 요약해 걸어 놓았다. 중앙집권제 및 법령·문자·화폐·차 궤도의 통일을 들고 있었다. 모두 중국 통치를 위해 꼭 필요했던 제도라고 본다. 진시황제는 법가를 숭상하면서 유가를 극도로 미워했다. 진시황의 시각에서 볼 때, 유가는 생산적인 일은 하지 않고 도덕만 입으로 나불거리는 인간들로 국가에 좀蟲 같은 존재로 본 것 같다. 전국의 이름난 유학자를 불러 모은 후 460여 명을 산 채로 매장했고, 의서·농서·점서를 제외한 모든 책을 불태워 지식인들을 공포에 떨게 했다.

　진시황은 독서 따윈 아무 필요 없는 것으로 보았다. 후대 특히 유학자들에게 진시황은 철천지원수가 되어 두고두고 비난받았지만, 모택동 같은 정치인이 다시 등장해 공자보다 진시황제가 더 위대하다며 높이 평가했다. 모택동은 문화혁명을 내세워 진시황제처럼 유교 문화를 철저하게 파괴했다.

　오늘날 중국인들이 지구촌 어디를 가도 공중도덕 부재로 문제를 일으키고, 문화인으로 인정받지 못하는 것은 1966년부터 시작하여 1976년 모택동이 죽을 때까지 계속된 문화파괴와 문화에 대한 개념 부재, 문화를 멸시해 온 영향이 가장 크다. 그 후 거대한 학교 교육 시스템에서 문화에 대한 잘못된 관성의 고리를 하루아침에 끊고 바로잡기가 어려웠다. 성과가 나타나는 데는 오랜 시간이 걸리기 때문이다.

　분서갱유와 문화혁명은 문화를 짓밟고 탄압했다는 점에서 같은 맥락이다. 문화를 정치 도구로 보는 시각이 얼마나 무섭고 슬픈 결과를 낳았는지 보여 주는 좋은 예이기도 하다. 문화계에 종사하는 사람은 정치인보다 위에 있거나 적어도 동등해야지 스스로 도구나 소모품으로 전락해서는 안 된다.

　용마갱 관람을 마친 후 나무 그늘에서 잠시 쉬면서, 진시황제의 여러 업적 중에서 가장 큰 업적은 소전체와 예서체를 바탕으로 하는 문자 통일이었다는 생각이 들었다. 그때까지 중국 6국의 문자가 각각 달랐고, 그림에 가까웠던 것을 비로소 문자화 부호화한 것이다.

현재 지구촌에 기적에 가까운 경제성장과 K-문화, 민주화의 기적을 만들어 가는 한국에 한글이 없었다면 가능한 이야기일까? 수천 리를 날아와 용마갱 휴식 공간에서 한글 창시자 세종대왕, 온갖 비난을 무릅쓰고 한글 전용화를 강행한 박정희 대통령, 한문의 진화 발전을 현장에서 보면서 일찍이 언어는 생성 변화한다고 외친 미국의 언어학자이며 구조주의 철학자 노암 촘스키를 다시 한번 생각했다.

진나라를 망친 일등 공신인 환관 조고趙高는 역사책에서 간신의 대명사로 통한다. 진나라와 조나라가 국운을 건 장평전투에서 조나라 군사 40만 명이 비참하게 죽은 후 조나라가 망할 때 그는 살아남은 왕족 출신 지식인으로 추정되고 있다. 그는 고국 조나라가 망하자 거세한 후 환관이 되어 진나라를 어떻게 하든지 망칠 생각을 했다는 일부 학자들의 주장이 설득력이 있다.

협객 형가荊軻, 진승陳勝과 오광吳廣, 초나라 항우, 한나라의 유방과 장량의 공통점은 하나같이 진시황제 타도였음과 조고가 조국祖國의 원한을 갚기 위해 거세하고 호랑이 굴에 들어간 것은 누구보다 용감했고, 성과를 냈다고 말할 수 있다.

진시황릉에서 나온 우리는 타임머신을 타고 진시황보다 1,000년 후 사람인 양귀비(본명 양옥환楊玉環)를 만나러 화청궁으로 갔다. 인터넷을 검색하니 3,000년 전 주나라 때도 이미 이곳의 온천수를 이용했다고 한다. 주나라 때는 여궁驪宮으로, 당나라 때는 화청궁華淸宮으로, 현재 화청지로 부르고 있으나 건물 입구 현판에는 화청궁으로 되어 있다. 가이드의 설명을 들을 수 있는 주파수를 같이하는 이어폰을 끼고 함께 이동했다.

　당 현종이 며느리의 미모에 반해 자기의 비로 삼자 후세에 도덕적 비난을 받게 된다. 성리학적 윤리로 보면 짐승과 가깝다 할 수 있지만, 동시대 불교 국가였던 신라는 더 심했다. 왕가에서 여동생의 딸과 결혼하여 여동생이 장모가 된 경우가 있었고, 고모와 결혼한 경우 등 성리학의 시각에서는 이해하기 어려운 것이 많이 있다.

　함안문인협회에서 시를 쓰다 탈회한 조선옥 씨를 오랫동안 못 봤는데, 뜻밖에 이번 문화여행을 같이하게 되어 그동안 안부를 물으며 이곳에서 서로 사진을 찍어 주기도 하고 여러 이야기를 나누었다.

　화청궁 입구 청동으로 만든 양귀비 조각과 궁 안에 있는 백옥으로 만든 양귀비 조각은 당시의 미를 기준으로 만들어, 요즘 남자들의 미인상과 거리가 멀다는 생각이 들었다. 젖소를 연상시키는 큰 가슴과 비만에 가까운 몸매는 옛날 못 먹고 굶주리던 시절에는 선망의 대상이었겠지만, 요즘의 시각에서는 그냥 과체중의 글래머라는 생각이 들었다.

　이곳에 아직도 43℃의 온천수가 솟아올라, 물을 데울 필요 없이 그대로 사용할 수 있다고 한다. 여기에서 나오는 온천수로 세수하면 미인이 된다는 속설이 있어 나도 건조해진 얼굴에 스킨로션 대용으로 조금 찍어 발랐다.

　화청궁 주변에 중동지역이 원산지인 석류나무와 외형으로 아카시아와 비슷하나 가시가 없는 회화나무를 많이 볼 수 있다. 중국에 사신으로 간 조선의 사신들이 회화나무를 많이 가지고 와 심었으나, 실패한 경우가 많았다. 중국에서는 출세를 상징하는 나무로, 우리나라에서도 행운목으로 생각했고, 뿌리, 잎, 열매가 한약재로 귀하게 사용되었다. 화청궁 내 양귀비 조각상 앞 잘생긴 회화나무 그늘에서 잠시 쉬면서, 500년 전 함안군 칠북면 영동마을에 광주 안씨가 자리 잡으면서 후손의 번창을 위해 심어 현재 천연기념물로 보호받고 있는 회화나무가 머리에 떠올랐다.

양귀비를 따라다니는 이야기 중에 그녀의 몸에서 풍기는 지독한 암내가 있었다는 이야기와 그와 함께 당 현종은 코에 비염이 있어 그 냄새를 못 맡았을 것이라는 이야기가 있다. 양귀비는 궁녀 중에서도 여러 특혜를 누리며, 그녀만이 화려한 독탕을 가지고 지나칠 정도로 온천욕을 즐겼음과 온갖 진귀한 향을 사용하고 귀한 것만 먹었던 것으로 알려져 있다. 우리 속담에 "미녀가 방으로 들어오면 갑자기 추녀들의 공적이 된다."라는 말이 있는데 사람 사는 곳은 비슷하고, 특히 궁궐 안에서는 시기 질투가 난무한 것을 참고로 하면, 저주에 가까운 질투에서 나온 이야기일 확률이 높다.

유학이 국가 이념이 된 후 당 현종과 양귀비 하면 불륜과 스캔들의 눈으로 보지만, 당 현종이 작곡을 잘했음과 양귀비는 훌륭한 비파 연주자이고 가무에 능했음을 참고로 하면, 둘은 음악을 매개로 정신적·예술적으로 서로 공감하는 부분이 많았을 것으로 생각된다. 안록산의 난 때 화청궁이 철저하게 파괴됐으나, 건축물이 대부분 석물로 된 것이 많아 복원 가능했다는 말을 가이드가 했다.

사천요리로 저녁을 먹은 후 실크로드 공연장으로 연극 '타영전기駝鈴傳奇(낙타의 워낭 소리)'를 보러 갔다. 좌석이 3,000석이란 말에 놀랐다. 서울에 있을 때 사설 소극장에 연극 보러 간혹 다녔는데, 좌석 수가 100석이 안 되는 경우를 자주 보아 규모에 놀라지 않을 수 없었다. 함안문화예술회관 대공연장은 500석 정도이고, 다목적홀은 200석이 안 된다. 물론 극장 크다고 예술성·작품성이 높다고 보지는 않는다. 연극 중에 무대가 이동하는데, 대형 관객석 전체가 회전함과 화려한 무대, 연극 중에 폭포에서 실제로 물이 쏟아지는 장면에 놀라지 않을 수 없었다. 가이드에 의하면 한 번 공연 때 수백 톤의 물이 쏟아진다고 했고, 앞자리에 앉은 사람들은 물방울이 날려 우산을 펴는 사람들이 있었다. 스토리는 당나라를 배경으로 가난에서 벗어나기 위해 한몫 잡고자 눈먼 어머니와 신혼 초 아내를 두고 비단길로 떠나는데, 왕복 중에 도적·맹수·질병 등을 만나 악전고투하는 험난한 여정 이야기이며 정확하게 1시간을 공연했다. 빠른 중국말이 한글 자막으로 흘렀으나 눈치로 상황판단을 해가며 봤다. 스토리와 구성이 괜찮았지만, 크고 화려한 무대, 늑대 출몰에 훈련된 세퍼드들의 연기가 볼 만했다.

둘째 날(5월 24일 맑은 후 오후 늦게 약간의 비)

중국 5악 중에 가장 험한 화산의 절경을 구경하기 위해 아침 일찍부터 서둘렀다. 화산까지 이동시간이 약 2시간 정도 걸리기 때문에 어제보다 일정을 1시간 정도 당겨 8시 30분경에 출발했다. 시내를 벗어나자 오른쪽으로 긴 산맥이 계속 따라오는데, 가이드에 의하면 진령산맥秦嶺山脈이란다.

왼쪽으로는 끝이 안 보이는 평원에 밀이 누렇게 익어 가고 있었다. 중국 전체를 보면 쌀보다 밀을 주식으로 하는 곳이 더 많고, 서안을 포함해 중국 서북부는 밀이 주식이 된 역사가 길다. 지구촌에는 음식에 따라 쌀을 주식으로 하는 지역, 밀을 주식으로 지역, 옥수수를 주식으로 하는 지역, 크게 세 종류로 분류할 수 있으며 이에 따른 문화 차이가 있다.

단위 면적당 수확량은 옥수수가 제일 많아 잉여노동으로 거대한 석물 문화인 마야문화와 잉카문화를 탄생시킬 수 있었다. 벼는 옥수수 다음으로 단위 면적당 수확량이 많지만, 홍수와 태풍과 같은 자연재해의 피해를 볼 확률이 높다. 벼 이모작이 가능한 지역의 문화는 또 다르다. 밀은 단위면적당 수확량은 제일 적지만, 벼보다 자연재해의 피해가 적어 심어 놓기만 하면 먹을 확률이 높다. 옥수수와 쌀은 통으로 쪄서 그냥 먹으면 되지만, 밀은 통밀을 사용하지 않고 가루로 내어 빵, 면, 만두 등의 음식을 만든다. 세계적인 음식이 된 스파게티의 원조가 이탈리아로 알려져 있으나, 중국에서는 마르코폴로가 중국에서 이탈리아로 전파했다고 주장하고 있다.

4,000년 전 황하의 범람으로 3m 아래 수몰된 유적에서 국수가 출토되어 신빙성을 높인다. 황하의 하류에 물길이 큰 홍수 때 좌우 십 리로 이동하며 변했다. 물길이 바뀔 때마다 인류의 주거지를 덮쳐 시대가 다른 여러 층의 문화재가 매장된 곳도 있다. '봄베이 최후의 날'에 있었던 생매장은 원인이 불(火)이었다면, 황하 유역 생매장의 원인은 물(水)이었다. 고대 인간이 자연재해 앞에서 얼마나 속수무책이었나를 보여 주기도 한다.

화산으로 가는 버스에서 가이드가 '화산은 하나의 화강암 덩이다'고 하면서 중국무협 소설의 대가 김용과 그의 소설에 나오는 '화산논검' 대해 잠시 말했다. 내가 서울에서 직장 다닐 때 잠시 형님 집에 있었는데, 조카가 국내에 번역된 30여 종의 김용 소설을 모두 사서 읽는 바람에 나도 반 이상을 읽어 김용을 어느 정도 안다고 할 수 있다.

김용은 절강성 출신으로 청대에 20여 명의 진사를 배출한 명문가 자제이며, 그와 동시대 활동한 가까운 친족 중에서도 명사들이 많이 나왔다. 그는 어려서부터 엄청난 독서량으로 유교·불교·도교는 말할 것 없고, 중국의 문학·역사·철학에 해박한 지식의 소유자였을 뿐만 아니라, 영어도 전문가 수준이었던 것으로 알려져 있다.

그의 본명은 사량용査良鏞인데, 이름의 마지막 자 쇠북 '용鏞'을 파자하여 김용金庸이란 필명을 사용했다. 그의 아버지는 반체제 인사로 처형된 것으로 알려져 있으며, 성인이 된 후 홍콩에 거주하면서 낮에는 언론인으로 밤에는 무협소설을 썼다. 김용은 언론인으로 모택동의 문화혁명에 대해 혹독한 비판을 가해 그의 책은 본토에서 금서가 되었으나, 정작 모택동과 주은래는 그의 소설 독자였던 것으로 알려져 있고, 등소평은 비밀 요원을 시켜 그의 책을 구하여 읽었다고 한다. '화산논검'은 김용의 소설에 나오는 일종의 전국무술대회인데, 중국의 오악 중에 가장 험한 화산의 정상에서 열리는 대회라 장소에 참석할 수 있다는 그 자체만으로 높은 내공은 확인되는 셈이다.

김용의 소설은 북경의 고교 교과서에 실리기도 했고, 북경대학에서는 '김용 소설 연구' 과목을 신설했으며, 미국의 몇 대학에서는 중국문학의 교재로 사용하기도 했다. 2018년 94세로 타개하자, 중국, 홍

콩, 싱가포르 주요신문은 일제히 1면 톱으로 그의 사망 소식을 알리자, 불과 몇 시간 만에 인터넷상에서는 그의 죽음에 관심을 가지며 애도하는 해시태그가 14억 9000만 개 달릴 정도였다.

김용은 생전에 중국 20세기 4대 작가로 선정되었으며, 책의 판매량은 단연 1위였다. 그는 중국 내 민족 간 화해를 통한 문화 발전에 기여한 공로가 매우 컸을 뿐만 아니라, 나아가 자본이나 권력과 같은 힘에 눌려 협객이 사라져, 지지리 못난 인간이 판치는 세상에 다양한 협객들을 창조하여 인간성 회복에 큰 역할을 했다.

노벨문학상이 최고의 문학상은 아니지만, 지구촌 문화발전에 끼친 영향을 생각하면 그는 수상자가 될 만했다. 노벨문학상을 1901년부터 수상하기 시작했는데, 상이 제정되기 전 톨스토이가 이미 《전쟁과 평화》《안나 카레리나》《부활》등 대작을 발표하여 문학에 관심이 있는 사람은 누구나 톨스토이를 수상자로 생각했으나, 1910년 톨스토이가 사망할 때까지 제정위원회는 그를 철저하게 배제하였다. 그러다가 1964년 문학상 수상자로 언론에 프랑스의 사르트르로 발표되자 사르트르가 이 소식을 듣고 노벨상은 공정성을 잃었다며 일언지하에 수상을 거부했다. 이런 일이 생기지 않았다면 노벨문학상은 명실상부한 최고의 문학상이 될 수 있었을 것이다. 톨스토이, 김용에게 상을 주지 않을 핑계는 얼마든지 만들 수 있었을 것이다.

우리 일행에 연세가 많은 분이 많아 처음부터 계획된 화산 봉우리 중에 가장 평이한 북봉을 선택하여 케이블카를 타러 가는데, 도로변에 기념탑이 하나 있었다. 중일전쟁 때 중국군의 소수 정예부대가 일본의 대부대를 격퇴한 전승기념탑이었다. 험준한 화산의 지리를 손바닥처럼 아는 소수의 게릴라 부대가 일본군에 크게 승리하여 다른 지역의 전쟁에 큰 영향을 준 사건이었다.

기념탑을 보자 임진왜란 때 일본군과 게릴라전으로 싸워 일본군에 타격을 준 의병들이 생각났다. 여러 지역을 다니다 보면 자주 볼 수 있는 추상적인 말로 '바르게 살자'보다는 구체적으로 목숨을 건 전투가 있었던 곳이나, 그 지역을 대표하는 선행이 있으면 간단한 내력을 뒷면에 적어 비를 세우면 좋겠다는 생각이 들었다.

케이블카는 가파른 각도로 올라갔고, 올라가는 과정에 볼 수 있는 절경을 놓칠까 사진 찍는 것을 포기하고 눈과 머리로 기억했다. 케이블카에서 내려 체력에 자신이 없는 사람은 조금 올라가면 있는 휴게실에서 쉬었고, 대부분 북봉 정상까지 올라갔다. 북봉은 여러 봉을 한 눈에 볼 수 있는 가장 명당으로 알려져 있다.

붉은 글씨로 새긴 김용의 친필 '화산논검華山論劍'을 보자 소설의 여러 장면이 떠올랐다. 장소는 20여 평 정도로 상상했던 것보다 좁았다. 글씨가 있는 곳에서 기념 촬영을 하고 10분 정도 머물다 하산했다.

서안 시내로 돌아오는 중도에 '화산객잔'이란 식당에서 늦은 점심을 먹은 후 전신 마사지를 받으러 갔다. 늦게 가면 안마사들이 팔에 힘이 빠져 제대로 못 받는 경우가 있어 5시경에 갔고, 소요시간은 90분이었다. 여성 회원은 가까운 곳에 있는 다른 장소로 가서 2시간은 소요된 것 같다.

중국에서 안마는 3,000년의 역사를 가지고 있다. 요즘 한자어 '안마'라 하지 않고 대부분 마사지로 통한다. 영어에서 온 말인지 줄 알았는데, 어원을 찾아보니 아랍어 '마사'에서 왔다 하여 고개를 갸우뚱하게 했다. 3명씩 한 칸에 들어갔는데, 나는 박종만·이상룡 두 감사와 함께 들어갔다. 옷을 갈아입고 차를 한 잔씩 마신 후 대기하자 3명의 여성이 들어와 인체의 심장에서 볼 때 변방에 있는 엄지발가락부터 시작하여 따뜻한 물로 씻긴 후 서서히 위로 올라왔다.

갑자기 《주역》의 택산함澤山咸 괘가 생각나 혼자 웃음을 참기가 어려웠다. 젊은 남녀가 감응할 때, 엄지발가락에서부터 감응한다고 풀이한 《주역》이 너무 재미있는 표현이란 생각이 들어서였다. 《주역》에서 소통의 괘로 보는 지천태地天泰와 택산함澤山咸의 공통점은 상위에 음인 여자가 있다. 아래에서 위로 올라오는 기운과 위에서 아래로 내려가는 기가 만나 소통을 하게 된다고 보면서 매우 좋은 괘로 여기고 있다.

높은 산을 올랐다가 내려올 때 계곡의 시원한 물에 등산화와 양말을 벗고 발만 씻어도 피로가 다 풀리는 것 같았는데, 전문가들이 쏠리고 뭉쳐 있는 혈액, 근육을 정상으로 원활하게 돌아가게 하자 몸이 녹아내리는 것 같았다. 옆에 누워 있는 이상룡 감사는 근육이 많이 뭉쳐 있었는지 아프다는 말을 했고, 금융계에서 퇴직했다는 박종만 감사도 아주 만족한다는 말을 했다.

안마를 마치고 이상룡 감사가 팁을 같은 금액으로 주는 게 어떠냐고 제안했다. 원래 팁을 4,000원 주기로 했으나, 내가 세 사람 모두 면적이 넓어 보통 사람들보다 작업량이 많은 것 같으니 1,000원 더 보태주면 좋을 것 같다 하니 모두 동의하여 그렇게 주고 나왔다.

저녁은 삼겹살 파티에 기원전 진나라 때부터 전해지는 서안의 서봉주西鳳酒를 마셨다. 진시황의 한참 윗대 선조로 진나라를 반석 위에 올려놓은 목공이 선정을 베풀면서 큰 행사 때마다 술 이야기가 나오는 것으로 봐 전통이 그 시기까지 연결되는 것 같다. 약 1,400년 후 당송 팔대가 중 한 사람인 송나라 시인 소동파蘇軾가 이 술이 생산되는 봉상현 판관을 지낼 때 즐겨 마셔 광고용으로 등장하기도 한다. 요즘은 김용의 소설에 나오는 '화산논검'을 홍보에 더 많이 내세우는 것 같다. 우리나라 소주 광고처럼 선정적으로 벌거벗은 젊은 여자를 내세우지 않고 당대를 대표하는 문인을 광고로 이용해 술의 전통과 깊이와 멋을 더 보태는 것 같다.

서봉주 한잔을 하면서 2013년 음력 7월 기망(16일) 밤에 1,000년 전 소동파가 중국 장강에서 읊었던 적벽부를 함안 낙동강 합강정에서 들었던 때가 생각났다. 이때 함안의 원로들을 모셔 놓고 경상대학 한문학과 이상필 교수가 적벽부를 낭랑하게 낭독하던 목소리와 《삼국지연의》에서 위·촉·오가 국운을 건 전투를 앞두고 미인계·고육계·반간계·화공계 등 온갖 지혜를 짜내는 장면, 함안의 친구들과 유람선을 타고 장강을 거슬러 오르던 추억이 술잔 속에서 살아났다. 우리가 마신 '서봉주'는 알콜 함량이 38도 정도 되었던 것으로 기억한다. 중국에 도착하여 몇 번의 식사 시간에 반주로 소주가 나왔으나, 독주를 좋아하는 나는 마시지 않다가 비로소 여러 잔을 마셔 기분이 많이 상승되었다.

오전에 케이블카를 타러 가는 미니버스 속에서 산인면 굼실에 산다는 조규찬 선생과 이런저런 이야기를 하다 그가 조선 영조 때 만석꾼 재산을 모두 털어 경종 임금의 억울함을 신원하려다 집안이 몰락한 조승좌 선생 후손이란 말을 듣고 깜짝 놀랐다. 한 사건을 두고 경상도에서는 조승좌의 난, 혹은 정희량의 난이라 하기도 하고, 충청도에서는 이인좌의 난이라 부르기도 한다. 이 사건으로 함안이 포함된 경상우도 선비들은 100년 가까이 과거에 응시조차 못 하는 치명상을 입게 되어, 경상도에 배정되는 과거 급제자는 안동 중심인 경상좌도로 넘어가게 된다. 조규찬 선생과 술좌석에서 마주 보고 앉게 되어 이야기를 잠시 더 했다.

오늘의 마지막 코스인 대당불야성으로 갔다. 하늘에 갑자기 먹구름이 끼어 구경 못 할까 걱정이 되었는데, 이슬비만 살짝 지나갔다. 휘황찬란한 거리에 장강의 파도처럼 사람들이 밀려다녔다. 국제도시 당나라 장안을 재현하는 밤거리에 전통 당나라 의상인지 모르겠으나, 옛 복식을 한 여인들이 거리의 분위기를 한층 살리고 있었다. 이 일대를 진나라 때는 함양, 당나라 때는 장안, 명나라 이후는 주로 서안으로 통용되었다. 서안 지도를 자세히 들여다보면 고대의 함양·장안·서안이란 고유한 지명을 가진 구체적인 곳들이 지명으로 따로 남아 있다.

중국의 문화는 지대가 높은 서쪽에서 일어나 동쪽으로 이동했다고 볼 수 있다. 중국문화의 주류를 형성하는 주周, 진秦, 한漢, 수隨, 당唐을 보면 알 수 있다. 고대에 하夏나라가 있었다고 하나 증명할 근거가 빈약하고, 상商·殷 나라는 1928년경 중국 안양에서 갑골문이 대량으로 발견되어 인정되고 있다. 상商은 사람 중심 사회가 아니라 종교와 미신이 판치는 사회라 점占이 일상화되어 수십 명의 순장을 갑골에 물어보고 허락되는 답이 나오면, 식은 죽 먹기보다 쉽게 하늘의 뜻으로 알고 그대로 시행하기도 했다.

주나라에 와서 사람이 중심이 되는 즉 인문의 문화가 생겨났다고 볼 수 있으나, 은(상)대 악습이 하루아침에 단절되지 않고 많이 살아 있었다. 인류의 큰 스승으로 존경받는 공자는 상商나라를 계승한 노나라 출신이지만, 고국 상나라 문화보다 새롭게 일어난 인간 중심의 주나라 문화를 높이 평가하고, 후세에 전하기 위해 앞장섰다. 주周나라도 세월의 흐름과 함께 쇠퇴하고 힘을 잃자 춘추시대가 시작된다. 춘추시대 초에 120개 가까운 나라가(제후국) 난립하다가 춘추시대 말에 40개 정도로 정리된다. 전국시대 말에는 7개 국으로 되었다가 진시황에 의해 하나로 통일되었다. 그 후 여러 나라를 거쳐 수·당으로 이어지는데, 중국 문화 주류는 한족 문화라기보다 주나라를 포함하여 이민족이 주류를 형성했고, 수·당의 왕족도 선비족으로 추측된다.

대당불야성大唐不夜城 거리에 당나라 고조 이연李淵의 동상이 제일 먼저 눈에 들어왔다. 당 고조 이연의 어머니는 선비족 독고신獨孤信의 네 번째 딸이다. 독고신의 일곱 번째 딸은 수 문제 양견楊堅에게 시집가서 수 양제煬帝·楊廣을 낳으니, 당을 세운 당나라 고조와 수나라 양제는 이종사촌 간이 된다. 독고신이 태어날 때 복을 주던 신이 기분이 좋았는지 아니면 잠시 졸았는지, 역사서에 찾아보기 어려울 정도로 독고신에게 너무나 많은 복을 주었다. 그는 재산 많은 집에서 태어나 훤칠한 미남으로 머리가 좋았고 학식이 뛰어났으며 상서령·대사마 등 고위직을 오랫동안 역임했을 뿐만 아니라, 아들 오 형제도 모두 미남에 학문에 뛰어나 고위직을 지냈고, 딸 일곱 명도 모두 미녀에 학식이 뛰어나 명문가에 시집가서 잘난 후손들을 많이 생산했다.

수양제는 큰형인 태자 용勇을 죽이고 스스로 태자가 된 다음, 아버지 문제를 죽이고 왕위에 오른 후, 여러 토목 사업과 상상하기 어려운 운하를 건설한 후, 신하국이 아닌 자주국을 표방하는 고구려를 정복하기 위해 130만 대군을 동원하여 고구려를 침략했으나, 을지문덕에게 크게 패한 후 반란이 일어나 이연에게 나라를 넘겨야 했다.

이연이 당나라를 세웠으나, 나라의 기반은 이연의 아들 태종 이세민이 기틀을 잡으니, 역사서에서 '정관지치貞觀之治'라 말하고 있다. 대당불야성에 있는 이세민의 동상에 '貞觀之治'란 글씨를 세로로 써서 동판으로 박아 놓았다. 당 태종도 왕이 되기까지 골육상잔의 피비린내가 그칠 날이 없었다. 제일 먼저 형인 태자 이건성을 죽인 후 동생 이원길도 죽였고, 큰집 작은집에 있던 각각 다섯 명의 조카들이 장차 화근이 될까 두려워 모두 다 죽였다. 거기서 끝나지 않고 동생의 부인을 자신의 비로 삼았으며, 아직 살아 있던 아버지의 왕위도 빼앗다시피 했다. 백성을 괴롭히며 전쟁 준비를 한 후 644년 대군을 이끌고 고구려를 침략하여 크게 패했고, 3년 후 647년 다시 수륙 두 갈래로 나누어 침략했으나 패하고 장안으로 돌아왔다.

안시성 전투에서 성주가 쏜 화살에 한쪽 눈을 잃은 후 앓다가 죽었다고 했으나, 중국에서는 자존심 상하는 일이라 어떻게 하든지 부정하려고 한다. 당 태종은 수나라에서 만든 여러 제도를 그대로 사용했고, 위징魏徵·방현령房玄齡과 같은 인재 등용으로 수隋나라보다 공정한 사회와 영토를 확장했고, 문화 면에 발전된 사회를 만들었다.

우리가 간 공원에 당고조 이연과 당태종 이세민의 동상은 그렇다 하더라도 무측천武則天, 본명 무조武照의 동상을 보자 뜻밖이라 나는 매우 놀라지 않을 수 없었다. 무측천에 대한 역사적 평가는 희대의 악

293

녀라는 평과 백성을 사랑한 여황제였다는 평으로 나누어진다. 무측천은 14세 때 당 태종의 후궁으로 들어갔으나, 아버지와 딸 같은 나이 차와 성격 때문이었는지 여자로서 주목을 받지 못한 것 같다.

태종이 처음 보고 재기 발랄하고 발칙한 태도가 귀여워 무미랑武媚娘이라는 별명을 지어 불렀다. 우리말로 번역하면 '이쁜이' 정도 될 것 같다. 무씨 집안은 당나라 건국과 인연이 깊다는 것을 태종도 잘 알고 있었다. 무측천武則天의 아버지 무사확武士彠은 사업을 하여 대단한 재력가로 이연이 당나라를 세울 때 큰 역할을 했고, 훗날 이를 고맙게 생각한 당 고조 이연이 무사확에게 후처 중매를 하였고, 그 여자에게서 세 명의 딸이 태어났는데 무측천은 둘째 딸이었다.

무미랑이라는 애칭이 절대권력자의 입에서 나온 말이라 대궐 내에서 한때 유명했으나, 얼마 가지 않아 태종이 죽어 끈 떨어진 표주박 신세가 되었다. 옛날 같으면 무측천은 순장 감이었으나 대신 절로 보내졌다. 태종 이세민의 아들 이치李治가 왕위에 올라 당 고종이 되었고, 그의 왕후 왕씨가 아들을 낳지 못하자 소숙비와 갈등이 아주 심했다. 왕후 왕씨가 절(寺)로 보낸 진 무측천을 고종이 마음속으로 매우 좋아한다는 것을 알고 이를 이용하기로 했다. 무측천은 미인에다 강담이 크고 머리가 잘 돌아가며 말도 잘하여 자신의 편으로 삼으면 큰 도움이 될 것 같아서, 환속시킨 후 대궐로 데려왔다. 훗날 당 현종도 이와 비슷한 방법으로 절에 있던 양귀비를 데려오게 된다.

대궐로 온 무측천이 딸을 낳자 왕황후가 축하차 갔다. 축하를 마치고 돌아간 후 무측천이 대성통곡하며 고종에게 달려가 왕 황후가 딸을 목 졸라 죽였다고 누명을 씌웠다. 야심이 가득 찬 무측천이 볼 때 딸이야 또 낳으면 된다는 생각을 했던 것으로 보인다. 고종은 무측천의 말만 믿고 왕황후를 폐하고 무측천을 왕후로 삼았다. 얼마 되지 않아 암투를 벌이던 왕황후와 소숙비에게 누명을 씌워 일시에 죽여버린 후 고종이 건강이 안 좋다는 핑계로 수렴청정까지 하게 된다. 사람들 앞에서는 고종을 앞세우고 예절 바르게 했다. 마치 사람들이 있을 때는 시어머니께 깍듯하게 대하나 둘이 있을 때 폭행을 일삼는 며느리를 생각하면 될 것이다. 당 고종이 죽은 후 다른 여자에게서 난 태자를 폐한 후 나중에는 제거해버린다. 자신이 낳은 네 명의 아들을 왕위에 올리기도 하고 죽이기를 마음대로 했다. 말년에는 어린 손자를 보위에 올려놓고 실질적인 여황제로서 마음대로 정치를 했다.

유가의 도덕으로 보면 당태종 이세민과 무측천의 패륜은 용서받지 못할 인격 파탄자처럼 보이지만, 다른 각도에서 볼 필요가 있을 것 같다. 태종이 죽인 형제와 조카들과 개국공신들, 무측천이 죽인 왕가의 많은 인물과 숙청은 국가 경제의 입장에서 볼 때 이들은 생산적인 일보다 평생 무의도식할 무거운 짐과 장애물의 제거이기도 했다. 노약자나 장애자를 돕는 것은 인간만이 할 수 있지만, 당태종이나 무측천의 생산적이지 못한 기득권 숙청은 태평성대를 여는 환경을 조성했다. 그녀는 변방을 괴롭히는 민족들과 싸워 당 태종 때보다 더 영토를 넓혔고, 특히 문학과 예술을 사랑하여 문화가 꽃피게 했다.

파격적인 무측천이 15년 정도 사실상의 여황제로 군림하면서 남성 중심 관료제를 깨고 여성을 고위직에 등용해 볼 만했을 텐데, 그런 시도는 없었던 것 같다.

당 태종이 고구려 정복을 위해 직접 군대를 끌고 참전하고도 실패했으나, 실세 무측천이 활동하던 당 고종 때 만들어진 나·당 연합군에 의해 고구려는 망한다. 고구려는 수나라 때와 마찬가지도 당나라 때도 당당하게 자주국을 내세우다 패망한 가장 결정적인 이유는 연개소문 사후 아들들의 불화였다. 산맥 속에 여러 강이 해자를 두른 철옹성의 서안에서 일어난 여러 나라가 망한 것도 대부분 외부의 적보다 안으로 썩어 망한 경우가 더 많았음을 교훈으로 삼아야겠다.

당 태종이 남성으로 무를 숭상했다면, 무측천은 여성으로 문과 예술을 사랑했다. 두 사람은 개인 가정사에 오점을 남겼으나, 문화사에 끼친 큰 업적을 높이 평가하지 않을 수 없다.

셋째 날(5월 25일 흐린 후 비)

3일간 묵은 호텔에서 이번 여행의 마지막 아침을 먹고 짐을 모두 꾸려 밖으로 나왔다. 1호 차를 이용하던 김동균 원장이 출발하기 전에 2호 차에 올라와 인사말을 했다.

"오늘 계획대로 다니다 보면 작별 인사할 기회가 없을 것 같아 미리 인사를 하기 위해 올라왔습니다. 저는 전국에서 함안문화원을 일등 문화원으로 만들기 위해 노력해 왔고, 앞으로 그럴 것입니다. 여러분이 많이 협조해 주시고, 남은 일정 즐거운 여행 되시기 바랍니다."라고 인사하자 회원들 모두 환영의 박수를 보냈다.

문화 사업은 많은 시간이 걸리는 일이다. 아름다운 꽃길 하나를 조성하려 해도 나무가 성장하여 꽃이 피기까지 최소한 몇 년의 시간을 기다려야 하듯, 문화 사업은 더 많은 시간과 노력이 필요할 것이다. 미래를 보고 누군가 설계하고 나무를 심는 선각자가 필요하다는 생각을 했다.

오늘은 일정을 조금 변경하여 9시 50분에 대안탑大雁塔이 있는 대자은사大慈恩寺로 출발했다. 한정남 가이드에 의하면 불법佛法을 구하려 인도로 가는 여정을 일기형식을 빌려 18만 자로 《대당서역기》를 남긴 현장법사의 사리가 대안탑에 모셔져 있다고 했다.

삼장법사로도 더 알려져 있는 그는 경經·율律·논論 모두에 능통해 붙여진 다른 별명이다. 중국에서 대표적인 삼장법사로 구마라십, 현장법사, 불공不空이 있는데, 신라의 혜초가 인도로 떠나기 전에 불공에게 배운 것으로 알려져 있으며 문화혁명 때 절 내부가 많이 파괴되었다고 한다. 대안탑은 원래 오층 탑이었는데, 십층으로 증축되었다가, 현재 칠층 탑으로 남아 있다.

중국 불교는 크게 현장 이전과 이후로 나누기도 한다. 현장 이전에는 인도의 승려들이 중국에 와서 불교를 설파하였으나, 현장이 인도로 가서 승려가 만 명이 넘게 머무는 난타사를 중심으로 대승불교를 설파했다. 중국으로 돌아올 무렵 현장은 인도 불교계에 유명 인사가 되어 있었다. 인도에 명성을 떨치다 고국을 떠난 지 16년 만에 불경을 실은 22필의 말을 끌고 돌아와서 번역 사업에 일생을 마쳤다.

현장 이후에는 오히려 중국의 승려가 인도에 가서 대승불교를 설파하기도 한다. 후대로 오면서 중국·한국·일본·몽골 등은 대승불교가 성행하고, 태국·스리랑카·방글라데시·미얀마 등 남쪽에서는 소승불교가 융성하게 된 것은 같은 종교라도 자연 문화환경에 따라 적응

방법이 달랐기 때문이다.

　더운 지방에 소승불교가 융성한 것은 철저한 개인의 깨달음을 통해 중생보다 뛰어난 지식인이 되어야 생존할 수 있었다. 민가에서는 더운 날씨로 저장하기 어려운 음식을 탁발자에게 제공하고, 깨달은 자는 지식이나 지혜를 중생에게 제공함으로 공존할 수 있었을 것이다. 자연 환경상 탁발에 구애 없이 집단 거주가 가능한 지역에서는 모든 중생 구제를 목표로 하는 대승불교가 더 적합했다고 볼 수 있다. 불교와 함께 인도문화가 중국에 들어와 중국 문화가 다양해지고 풍성해진 것이다.

　당 고종 이치李治의 어머니이자 당 태종 이세민李世民의 문덕황후 장손長孫 씨가 마흔이 안 된 젊은 나이에 요절하자, 훗날 어머니의 영혼을 위로하기 위해 당 고종 이치가 이곳에 세운 절이 대자은사大慈恩寺다. 문덕왕후 장손 씨는 중국 역사상 가장 존경받는 황후 중 한 사람이다.

　당 태종 수하에 기라성 같은 인물들이 있었는데, 위징魏徵이란 인물이 나라에 유익한 많은 일을 했을 뿐만 아니라 성격이 태종과 비슷하여 직선적이고 개성이 강하여 당 태종과 자주 부딪치곤 했다. 원래 위징은 태종의 형인 이건성의 사람이었다. 위징이 이건성에게 이세민이 역모의 마음이 있는 위험한 인물이니 살려두면 큰 화근이 될 것이라며, 여러 차례 죽이자고 강력하게 주장했으나, 듣지 않고 있다가 동생에게 일가족이 몰살당했다. 당 태종이 권력을 잡은 후 위징에게 자신을 죽이고자 한 것을 문제 삼자

"돌아가신 태자께서 만약 내 말을 들었더라면, 결코 오늘과 같은 일 어나지 않았을 것이다."라며 당당하게 말하자, 당 태종이 그를 수하로 받아들이고 형의 장례에 대한 일을 맡겼다. 당 태종에게 애지중지하는 새가 한 마리 있었는데, 어깨 위에 올려놓고 놀기를 좋아했다. 하루는 위징이 들어오는 것을 보고, 꼬장꼬장한 위징에게 지적받을 일이 두려워 얼른 품속에 감추었다. 위징이 이를 알고 간단하게 해도 될 말을 질질 시간을 끌다가 돌아갔다. 위징이 돌아간 후 당 태종이 새를 꺼내자 질식하여 죽어 있는 것을 보고, 당 태종이 불같이 화를 내면서 이번에는 위징을 반드시 죽여버리겠다고 난리를 쳤다.

당 태종이 처소에 돌아와서도 분을 못 삭이고 문덕황후 장손 씨에게 말했다.

"위징이란 놈이 공공연하게 나를 모욕주니 이번에는 반드시 죽여버려야 되겠소."

이 말을 듣던 문덕황후가 조용히 물러나 조복을 꺼내 입고 당 태종에게 공손하게 큰절을 하자(조복진간朝服進諫의 유래), 예상하지 못한 황후의 태도에 놀란 당 태종이 물었다.

"무슨 일이요?"

황후가 웃으며 말했다.

"옛말에 곧은 임금 밑에 곧은 신하가 있다고 했습니다. 위징과 같은 올바른 신하를 두었으니 나라에 이보다 더 큰 경사가 어디에 있겠습니까? 그래서 감축드립니다."

이 말을 들은 태종이 화를 풀었다고 한다. 문덕황후가 늘 친정집 사람들을 경계했으나, 문무를 겸한 오라비 장손무기가 승상이 되었고,

차츰 친정 오라비가 직무에 태만함을 알고 위징으로 교체하기를 간곡히 권해서 그렇게 되기도 했다.

왕후 장손 씨는 어려서부터 독서를 무척 좋아했고, 지혜로웠다. 당 태종이 황제가 된 후 옛것을 함부로 버리는 것을 보고 정색을 하며 말했다.

"옛것을 함부로 버리니 얼마 가지 않아 소첩도 죽게 되겠군요."

하자 당 태종이 함부로 버리지 못했다고 한다.

장손 씨가 15세의 이세민과, 12세 때 혼인하여 이세민을 잘 보좌하면서 시아버지 이연을 조심스럽게 잘 모셔 칭찬과 사랑을 받았고, 그녀를 모시는 하인들에게도 함부로 대하거나 화를 내지 않았다. 검소하게 살면서 하인들에게 어려운 일이 생기면 지혜를 발휘하여 분수에 맞게 하나같이 도와주자 존경을 한 몸에 받았다.

문헌에 천식으로 죽었다는 것으로 볼 때 결핵이나, 폐암이 아닐까 한다. 장손 씨가 죽음에 이르자 당 태종은 자신이 할 수 있는 온갖 노력을 다했지만, 살릴 수가 없었다. 장례 후 그녀의 무덤 근처에 높은 탑을 세우고 멀리서 바라보고자 했으나, 이번에도 위징이 가만히 있지 않았다.

"황후가 유언으로도 말했듯이, 많은 경비가 들고 백성을 번거롭게 하는 일은 황후의 뜻에 어긋납니다."

이 말을 들은 당 태종은 한차례 대성통곡을 한 후 공사 중이던 탑을 허물게 했다.

이런 문덕황후를 누구보다 잘 아는 당 고종 이치는 어머니에 대한 존경과 사랑과 슬픔이 얼마나 컸을까 하는 생각이 든다.

대자은사를 뒤로하고 명나라 때 성벽을 보러 갔다. 성벽의 길이는 13.6km라 하고 높이는 12~14m, 성 아래의 폭은 16m 내외이며 쉽게 성에 접근 못 하게 폭이 10m 정도 되는 해자를 둘렀다. 현재의 건물은 명나라 홍무제 때 축조하여 9년에 걸려 완공한 공사로 알려져 있다.

성 위는 여러 대의 마차가 종대로 열을 지어 달릴 수 있는 도로와 같고, 현재 성안에 약 20만이 거주하고 있다고 한다. 가이드에 의하면 왕조가 바뀔 때마다 앞 왕조의 흔적을 지우기 위해 철저하게 파괴하고, 신왕조에서는 더 크고 화려하게 새로운 건물을 건설하기 때문에 명나라 유적 일부만 남아 있다고 한다. 성 위에서 40분 정도 머물면서 건축물 내부에도 들어가 보기도 하고 걷기도 했다.

장소를 바꾸어 음악분수로 갔을 때 보슬비가 내리고 있었다. 가이드가 시간을 20분을 준다고 하여 빠르게 혼자 움직였다. 음악은 흐르고 있었으나 분수는 작동되지 않고 있었다. 야경이 아주 좋겠다는 생각이 들었다. 8분까지 걸어가다가 돌아서 만나기로 한 위치로 갔으나, 아직 20분이 초과되지 않았는데 한 사람도 보이지 않았다. 당황하여 주변을 아무리 살펴도 회원은 한 사람도 보이지 않았다. 30~40m 정도 걸어 큰길 방향으로 나가보니 1조 가이드가 건널목을 마지막으로 막 건너는 것을 보고 따라갈 수 있었다. 버스에 타니 사고가 있었다고 했다. 칠원에서 참석한 젊은 여성 회원이 빗물에 미끄러져 병원으로 이송되었다는 것이다.

점심 식사를 마치고 우리나라 인사동과 비슷한 분위기가 나는 서원문 거리로 갔다. 비는 추적추적 내리기 시작하고 이동하는 인원이 많아 구경을 제대로 하기가 어려웠다. 붓을 사는 회원들이 몇 명 보였다. 2호 차 가이드가 통역을 위해 병원으로 가고 없어, 나는 1호 차 가이드에게 부탁하여 짧은 시간에 200위안(3만 원 정도) 주고 낙관을 하나 팠다.

먹거리로 유명한 회족거리를 걸을 때도 비는 멎지 않고 계속 부슬부슬 내렸다. 식사한 지 얼마 되지 않은 시간에 비까지 내려 음식을 사 먹는 회원은 없었고 걸어가면서 구경만 했다. 회족이 서안에 최초로 들어온 것은 실크로드를 통해서였으나, 집단으로 거주한 시기는 안록산 난 이후로 알려져 있다. 중국은 고대부터 외교 정책이나 개인의 인간관계에서도 이이제이以夷制夷 전략을 잘 써왔다. 오랑캐로 오랑캐를 막는다는 전략인데, 손 안 대고 코 푸는 전략인 셈이다. 개인적인 경우 앞서 말한 당 고종의 왕 황후가 무측천을 이용해 소숙비를 견제하고자 하는 경우에서도 볼 수 있다. 당 현종 때 안록산이 난을 일으키자 난을 진압하기 위해 전투력이 뛰어난 페르시아와 중앙아시아 출신 무슬림 병사를 고용하여 난을 진압하는데 결정적 역할을 하였다. 안록산 아버지는 이란계로, 어머니는 돌궐계로 알려져 있으며 그의 수하에도 이민족이 많았다. 전쟁에서 승리하면 철저하게 약탈이 시작되는데, 이런 문화는 대부분의 군대에서 공공연하게 허용되었고, 유목민이나 바다를 배경으로 하는 해적도 같았다. 안록산은 자신보다 나이가 어린 양귀비를 어머니로 모실 정도로 아첨과 연기력에 탁월했던 것으로 알려져 있다.

서안에 거주하는 무슬림의 특징은 돼지고기와 술은 먹지 않고, 양고기·꼬치·만두 등이 그들의 대표적인 음식이며, 일상생활에서는 중국어를 사용하나, 종교의식에서는 아랍어를 사용하고 있다고 한다.

무슬림과 유대교에서는 전통적으로 돼지가 불결하고 병을 옮겨 안 먹는다고 해석하지만, 무슬림이 생기기 전 원래 돼지를 많이 키웠던 지역으로 알려져 있다. 기아로 사람이 죽어가는데 목축하는 자들이 사람에게 식량을 주지 않으면서 돈이 되는 돼지에게는 주고, 농토마저 돼지에게 빼앗기는 일이 생기자, 돼지에 대한 원성이 높을 때 꾸란이나 하디스에 돼지고기를 먹지 못하게 하여 민중의 절대적 지지를 받았다고 보는 사람도 있다.

또, 무슬림은 '술은 악마의 어머니'로 취급하며 마시지 않는다. 나처럼 삼겹살에 독주를 좋아하는 사람은 무슬림이 되고 싶어도 음식 때문에 절대로 될 수 없다. 스페인, 포루투칼 같은 나라는 역사와 문화 배경을 보면 무슬림 국가가 될 수도 있었으나, 돼지고기와 술을 많이 먹는 지역이라 무슬림이 들어가기가 어려운 지역이었다.

저녁은 12가지 만주가 나오는 만두 전문 집으로 갔다. 같은 테이블에 11명이 앉았는데, 사람 수에 맞추어 만두가 나오기 때문에 누군가 실수로 하나 더 먹으면 다른 한 사람은 못 먹는다고 한다. 마지막으로 나오는 만두는 무한 리필 된다고 강조했고, 실제로 무한 리필의 만두가 한 번 더 나왔으나, 모두 배불러 더 못 먹겠다며 남겼다. 빗물에 넘어져 다쳤던 여성 회원이 병원에서 치료를 받은 후 왼쪽 손에 붕대를 감고 돌아왔다. 여러 사람이 찾아가 걱정과 위로를 했다. 뼈가 파손된 것보다 금이 간 것이, 오른손잡이라 오른손보다 왼손에 금이 간 것이 그나마 다행이라고 위로를 했다. 본인도 웃으며 그렇다고 흔쾌히 수용하는 것으로 보아 무척 낙천적인 성격인 것 같다.

　이번에는 명대의 유적이 있는 야경을 보기 위해 이동했다. 많은 사람이 삼삼오오 떼를 지어 물밀듯이 움직이고 있었다. 비가 한차례 지나간 후라 구경꾼이 많아도 공기는 매우 맑고 상쾌했다. 자칫하면 일행을 놓칠 염려가 있어 오 분 정도 단위로 가이드가 함안! 함안! 하며 고함을 지르며 걸었다. 가이드 두 사람이 같은 일을 하는데, 일하는 스타일과 성격 차가 확연하게 달랐다. 1조 가이드는 막 부임해 온 소대장처럼 카리스마로 이끌려고 했고, 2조 가이드는 중·고등학교 자상한 담임처럼 차근차근 이해시키고 설득시키려 했다. 하늘에 시커먼 먹구름이 있어 비가 올까 멀리까지 가지는 못했다.

　걷다가 우연히 김동균 원장, 이쾌권 이사와 보행 속도를 같이하게 되어 걸으면서 잠시 대화를 나누었다. 김 원장이 함안 아라길에 나무가 제법 성장했으니, 여기처럼 몇 군데 나무에 조명 시설을 하고 어떻게 하든지 사람이 모이게 하면 좋겠다고 했다. 이쾌권 이사도 군청에서 조금만 관심을 가지고 주변을 꾸미면 사람이 모이게 될 것이라는 말을 했다. 나는 함안에 아마추어 음악 동호회와 예능 공연 팀들이 있는데, 계획을 짜서 공연비를 조금씩 주고 무대에 설 기회를 자주 마련해 주면 사람도 모이고 함안문화 예술 발전에도 도움이 될 것 같다는 이야기를 했다.

　당나라 때 장안은 국제 도시로 여러 나라의 물자가 모여 부유했고, 도둑과 대문이 없었다는 말이 전하고 있다. 주周나라에서 번성한 인문주의 유교 문화와, 수·당 때 왕성했던 불교문화는 이번 여행 코스인 서안이 중심지였고, 우리 고대문화에 크게 영향을 주었던 곳이라 하나하나가 예사롭게 보이지 않았다.

　서안 공항에서 수속을 마치고 비행기를 기다리면서 우리와 여행 일정이 같았던 거제도 팀을 또 만났다. 그들은 박물관대학팀으로 호텔도 3일 동안 우리와 같이 써서 몇 명은 낯이 익었다. 서울에서 경상도 사투리 쓰는 사람을 만나면 마치 고향 사람 만나는 것 같아 반가운데, 공항에서 또 보게 되어 관심이 끌려 몇 명이 함께 왔는지 묻자, 일행이 17명이라고 했다. 평균 나이가 우리보다 훨씬 젊어 보였고, 자기들끼리 많은 이야기를 나누고 있었다. 어떤 주제나 목표를 가지고 공부하는 모습이 좋았다.

　아침 6시 30분경 김해공항에 도착하여 군청에서 제공한 대형버스를 타고 함안으로 돌아왔다. 몸은 피곤하고 머릿속엔 중국 장안을 거쳐 인도, 파키스탄, 아프가니스탄 등 구도의 길을 걷는 신라의 고승 혜초의 모습이 자꾸 떠올랐다. 옷깃만 스쳐도 인연이란 말이 있는데, 80여 시간을 함께한 회원들과 문화원 뒤 함주공원에서 아쉬운 작별인사를 했다. 쉽게 배우고, 쉽게 얻는 것은 오래가지 못한다. 이번 문화여행에 엎어지기도 하고 미끄러져 다친 회원이 있기도 했지만, 발로 걸으면서 현장에서 보고 느낀 것은 아름다운 추억이 되어 오래갈 것 같다.

―《함안뉴스》(2024. 7.)

11
나의 문학기행

이노우에 야스시 문학기념관에서
함안문협 김경연 부회장·서영덕 차장, 출항작가 이신남·백혜숙. 天元地方 앞에서

함안문인협회에 가입할 때 생각지 못했으나, 세월이 흐르면서 의외의 발견과 도움을 받은 것이 있다면 문학기행을 통해서이다. 처음부터 문학기행 가려고 단체에 가입한 것은 아니니까 문학기행에서 얻는 것은 나에게 팁이요 보너스였다. 나는 아주 특별한 일이 없는 한 문학기행에 빠진 적 없이 참가해 왔다.

코로나19 기간에 함안문협 회장을 맡고 있던 시기라, 한풀 꺾인 소강상태를 틈타 버스 소독 철저히 하고, 밥 먹는 시간 외는 마스크 착용하기로 하고, 기습 작전하듯 사람 왕래가 없는 신새벽에 출발하여 가까운 통영으로 갔다 오기도 했다. 함안문학관이 착공되자 사전 학습을 위해 별도로 간 몇 곳까지 합하면 대충 헤아려 봐도 40곳은 넘을 것 같다. 느끼고 본 것을 꼼꼼하게 기록했으면 책이 한 권 될 것 같은데, 게으름을 탓할 수밖에 없다.

최근 경남문인협회에서 간 해외 문학기행에도 빠짐없이 다녔다. 20여 년 전 시행하고 중단되었다가, 함안 출신 이달균 회장이 2023년 부활시켜 올해 삼연속 의욕적으로 진행하고 있다.

2023년 6월 30일 3박 5일로 떠난 몽골여행에 참가했다. 몽골은 문학과 직접적인 관계는 없지만, 대부분의 문인들에게 미지의 세계이고 함안 출신으로 몽골의 슈바이츠로 통하는 이태준 선생이 발길을 몽골로 이끄는 결정적인 영향을 준 것 같다.

일제강점기에 활동한 이태준 열사의 업적에 대해 모르는 사람이 많아 이태준 열사를 우리 문인들이 앞장서 알리자고 뜻을 모아, 이달균 회장과 필자가 이태준기념사업회 이사장을 맡고 있는 함안문화원 김동균 원장을 만났다.

경남문인협회에 능력 있는 문인들이 많으니, 몽골여행 후 이태준 선생에 대한 사화집을 만들자고 제안했다. 회원들에게 원고료를 책정해주면, 참가 문인들은 답사 경비를 줄일 수 있고, 사화집 자체와 참가 문인들의 관심과 입을 통해서 홍보가 될 것 같아서였다.

  김동균 원장의 답변은 1년 전 경남 고성문화원에서 문화원연합회 사업비를 받아가서, 경남이 연속으로 받아오기 어려움이 있다 하여, 미련 없이 참가 회원들 순수 자비로 50여 명이 몽골로 떠났다.

  산이 많은 함안에서 태어나 자란 나는 초등 저학년 때 처음 부산 태종대 바다를 보고 받은 감동과 충격은 글로 표현하기 어렵다. 그 후 서울에 살면서 스트레스를 많이 받거나 힘든 일이 생기면, 인천의 바다나 부산 태종대에 가면 씻은 듯이 해결되었다. 지금도 갑갑할 때는 혼자 바다를 찾는다.

  예순 줄에 끝이 안 보이는 몽골의 초원을 처음 보고, 바다와 또 다른 감동이 있었다. 내륙에서 자라 수영에 능숙하지 못한 나는 지평선과 높은 파도를 보면 좋긴 하나 가까이하기에 두려움을 느끼지만, 몽골의 끝이 안 보이는 초원을 보자 바다와 달리 포근한 고향에 돌아왔다는 생각이 들었다. 계절이 우리보다 늦어 우리가 갔을 때 어떤 곳은 광활한 꽃밭을 이루고 있어 꿈길을 걷는 느낌도 있었다. 책과 영화에서 본 칭기즈칸을 승마를 하면서 비가 내리는 말등 위로 불러오기도 했고, 여행에서 돌아온 참가 회원들이 여러 언론 매체에 글을 발표했다.

  2024년 1월 18일 출발한 3박 5일 라오스 여행 때도 몽골여행 때와 비슷한 50여 명이 참가했다. 참가 문인 대부분이 지난 몽골여행 때 함께했던 회원들이라 친목 도모의 역할이 컸다. 라오스는 우리나라

70년대를 연상케 했고, 명승지마다 무분별한 중국 자본이 많이 들어와 있어 라오스의 미래가 걱정되었다. 불교 국가라 편안한 마음으로 다녔고, 망고를 비롯한 여러 과일과 먹어보지 못했던 음식 체험이 쏠쏠한 수확으로 남았고, 다음 여행은 문학과 직접 관계되는 일본 북해도 쪽으로 떠나자는 다수 의견이 있었다.

2025년 5월 30일 출발 3박 5일 북해도 문학여행에 32명 선착순으로 모집하여 떠났다. 북해도의 여러 명승지를 둘러봤지만, 소설가 와나타베 준이치·홋카이도 도립·미우라 아야코·이노우에 야스시 문학관 방문이 여행의 핵심이었다. 문학관에 소개된 문인들 모두 훌륭한 작가들이지만, 그중에 나에게는 미우라 아야코 작가가 가장 인상 깊게 남았다. 일본과 관계된 책으로 《대망》, 《미야모도 무사시》, 작가로는 가와바타 야스나리와 오에 겐자부로가 쓴 몇 작품 정도 떠오르는 나에게 문학여행으로 인해 미우라 아야코를 알았다.

2차 대전 어려운 시대 여성으로 태어나, 17세에 교사가 되어 어린 제자들과 나눈 애틋한 사제 간의 사랑과 당시 거의 불치병인 결핵으로 여동생과, 사랑하는 남자 친구의 아주 총명했던 여동생이 어린 나이에 꽃도 못 피우고 죽어가는 것을 목격하고, 자신도 결핵을 앓아야 했으며 나중에는 직장암, 파킨슨병까지 겹쳐, 최악의 환경 속에서 이룬 문학작품은 국적을 떠나 높이 평가하지 않을 수 없었다.

사전에 자료를 찾아보고 작품도 몇 개 찾아 읽고 갔으나, 5월 31일 오후 미우라 아야코 문학관에 상주하는 해설사의 설명을 다시 들으니 마음이 먹먹해졌다. 연인도 결핵에 걸려 약물치료가 되지 않아 수술을 받아야 했고, 떼어 낸 늑골을 병상에 누워 있는 미우라 아야코에게 사랑의 징표로 주기도 한다.

어느 날 집에서 요양 중일 때 언니로부터 홋카이도 의대를 다니다 장기간 요양 중이던 연인이 죽었다는 소식에, 병상에서 울면서 자신의 머리카락 한 움큼을 잘라 언니에게 주며 화장하는데 같이 넣어 달라고 부탁하는 장면, 화장 후 작은 상자에 담겨 온 뼛가루 상자를 받는 장면과, 문학관에 있는 모형의 작은 상자를 보자 나도 모르게 눈물이 돌았다.

그녀의 자서전을 보면 사귄 지 오래되었고, 당시 결혼 적령기를 넘었으나 몸을 섞지 않은 것으로 그녀는 고백하고 있다. 그녀는 전쟁과 질병에서 오는 고통과 아픔을 견디어 내는 과정을 작품으로 승화시키고, 진솔하게 그려 내어 진한 감동과 울림을 준다.

한국으로 돌아와서 관장에게 경남문협 부회장으로(회장 민창홍) 감사의 메일과 문학관 앞에서 단체로 찍은 사진을 보냈더니 답신이 왔다. 표현은 영어로 주고받았다.

조평래 부회장님께

친절한 말씀과 미우라 아야코 기념 문학관을 방문해주셨을 때 찍은 아름다운 사진들을 보내주셔서 진심으로 감사드립니다. 조 부회장님을 모실 수 있어 저희는 큰 영광이었습니다. 미우라 아야코 문학의 정신이 부회장님을 비롯한 많은 한국인들에게 깊이 울림을 주었다는 말씀에 큰 기쁨을 느낍니다.

부회장님의 따뜻한 말씀은 저희 모두의 마음에 깊은 감동을 주었습니다. 문학을 통한 양국 간의 인연이 앞으로도 더욱 깊어지고 아름답게 이어지기를 진심으로 바랍니다. 기회가 되신다면 언제든지 다시 방문해 주시기를 바랍니다. 따뜻한 인사와 진심 어린 감사의 마음을 담아 드립니다.

          2025. 6. 3. 관장 난바 마사치카 드림

 조평래 부회장님께

 감동적인 메시지에 진심으로 감사드립니다. 진심 어린 말씀은 우리 모두의 마음을 울렸으며, 우리의 소박한 답장이 부회장님과 함께한 작가님들께 기쁨을 드렸다는 사실에 진심으로 영광을 느낍니다. 또한, 보내주신 아름다운 사진들에 대해서도 감사드립니다.

 동행한 모든 분들의 환한 미소를 보니 마음이 밝아졌고, 큰 행복을 느꼈습니다. 진심으로 감사드립니다. 미우라 아야코는 평생 동안 많은 고난을 겪었지만, 결코 절망하지 않았습니다.

 그녀는 변함없는 신앙으로 하나님께서 주신 희망을 굳게 붙잡고, 그 희망을 다른 사람들과 나누기 위해 계속해서 글을 썼습니다. 그녀의 삶과 작품은 보편적인 메시지를 전달하며, 이는 국가와 문화, 시간을 초월하는 내용입니다. 우리는 이 메시지를 보존하고 후세에 전달하는 것이 우리의 사명이라 생각하며, 그 정신으로 계속해서 문학관을 운영할 것입니다.

 언젠가 다시 뵙게 되기를 기쁘게 생각합니다. 언제든지 저희의 문은 부회장님을 향해 열려 있다는 것을 알아 주십시오. 진심으로 감사드리며 따뜻한 인사를 전합니다.

          2025. 6. 10 관장 난바 마사치카 드림

             —《함안문학》 36호(2025. 7.)

PART
06
—

일상도
때로는 보석

01
우주여행을 떠나는 친구에게

　사랑하는 가족, 친구, 후배들에게 더 베풀고 떠나지 못해 마음 아파하며 긴 여행에, 계획도 못 세우고 황급히 출발하지는 않았는지요? 선생을 사랑했던 남은 우리는 아쉬움과 한탄의 늪에서 쉽게 빠져나오지 못하고 있습니다.

　지금쯤 가슴 벅찬 별나라 여행을 시작하셨는지요? 설마 지구별에 너무 오래 머물렀다고 후회하고 있는 것은 아니겠지요? 견딜 수 없는 슬픔과 여행 스케줄에 참고가 될까 하여 넋두리를 좀 해 볼까 합니다.

　조금 도움이 되었다거나 전혀 도움이 못 되었다 하더라도 암시나 연락은 주시길 바라오. 다른 세계로 떠난 사람이 꿈에 나타나면 무섭다고 하는 사람들도 있습니다만, 다행히 이 몸은 그렇지 않고 선생이 나타나면 오랫동안 기분이 좋아질 것입니다. 선생은 지구별에서 산수와 음악을 무척 좋아하셨으니, 하늘 나루터에서 배를 타고 은하수 별

길을 따라 내려가면서 돌고래의 재롱도 보시고, 직녀가 연주하는 가야금 소리에 한 번 취해 보는 것은 어떨는지요? 그리고 직녀가 간혹 찾는 전망 좋은 점대라는 높은 누각에 오르면 우주가 한눈에 들어올 것 같은 생각이 듭니다.

누각 뒤로 옥황상제가 애용하는 연도가 있는데 이곳도 가볼 만할 것 같습니다.

눈 높은 선배가 좋아하여 자주 다니는 것으로 봐 꽤 매력이 있어 보입니다. 은하수 변 천시원에서 상제가 베푸는 만찬이 있으면 그냥 들어가서 식사를 하십시오. 선생 같은 사람이 거기에 못 가면 누가 가겠소.

그곳이 마음에 들어도 너무 오래 머물지는 마시고 건너편 풍광이 좋은 곳에 은둔 군자들이 모여 사는 방패족 마을이 있는데, 겉으로 소박하게 보여 대부분 무시하고 지나치는 것 같습니다. 이곳은 주변 경치가 좋을 뿐만 아니라 의외로 인품이 뛰어난 족속들이 모여 살 것 같은 예감이 듭니다. 참고로 이곳에서 나오는 참외와 수박은 하늘나라에서도 알아주는 특산물이니 바쁘시더라도 꼭 맛보시길 바랍니다. 선생의 취향이 바뀌지 않았다면 아마 가장 뿌리를 내리고 살아보고 싶어 할 곳은 이곳이 아닐까 하는 생각이 듭니다.

그것은 훗날 여행에 지치면 생각해 볼 일이고, 이왕 나선 여행 좀 더 많은 곳을 둘러보시는 것이 좋지 않을까요? 좀 더 내려가면 넓고 광활하게 펼쳐지는 견우의 목장과 멀지 않은 곳에 궁수촌도 매력이 있어 보이고, 하늘나라 재래시장도 한 번쯤은 가볼 만한 곳일 것입니다.

가슴이 답답하면 왕량이나 조보와 함께 하늘나라 카 레이싱에도 참가해 멋지게 우주를 한 번 달려 보십시오. 가을이 되면 지구별이나 하늘나라 도서관도 분주해지는 것 같습니다. 도서관 앞을 지나갈 때 환하게 밝혀 놓은 조명이 선생을 무척 유혹할 수도 있을 것이오. 선생이 그곳에 들어가면 지적 호기심이 발동하여 여행에 많은 차질이 생길 것 같소. 평소 선생이 책을 좋아하는 성정을 참고로 하면 여행은 접고 주저앉을 것 같소. 그곳은 피해 멀리 돌아가십시오.

긴 여행에 목이 마를 때 물은 동정東井과 옥정玉井을 이용하시는 게 좋을 듯하오. 지구별까지 소문이 나 있는데, 정말로 그렇게 맛있는지 맛보신 후 살짝 암시를 한 번 보내주시기 바랍니다.

지구별에서 보이는 별세계도 어마어마한데 선생은 지금 엄청난 우주쇼를 보고 있겠지요. 혹시 짬이 나면 어디 정도 가고 있는지 손짓이나 한번 해주구려.

선생이 얼마 입지 않고 벗어놓고 떠난 옷은 한 줌의 재로 변해 선생이 좋아했던 전망 좋은 지리산 기슭 나무 밑에 묻었소. 오묘한 이런 곳을 찾아내는 풍수들이 우리 곁에 있다는 게 놀라운 일이라 하지 않을 수 없소. 심성이 착한 자들에게는 구질구질한 이론 없이도 통하는 무엇인가 있는가 봅니다. 이론서를 여러 권 읽고 이론에 집착하는 나 같은 사람은 평생 찾아 헤매도 이런 자리는 찾지 못할 것 같소. 선생을 사랑했던 남은 우리는 지구별을 떠날 때까지 잊지 못하고, 그리워하고 때론 눈물도 흘리겠지요. 즐겁고 멋진 여행이 되길 기원하겠소. 잘 가시오 신 선생!

—신영철 선생 애도사(2005. 10. 4.)

02
한 민초의 뜨거운 삶, 정기철 선생

아마 사람은 누구 하면 떠오르는 느낌과 이미지가 있을 것이다. 정기철鄭琪哲 선생에 대해 필자가 가지고 있는 이미지는 많은 사람이 겨울잠에 빠져 있는 이른 새벽 경쾌한 말굽 소리를 내며 필마단기로 광야를 향해 달려가는 기백이 넘치는 장수 같다는 생각을 많이 했다. 선생은 젊은 시절 경찰로 공직에 잠시 근무하다 중년 이후 육십 초까지는 대부분 개인 사업을 의욕적으로 하였고, 사업에서 은퇴 후는 사단법인 '남명학 연구원' 법정 이사, 경상대학교 '남명학 연구소' 이사, '합천 임란창의기념사업회' 상근이사, 경상남도 '임진란재현프로젝트' 자문위원, '합천군향토사학회' 회장 등 사회 봉사활동에서 노익장을 발휘하며 열정적으로 일하면서, 여러 편의 논문과 글을 남기기도 했다.

그는 노년에 젊은 날 축적된 경험을 되살려, 앞에 나서기보다 보이지 않는 곳에서 주로 학자들과 학계의 뒷바라지를 많이 했다. 깐깐하고 추진력 있는 좋은 일꾼으로만 알려져 있으나, 그를 심층적으로 아는 사람은 참신하고 독창성이 있는 몇 편의 논문과 글도 함께 기억할 것이다. 조선시대 역사나 사상사를 연구하는 학계에 사승 관계나 주변의 이해관계로 잘못된 부분을 적당히 답습하고 반복하는 풍토를 질타하며, 선생이 직접 예리한 고증과 따끔한 일침으로 간혹 주변을 놀라게 했고, 이로 인해 미움과 질시를 받기도 했다.

민감한 부분에 눈치를 보며 글을 쓰는 사람들은, 선생의 글을 통한 반론이나 발표장에선 그날 선생의 참석이 무척 신경이 쓰이고 긴장해야 했다. 이런 배경으로 하여 태어난 선생의 글은 더운 여름날 답답한 속을 시원하게 하는 청량 음료수 같은 존재로 남아 있다.

선생은 가야시대 철의 생산과 철에 관련된 문제에도 관심을 가졌고, 특히 조선시대 남명학과 임진왜란에 대한 주장은 대학 연구실에서 생애를 보낸 어느 교수에게도 뒤떨어지지 않는 내공과 실력이 있었으나, 시간과 주변 여건을 갖추지 못한 관계로 능력에 비해 많이 알려지지 못한 채 작고했다.

임종 직전에 선생이 집필하고 합천군에서 지원하여 비매품 단행본으로 출판된 《임진왜란 임·계 년간 경과 일남표 壬辰倭亂 壬·癸 年間 經過 一覽表》는 임진왜란에 관련하여 지금까지 국내 주요 논저와 일본 측의 최근 논저까지 망라하여 가장 신빙성 있는 자료를 종합 요약한 것으로 선생의 성격과 학문의 깊이 일면을 가장 잘 보여주는 역작이다. 얼핏 보면 연대별로 자료를 나열한 것 같지만, 선생은 많은 부분을 쓰고 정리하기 위해 일본 현장 탐방과 그곳 몇몇 교수들과의 면담도 여러 차례 가진 것으로 안다.

임진왜란에 대한 약간의 기초와 관심이 있는 사람들이 이 자료를 접하면 임진란을 연구하는 학자들이 당색에 연연하며 세도 있는 가문의 눈치를 보느라 칼자루를 잡지 못하고, 얼마나 전전긍긍하며 글을 써 왔는지 한눈에 볼 수 있게 한다.

선생은 이 글에서 감정적으로 일본을 무조건 좋아하거나 미워하기보다 객관적으로 보여 주려고 노력하고 있다. 전쟁의 비참함을 말하면서 왜군의 무차별 살육과 약탈을 소개하기도 하고, 한편으로 적장이었으나 왜군의 제6군을 이끌었으며 왜장 중에서 가장 나이가 많았던 고바야카와 다카카게(小早川隆景) 같은 이는 조선 민간인의 희생을 줄이기 위해 전쟁터를 서울이 아닌 벽제관으로 유도하는 장면과 남원에서도 그는 민간인 희생을 줄이고자 노력했음을 보여주고 있다. 임진란은 분명 우리 역사에서 비극이고 아픈 상처이지만 당시 양국의 정확한 정세 분석과 특히 일본 역사에 정통한 선생의 날카로운 매스를 통한 해부는 재미있는 영화처럼 빨려들게 하며 그 당시의 상황을 일목요연하게 입체적으로 잘 보여준다. 스스로 상상력이 빈약하다고 생각하는 필자는 이 책자를 접하고 출퇴근 지하철 안에서 책의 한면 한면에 수많은 장면을 연상하며 읽다가 하차해야 할 역을 한참 지나치기도 했다.

정기철 선생을 처음 만난 것은 대구에서 사업을 하고 있을 때인, 지금부터 이십여 년 전 선생이 잠시 짬을 내어 남명제가 열리던 덕천서원을 방문했을 때였다. 카랑카랑한 목소리와 말을 옮겨 적으면 바로 교정 없이 문장이 될 만큼 논리적이고 정확한 언어 구사에, 어눌한 필자는 그때를 인상 깊게 기억하고 있다. 선생은 젊었을 때 건국대학교 행정학과를 다니며 행정고시 준비와 사업을 할 때 동아대학교 경영대학원을 다니는 등 지속적인 자기 개발과 연구를 하여 여러 분야에 매우 박학다식했고, 언변이 좋고 날카로운 질문으로 어떤 좌석에서든 주목을 받았다.

선생을 만났던 초창기, 과거를 회상하는 어떤 이야기 속에 젊었을 때 뜻밖에 지리산 공비 토벌에 몸을 담았다는 이야기를 듣고 굉장히 보수적이고 편협하겠다는 생각을 했으나, 선생은 우스개로 파랭이들의 비리에 대해서도 신랄한 비판을 해 그런 편견은 일소되기도 했고, 격동기를 통과하면서 어느 한쪽에 서지 않을 수 없었으리라는 생각을 했다. 나이 차를 말하면 나와는 부자지간 같은 연차가 있었으나, 필자가 수놈이라고 동양의 역사 속에 나오는 에로틱한 이야기를 여과 없이 가끔 하시곤 했다.

평소 말과 글만 보면 대단한 강골에 빈틈이라곤 조금도 없이 딱딱하고 무미건조한 사람으로 보일 수 있으나, 탁 트인 바른 시각과 여유와 낭만이 있었고 이 나라 역사와 약자를 진정으로 사랑하고 실천한 지사였다고 생각한다.

내가 광해군과 내암來庵 정인홍鄭仁弘을 좋아하여 이분을 주인공으로 소설을 한번 써야 되겠다는 생각을 하면서 내암의 직계 후손인 선생과 여러 번 만났고, 이때부터 임종 직전까지 아무리 바빠도 보름에 한 번, 짧게는 일주일에 여러 차례 전화로 안부와 자료에 대한 정보를 교환했다. 시간이 가고 교류가 깊어질수록 소소한 약속을 기억하고 지키기에 철저한 선생의 모습에 매사를 대충대충하는 나를 반성하고 감탄시키곤 했다.

2001년 군비·국비·자부담을 합쳐 62억 원으로 준공한 합천 창의사, 그 후 다시 수억을 들여 내암 선생의 위패를 모신 청풍사晴嵐祠 준공이 있기까지 이 일에 깊이 관여하면서 선생에게 기쁜 일도 많이 있었지만, 숱한 애로 사항과 고충이 있었다. 어떤 일이라도 한번 맡은 일은 최고를 위해 전력투구해야 직성이 풀리는 성격으로 인해 생기는 고충도 있었을 것이다. 밤늦게까지 아무런 힘도 능력도 없는 필자에게 전화로 기쁨과 아쉬움을 토로하며 함께한 시간을 잊을 수 없다.

중병을 앓기 전에 선생은 술을 많이 마시지는 않았지만, 분위기가 좋아지면 소주 몇 잔 정도는 즐기기도 했다. 사업할 때 대구에서 정현택 선생, 문경현 선생 등과 자주 어울려 토론도 하고 노셨다는 이야기는 들은 적이 있는데, 이런 말을 들을 때마다 매우 부러워하며 그런 좋은 자리에 심부름이라도 할 인연을 가지지 못했음을 애석하게 생각하곤 했다.

2005년 여름 '우리 역사를 찾는 사람들' 몇몇 회원들과 함께 합천의 내암 선생 묘소에 참배한 후 밤늦게까지 토론하고, 다음 날엔 선생께서 합천 문화해설사로 변신하여 해인사海印寺, 소학당小學堂, 정인홍 선생 묘소 등을 돌며 친절하고 해박한 설명을 아끼지 않았던 일과 서울 마포 성산동 정현택 선생 댁에서 중국통인 이 집 주인과 일본통인 선생이 동서고금을 오가며 토론을 하다, 술기운이 오르고 흥이 나면 분위기를 바꾸어 정현택 선생의 오르간 연주에 맞추어, 노래하던 모습들이 이젠 아름답고 추억의 장으로 넘어가고 있다.

필자가 책을 들고 선생에게 직접 배움을 받지는 않았지만, 늘 정신적인 스승으로 생각해 왔고 역사나 책을 통해서가 아닌 동시대 사람으로서 나에게 많은 감화를 준 사람을 들라면 나는 서슴없이 정기철 선생을 꼽을 수 있다. 내가 선생을 마지막 뵌 것은 올해 3월 초 합천 본가에서였다.

아프기 전에 삶을 치열하게 살아 그런지 군살 없이 단단한 체격이었으나, 대장암이라는 중병을 앓으면서 투약과 치료로 겉으로 약간 수척하고 기운이 없어 보이긴 했으나, 보통 사람들처럼 몰라볼 정도로 축나 보이지는 않았다. 마지막으로 뵌 그때도 기억력과 영혼은 활활 타오르는 불꽃처럼 선명한 빛을 내고 있었다. 합천과 히로시마 원폭관계에 대한 자료와 피해자들의 원통한 사연과 역사의 배경을 언급하며, 앞으로 양쪽이 교류해야 할 일에 대한 생각을 말하면서, 이야기 중에 몇 차례 자신의 체력이 이제 얼마 남지 않았음을 한탄했는데, 그 모습이 너무 안타까워 가슴이 미어지기도 했다.

선생의 중병 소식에 놀라 그를 존경하고 사랑하는 몇몇 후학들이 서로 연락하여 어떻게 해야 병을 고칠 수 있나 정보를 교환하며 걱정하고 고민했고, 정회수 치과 원장은 중국 사천 중의약대학에서 공부하고 한의학 분야에 일가를 이룬 친구를 모시고 합천 본가를 달려가서 진단하고, 서울로 올라가서는 약을 지어 보내기도 했으나, 이때 이미 병이 워낙 많이 진행된 상태라 회복하지 못하고 기력이 다해 선생은 2007년 4월 1일 운명하셨다.

아침 일찍 정회수 원장으로부터 이 소식을 처음 들었을 때 억장이 무너지는 절망 속에 혹시 만우절 날 놀라게 할 농담이나 거짓말이기를 바랐으나, 선생은 78세로 만우절에 세상을 하직했다.

장례식에서 선생이 학부형이었을 때 자녀의 친구들에게 보이지 않게 베푼 선행이 화제가 되기도 했고, 음양으로 은혜를 입었던 여러 사람들이 잊지 않고 찾아와 선생을 높이 평가하며 애석해했으며, 생전에 열정을 보였던 '남명학 연구원'에서도 원장 이하 많은 관계자들이 참석해 선생의 덕을 추모했다.

선생의 유골은 화장되어 4월 3일 가족과 친지 동지들의 애도 속에 경북 영천 호국원에 안장되었다. 간병에 침착하게 끝까지 최선을 다하시는 사모님의 지극한 사랑과 깨끗하게 정돈된 방에 단정하게 앉아 열변을 토하던 선생의 마지막 모습이 눈에 선하다. 서툴게 굳은 근육을 지압한답시고 팔과 어깨를 만질 때 손을 통해 전해오던 온기는 마음속에 식지 않고, 오랫동안 그대로 남아 있을 것이다.

아직도 나는 습관적으로 밤늦게 간혹 선생을 생각하며 무의식적으로 전화기를 들었다가 한숨과 허탈한 마음으로 도로 놓을 때가 있다. 선생이 남기고 간 많은 선행은 후손 동지 후학들의 가슴속에 살아남아 우리 역사와 사회를 정화하는 역할을 할 것이다.

—《선비문화》(애도사, 2007. 4.)

03
아스피린과 거머리 해프닝

농장에 있는 전용 천연 목욕탕

귀촌하여 감나무 농사를 시작한 지 바로 어제 같은데 어느덧 10년이 넘어가고 있다. 나무를 심어 놓은 산 아래로 흐르는 작은 개울의 바닥이 반석으로 되어 있어 아무리 가물어도 여긴 물이 마르지는 않는다. 2018년 무술년 여름은 기상 관측 후 전국의 전 지역이 최고 온도를 갈아 치울 정도로 더웠고, 폭염주의보가 한 달 넘게 지속되었다.

사람마다 사랑하고 아끼는 물건이나 장소가 있을 것인데, 나는 많은 시간을 농장에서 보내다 보니 사랑하는 여러 가지 중 하나가 이 농장에 있는 작은 전용 목욕탕이다. 여름철 오전에 3시간 정도 작업을 하면, 온몸이 땀으로 범벅이 된다. 일을 마치고 천연 반석으로 된 전용 목욕탕에서 몸을 씻은 후 미리 준비한 옷을 갈아입으면 그 기분은 직접 해보지 않으면 모를 것이다.

비나 눈만 오지 않으면 아침마다 매일 하는 일이라 땀에 젖은 작업복도 아예 여기서 물에 헹구어 집에 와서 말려 놓으면 세탁기를 자주 돌리지 않아도 되고, 다음 날 다른 옷으로 갈아입을 걱정을 안 해도 된다. 겨울철 추운 날씨를 제외한 일 년에 150일 이상 이 목욕탕을 이용하는 것 같다. 올해 7월에서 8월 중순까지 37~38℃ 기온으로 폭염이 계속되어도 목욕탕의 물은 마르지 않았지만, 계곡 위에서 흘러 내려오는 물의 양이 줄고 수온이 올라가자 보기 힘든 거머리가 보였다.

8월 중순 이날도 오전 작업을 마치고 몸을 씻은 후 자동차로 하산하면서, 감나무 농장과 집 사이에서 양봉하는 집안 아저씨를 만나 문중 행사에 대해 20분 정도 이야기를 나누고 사무실로 왔다.

물에 헹구어 빤 옷이 들어 있는 비닐봉지를 들고 차에서 내리는데, 엉덩이 쪽이 축축하다는 생각이 들었다. 보이지 않는 뒤쪽이고 대수

롭지 않은 것으로 생각했다. 아마 날씨가 더워 땀이 흘렀거나, 잘못하여 물기가 있는 곳에 앉아 젖었을 것이라 생각하며 햇볕이 잘 들어오는 곳에 빨래를 널고, 1.8리터 페트병에 조금 남은 물을 냉장고에 넣기 위해 걸어가는데, 반바지 아래로 물이 흐르는 느낌이 있어 아래를 언뜻 보니 피가 뻘겋게 뚝뚝 떨어지고 있었다. 깜짝 놀라 물병을 바닥에 놓고 반바지를 무릎까지 내리자 반바지에 피가 고여 있고, 일부는 바닥으로 떨어지고 있었다. 팬티도 피에 젖어 엉망이었다.

　짧은 순간에 오만 가지 생각이 스쳐 갔다. 항문으로 하혈을 심하게 하면 큰 병으로 오래 못 산다고 했는데, 인생 종쳤구나 하는 생각이 제일 먼저 들었다. 그러면서 여자들 생리를 하면 아마 이렇겠지. 옛날 성교육을 못 받고 처음 생리하는 여자아이들 얼마나 당황하고 놀랐을까. 그것도 전혀 예측하지 못한 학교나 공공장소에서 이런 상황이 벌어진다면……?

　반바지를 얼른 벗자 소주잔 한잔 정도 될 피가 고여 있다가 탈출구를 찾아 다른 곳으로 벌겋게 번져갔다. 팬티를 내리고 두루마리 휴지를 둘둘 말아 엉덩이를 닦자 피가 휴지를 적신 후 손에 묻어날 정도가 되었다. 다시 휴지를 둘둘 말아 엉덩이 주변을 닦아도 벌건 피가 휴지를 다 적시고 손바닥에 계속 묻어 나왔다. 세 번째는 더 많은 휴지로 같은 방식으로 엉덩이 피를 닦자 피 속에 무엇인가 묻어 나왔다. 초등학교 때 구슬치기할 때 구슬 크기의 것이 휴지 속에 있었다. 만약 항문을 통해 이런 것이 나도 모르는 사이에 빠져나왔다면, 이놈의 정체는 무엇일까? 여태 뱃속에서 무엇을 하고 있다가 왜 피와 함께 나왔을까? 그래도 인체 밖으로 나온 것은 나로서는 다행일 것 같았다. 수

닭도 알을 낳는다, 아니야 못 낳는다는 문제로 어릴 적에 친구들과 논쟁을 한 적이 있는데, 내가 수탉도 아닌데 이놈의 정체는 도대체 무엇이란 말인가? 여러 방면으로 생각을 하는데 동글동글하던 게 약간 타원형으로 변해 있었고, 노란 줄이 보였다. 눈으로 가까운 것이 잘 안 보여 안경을 벗어놓고 자세히 관찰했다. 그때야 이놈의 정체가 거머리임을 알았다.

피를 쏟은 원인은 몸에 큰 병 때문이 아니고, 바로 이놈 때문이구나 위로를 하면서 거머리를 휴지에 싸서 쓰레기통에 던져 넣은 후, 흥건히 피에 젖은 팬티를 벗었다. 건강한 사람도 100mg 아스피린을 하루 한 알 먹으면 좋다 하여 먹고 있었는데, 정성이 지극하지 못해 한 달 통계를 내면 반 이상 먹기가 힘들었다. 그런데 요 며칠 삼일을 연속 먹은 것도 피를 많이 흘리는데 일조를 했을 것이다. 거머리가 빨판에 피의 응고가 잘되지 않게 하는 히루딘을 적게 사용해도 되었으니 횡재를 한 셈일 것이다.

작년에 조카로부터 다섯 가지 원색으로 된 팬티 세트를 선물 받았다. 평생에 빨간 팬티는 입어 본 적이 없어 장롱 속에서 버림을 받고 있다는 생각이 머리에 떠올랐다. 휴지와 물수건으로 엉덩이를 닦고 빨간 팬티를 찾아 갈아입은 후, 아래로 내려다보니 차림이 우습기도 하고 색깔에 대한 무슨 편견이 이렇게 심해 빨간 팬티를 이제껏 한 번도 입어 보지 못했을까 하는 생각을 했다. 피에 말아 놓은 반바지와 팬티는 먹은 아스피린으로 피가 빨리 굳지 않아서인지 물에 금방 씻겨 내려갔다. 비누를 칠하면서 여자들이 냇가에 나가 목욕할 때 팬티를 꼭 입어야 하겠다는 생각과 내가 존경하는 100년 전의 인물인 단재 신채호 생각이 났다.

　단재는 젊은 날 엄청난 독서와 성격이 괴팍하다 할 정도로 꼬장꼬장하고 일상생활도 틀에 잡혀 있어 파격이란 단어는 상상도 못 할 것이라는 이미지를 가지고 있었다. 그런데, 한 번은 친구들과 목욕탕에 갔는데 단재가 기생들이 입는 빨간 팬티를 입고 있는 것을 보고, 친구들이 포복절도를 했다는 이야기가 떠올라 혼자 웃었다.

　산에 있는 전용 목욕탕에서 헹구어 온 작업복과 피를 씻은 옷을 빨랫줄에 널어놓고 돌아서는데, 엉덩이 쪽이 또 축축해서 빨간 팬티를 내려 보자 피가 아직 멎지 않아 그동안에 또 많이 젖어 있었다.

　"이런 멍텅구리를 봤나."

　무슨 일에는 우선 순서가 있는데, 제일 먼저 지혈을 시켜야지. 피에 말아 놓은 옷이 물에 씻기지 않을까 빨리 처리한다고 순서를 어긴 것이다.

　정확한 위치 파악을 위해서 땅바닥에 거울을 놓고 이리저리 방향을 잡아 봐도 뒤쪽이라 잘 확인이 되지 않았다. 어느 여류 시인이 자기 생식기가 어떻게 생겼는지 궁금하여 거울을 놓고 시를 쓴 것이 생각났다. 휴지를 말아 여러 곳을 찍어보니 어느 정도 위치 파악이 되었다. 항문이 정통으로 물린 것이 아니고 양쪽 산이 마주 보는 6부 능선 정도 되는 한쪽으로 파악이 되었다. 엎드려 적당한 크기로 휴지로 말아 계곡과 계곡 사이에 끼우고, 자세를 바로 하자 휴지 뭉치가 빠질 염려가 없는 안성맞춤이 되었다.

　빨간 팬티는 20분도 못 입고 씻어 빨랫줄에 걸리는 신세가 되고 말았다.

작업이 끝난 후 거머리를 생각하니 괘씸하고 미웠다. 피를 보게 한 이놈을 도저히 용서할 수가 없었다. 거머리를 싸서 버린 휴지를 쓰레기통에서 뒤지기 시작했다. 얼마 내려가지 않아 찾을 수 있었다. 탱글탱글하던 거머리가 약간 늘어져 있었다. 양껏 많이 먹었고 휴지에 싸여 피부가 건조하니 힘을 못 쓰고 있었다. 그 상태에서 탈출은 꿈도 꿀 수 없었을 것이다. 시멘트 바닥에 놓고 힘껏 밟았다. 휴지가 두텁고 쿠션이 있는 슬리퍼라 터지지 않았다. 이번에는 발뒤꿈치로 힘껏 밟아 버리니 피가 총알처럼 쭉 뻗어 왼쪽 발 아킬레스건 옆으로 아슬아슬하게 지나 2미터 밖의 시멘트 바닥에 튀었다.

조금만 방향 설정을 잘못 잡았더라면 왼발에 2차 피해를 볼 뻔했다. 마지막 죽으면서까지 나의 약점을 알고 노리다니 이런 지독한 놈이……! 물걸레로 바닥의 피를 닦으면서 몇 년 전 친구들과 족구를 하다 왼쪽 발목의 아킬레스건이 터져 병원에 있을 때, 옆자리에 있던 환자는 손가락을 다쳐서 왔는데, 거머리를 비싼 가격에 사 와서 나쁜 피를 빨아먹게 하던 모습이 머리에 떠올랐다.

혹시 죽은 저놈이 나의 나쁜 피만 먹었다면, 오해로 큰 실수를 한 것은 아닐까? 순간적 감정에 사로잡혀 생명을 너무 경시하지 않았을까? 이런 생각을 하며 밀대로 시멘트 바닥의 피를 닦고 있는데, 동네 형님이 전동 분무기를 빌리러 왔다. 엉덩이 양쪽 계곡 사이에 끼워 놓은 휴지에 벌써 피가 포화 상태임을 느낄 수 있었다. 내 걸음걸이가 이상했는지 그 형이 농담을 했다.

"동생 요새 걸음이 왜 그래? 꼭 여자들 생리대를 찬 것 같네."

더운 날씨에 이야기가 길어지면 피곤할 것 같았다. 분무기를 내어

주면서 말했다.

"빨리 큰 놈 보러 화장실 가야 해요."

—《함안문학》29호(2018. 7.)

04
언어의 역할과 오해

 서울에서 직장 생활 초년기에, 우리말도 지역에 따라 의미가 달라 생긴 해프닝이 있었다. 내가 소속된 부서에 여직원 4명과 남자 직원은 나를 포함하여 3명이 있었는데, 어느 날 광주 J대를 졸업한 목포 출신의 엄모라는 친구가 한 명 보충되어 왔다.
 남도 출신들이 대체로 까무잡잡하고 성격이 뽀쪽한 면이 많은데, 이 친구는 흰 피부에 이목구비가 반듯하고 성격이 좋아 여직원들에게 인기가 좋았다. 그런데, 풍기는 외모와는 달리 원색적이고 걸쭉한 전라도 사투리를 그대로 사용해 간혹 팀 분위기를 한 번씩 뒤집어 놓곤 했다.
 이 친구가 출근한 지 며칠 되지 않았을 때, 그의 여자 초등 동창으로부터 전화가 왔다. 옆에서 들으니 대충 이런 내용이었다.

엄씨 (수화기를 들고) 으메 미자야, 반갑다잉. 이게 몇 년 만이

고잉? (어쩌구 저쩌구……) 그래 그래 만나야제이잉. 오늘 시간 있는데 어쩔까잉?

미자 좋구마잉.
엄씨 저녁 일곱 시 신촌 어디 어디에 있는 장미다방 괜찮을까잉?
미자 나도, 그곳은 알지잉.

여기까지는 일상적으로 있는 일이라, 나는 한쪽 귀로 들으며 내 일에 전념하고 있었다. 그런데, 엄모가 천연덕스럽게 날리는 마지막 멘트에 나는 너무나 황당해 눈을 둥그렇게 뜨고 그를 쳐다보게 된다.

엄씨 그럼, 일곱 시에 만나 빠구리하자잉.(좋아 코를 벌렁거리며, 수화기에 귀를 대고 눈으론 컴퓨터를 보고 있다).
미자 그래 좋구마잉.
엄씨 (수화기를 놓는다)
나 (매우 놀라 엄모를 쳐다보며) 우와! 엄형, 박력 있다. 만나자마자 합의 빠구리가?
엄씨 (내 표정과 말을 더 의아해하며) 뭔 소리여? 아, 빠구리?

엄에 의하면 목포 쪽에서는 '빠구리'를 단순히 '만난다' 혹은 '만나서 수다 떤다'는 의미로 쓴다는 것이었다. 이 사건이 있은 지 한두 시간 지난 후, 시내 모 대학으로 출장 나갔던 팀장한테 전화가 왔는데, 내가 그 전화를 받았다. 내일 아침 열 시에 팀원들 미팅 준비하라는 내용이었다. 수화기를 내려놓으며 내가 부서원들을 보고 크게 말했다.

나   방금 팀장님이 전화했는데, 내일 아침 열 시에 우리 팀 빠구리하잡니다.

우리 부서에 경상도 출신 여직원이 있었는데, 이 사람을 통해 경상도에서는 빠구리는 섹스로 통한다는 설명을 하자, 여직원들이 모두 깔깔거리며 뒤로 쓰러지고 말았다. 이때부터 우리 팀의 여직원도 미팅이 있으면 몇 시에 예사로 빠구리하자 했고, 이런 분위기를 본 다른 부서에서는 우리 부서를 '변태 부서' 혹은 '빠구리 팀'이라 불렀다. 나중에는 임원들에까지 알려져 우리 부서를 보면 실실 쪼개곤 했다.

빠구리가 어디에서 유래했는지 매우 궁금하지만 알 수가 없다. 경상도 사람은 성질이 급해 성교까지 간 상태를 말하고, 전라도에서는 성교 이전까지를 말한다고 그 당시 내 나름대로 정의를 내렸다.

언어에서 오는 오해로 싸움이 나고, 국가 간 전쟁이 나는 경우가 허다하다. 과학이 발달해 달에 가고 별에 가는 시대에 오스트리아 출신 천재 철학자 루트비히 비트겐슈타인이 정확한 의사 전달을 위해 언어에 왜 그렇게 집착했는지, 논리 실증주의자들은 단어의 뜻과 단어들 간의 논리적 관계에 왜 그렇게 집착했는지 이해가 간다. 언어는 철학적 사유와 내용을 담는 도구이고 표현의 형식이기 때문일 것이다.

2009년 6월 함안에서 국제 목간학회가 열렸던 적이 있었다. 우리나라에서 출토된 목간의 50% 가까이가 함안 성산산성에서 나온 것이 계기된 것이다. 목간이란 물품을 붙일 때 꼬리표 같은 것인데, 목간 여러 곳에 발송한 지명인 仇利伐(구리벌), 王松鳥多伊(왕송조다이)란 지명이 몇 군데 나오자, 학자들이 경북 혹은 충청도에 있는 지역으로 추측하였다. 주장대로라면 교통과 이동 수단이 불편하던 시대에 상식적으로 벼, 피, 보리 몇 섬을 그 먼 곳에서 높은 산성까지 이동해 오기가 쉬운 일이 아니었을 것이다.

함안에 있는 지명을 모르는 학자들에게는 당연한 추측이었을 것으로 보인다. 지명 조사에 성산산성과 멀지 않은 곳에 구일仇逸, 龜逸과 구혜九惠, 仇乙惠가 아직 남아 있고, 鳥多伊(조다이)는 우리말로 해석하면 '새가 많은'이며 칠원읍에 '새 많이들'이란 지명이 있어 학회 때, 함안에 거주하는 이완수 선생이 함안에 있는 지명으로 보인다는 의견을 주장하기도 했다. 지명에 대한 기초 작업이 없으면 고대사 연구에 한 발자국도 나아가지 못하는 경우를 보여주는 좋은 경우이다.

경남대학 국어국문과 김정대 교수가 2017년 《경남방언 사전》 상·하를 만들 때 함안 편은 주경효 수필가와 필자가 함께 도왔다. 좁은 함안군에도 지역에 따라 완전히 다르게 사용하는 언어가 많이 있었다. 옛날 교통과 통신이 발달되지 못해 왕래가 빈번하지 못했던 조선 8도에는 차이가 더 심했을 것이다.

아라가야 향토사연구회에서 3년에 걸쳐 함안군 전 마을을 돌면서 미리 준비한 항공사진을 옆에 놓고, 점을 찍어가면서 지명 조사를 한 후 나온 책이 2022년 《함안군 우리마을 땅이름》(4권)이다. 이 책은 이 분야에 오랫동안을 관심을 가져온 조희영·이완수 선생 외에 나를 포함하여 여러 사람이 공동작업을 했다.

함안군 지명은 함안에 전하는 언어인데, 한자어와 일본어의 영향은 알 수 있었으나, 오래전에 불교와 함께 들어온 산스크리트어 영향도 남아 있을 것으로 추측된다. 산업화로 공장이 들어와 여러 마을이 완전히 사라진 곳도 있었고, 이농 현상과 노인들이 하루가 다르게 세상을 떠나 위기의식을 가지고 시작한 사업이었다.

  깨어진 토기 조각 하나를 오랫동안 보고 연구하면 만든 사람의 생각, 그 시대 역사를 읽을 수 있듯이, 산천에 남아 있는 수천 개의 땅 이름을 위성 지도에 표시한 후 책을 만들었는데, 관심을 가지고 보면 이 땅에 살았던 옛사람들의 심리와 역사를 읽을 수 있다.

—2023. 3.

05

정인홍과 광해군의 리더십과 전략

남명학을 통한 광해군의 국가 경영

광해군의 스승들

정인홍과 정탁은 남명에게 직접 배웠고, 광해군은 남명의 제자인 하락을 스승으로 모시고 배웠다. 하락河洛은 진주 수곡면 출신으로 진사시에 장원하고 생원시에 2등을 한 수제였다. 생원시도 장원이었으나, 이 시기에 양시兩試 장원은 교만해진다 하여 국법에 의해 2등으로 되었던 선비다. 하락은 광해군의 인성이 형성될 중요한 시기에 5세부터 8세까지 가르쳤으며, 광해군에게 학파의 족보로 보면 정인홍과 정탁은 사숙이 되는 셈이다.

젊은 날 정탁이 진주목의 교수로 있을 때 남명의 지리산 산천재를 찾아가 제자의 예로써 배웠다. 정탁이 관직을 다른 곳으로 옮기게 되어 남명에게 작별인사를 하자, 남명은 평소 정탁의 말이 너무 논리 정연하면서 날렵하여 이것은 장점이기도 하지만, 단점이 되겠다 생각하여 마지막 가르침을 주었다.

"자네 돌아갈 때 우리 집 마구간에 있는 소를 한 마리 끌고 가시게." 하자 정탁은 무슨 말인지 모르고 어리둥절해하자 남명이 다시 말했다.

"자네는 언사가 너무 민첩하네. 소처럼 둔하고 더딘 기운이 있어야 멀리 갈 수 있는 법이네."

정탁은 마음속에 늘 남명이 내린 소(牛)를 상기하며, 관료 생활을 잘하여, 임진왜란 때 광해군의 분조가 만들어지자 원로 고문이 된다. 정탁은 당시 65세였고, 광해군 17세였다. 정탁은 분조의 막후에서 제갈량과 같은 역할을 하게 된다.

선조가 노쇠하고 병이 위독하자 왕위를 왕세자 광해군에게 전위한다고 했다. 선조를 둘러싼 세력이 이를 숨기고, 무리하게 2살 난 영창대군에게 전위하려 한다는 소식을 들은 정인홍이 목숨을 걸고 상소하자, 전국이 발칵 뒤집히고 정인홍은 귀양을 가게 되었다.

공교롭게 선조가 승하할 무렵, 3년에 한 번씩 시행하는 과거 날짜가 되자, 전국에서 모였던 응시자들이 이를 알고 과거를 포기하면서까지 광해군을 지지하는 농성에 들어갔다.

선조가 1608년 음력 2월 1일, 즉위 41년 만에 승하했다. 승하 하루 전 1월 29일 《조선왕조실록》을 보면, 전국에서 모인 1만여 명이 넘는 과거 응시자들이 광해군을 지지하며 집단행동으로 과장에 들어가지 않고, 과거 응시를 여러 차례 거부했다.

당시 한양의 인구가 10만 명이 되지 않았음을 참고로 하면, 1만여 명의 집단행동은 당시로서는 엄청난 시위가 아닐 수 없었다. 선조의 승하로 정인홍은 평안도 영변으로 귀양 가다 경기도 광주에서 이 소식을 듣고 구사일생으로 풀려 합천으로 돌아가게 된다.

광해군의 리더십

왕위에 오른 광해군은 폐허가 된 성곽을 빠른 기간에 정비하고, 불탄 인경궁, 경덕궁, 자수궁 등을 완공시켜 도성의 옛 모습을 되찾았다. 전쟁으로 신분제가 많이 무너져 있었다. 전쟁에서 공을 세워 양반이 된 자도 있었고, 노비 문서가 불타 양인이 된 자가 많아 거주 이전이 자유로워지자, 대신들이 호패법을 빙자하여 신분제를 강화하려고 했다. 광해군과 광해군을 지지하는 세력은 소극적 반응을 보이다 나중에는 노골적으로 거부하게 된다.

광해군은 농업국가에서 경제의 원천이며, 부정부패의 온상인 토지제를 개혁하기 위해, 황해도를 필두로 토지를 조사하여 토지대장을 만들고 경기도에서 대동법을 시행하자, 대신들의 원성과 불만이 조정을 뒤흔들고, 집단으로 사직서를 내어 조정이 마비되기도 했다.

조선의 대신들은 의리를 내세워 명나라에 구원병 파병에 응할 것을 외치자 여론이 소용돌이치게 되었다. 파병으로 국방이 약해지면 틈을 타서 광해군을 쉽게 끌어내릴 수 있다는 노골적인 의도가 보이기도 했다. 이것을 모를 리가 없는 광해군은 이 핑계 저 핑계 대며 파병을 거절하다. 결국 견디지 못하고 1만 3천 여 명을 파병하면서, 강홍립에게 밀지를 내렸다.

정세를 파악하여 현명하게 처신하라는 암시였다. 전투에서 명나라 군과 조선군의 일부가 무참하게 무너지는 것을 목격한 강홍립은 나머지 병사를 이끌고 투항한 후 자신은 인질로 남고 병사는 조선으로 돌려보냈다.

당시 중화의 세계관에서는 오직 황제만이 황색 지붕을 올릴 수 있었다. 광해군은 대궐의 기와를 황색으로 바꾸려고 했다. 중국의 제후국이 아니라는 의사 표현이라 사대주의 대신들로부터 엄청난 저항과 비난을 받게 된다.

광해군은 조선이 크게 일어나기 위해서는, 썩은 물이 고여 있는 한양으로는 도저히 안 되겠다는 생각을 한 것 같다. 광해군 후반기에 도읍을 현재 경기도 파주인 교하로 천도를 하려는 의지는 정권이 끝날 때까지 버리지 못했다. 《조선왕조실록》에 교하 천도를 반대하는 수십 건의 상소가 광해군 후반기를 도배하다시피 하고 있다. 교하는 수량이 풍부하고 큰 강인 한강과 임진강이 남·북·서쪽 삼면을 감싸고, 동으로는 높은 산들이 병풍처럼 솟아 있으며, 안으로는 공릉천이 임신부 배처럼 해자를 두르고 있어 천하의 요새지가 될 만한 곳이다. 삼면으로 큰 물길을 이용할 수 있어, 상업으로 나라를 일으켜 세우려는 왕에게 이보다 더 좋은 장소는 없었다. 교하는 국제해양도시가 될 수 있는 천혜의 요건을 갖추고 있었으나, 광해군과 일부 선각자의 눈에만 보였던 것이다.

광해군과 정인홍의 몰락

　광해군은 정권 내내 정인홍의 도움이 필요하여 정1품 우의정을 15번, 좌의정을 1번, 영의정을 3번 임명했다. 광해군은 정인홍을 고위직에 임명할 때마다 그 자리를 비워 두고 정인홍이 거주하던 합천 야로면 부음정으로 사람을 보내어 국정에 대한 자문을 구했다.

　정인홍의 상소문과 《조선왕조실록》에 나오는 정인홍의 광해군 면담 때 오갔던 말을 참고로 하면 그의 생각을 알 수 있는데, 행정과 군 체계 개편, 자주 국방, 특히 상업의 중요성을 강조했다. 평안도 의주에서 남쪽 끝까지 연도沿道에 시장을 열어 물화를 유통케 해야 백성이 잘살 수 있다고 주장하기도 했다.

　광해군을 끌어내리고 왕이 된 인조와 그 세력은 병자호란을 자초하고, 인조는 청 태종 앞에 끌려나가 이마에 피가 나도록 9번 절을 하는 수모를 당하고, 조선의 역사에 가장 큰 치욕을 남기게 되었다.

　광해군의 몰락은 남명학의 정치적 몰락을 말하며, 그 후 남명학은 제자 정구를 통해 재야의 실학파로서 또는 당색으로는 근기 남인의 학문으로 조선 후기까지 한 가닥 맑은 물줄기로 내려갔다.

　　　　　　　　　—남명학아카데미 초청강의 요약, 《경남뉴스》(2025. 8. 7.)

06

AI 시대, 얼마나 자유로울까?

 인류가 의식주 문제를 해결하기 위해 긴 시간에 처절한 노력을 해왔으나, 아직 해결 안 된 곳이 더 많다. 기원전 동아시아 농경시대를 배경으로 탄생한 《주역》은 길吉과 흉凶에 대한 점서로 동양철학의 큰 축을 담당해 왔다. 부귀의 기본인 의식주 특히 식량문제에서 해방, 전쟁에서 승리, 질병이나 죽음을 피할 수 있으면 길吉이고, 흉凶은 그 반대인 경우이다. 피하고 싶은 장애물, 억압에서의 해방은 다른 말로 표현하면 자유라고 말할 수 있다. 그런 의미에서 《주역》은 자유에 관한 책이라 해도 틀린 말은 아니다.

 인류 문화사에 가장 크게 영향을 끼친 사건은 프랑스 혁명이고, 이 사건이 인류에 가장 큰 영향을 끼친 것은 자유이다. 서양의 현대철학은 모두 헤겔로 통한다고 해도 과언이 아니고, 헤겔 철학에서 가장 핵심은 자유라 할 수 있는데, 헤겔 철학이 프랑스 혁명을 배경으로 탄생했기 때문일 것이다.

 헤겔은 사람을 억압하는 것에 제도, 종교, 규명되지 않은 태풍이나 지진과 같은 자연현상, 치명적인 질병 등이 있다고 보았다. 인류는 공포와 억압에서 벗어나기 위해 부단한 노력으로 대단한 성과를 확보했으나, 우리는 자유와 행복을 크게 느끼지 못하는 이유는 무엇일까?

 인공지능의 아이큐가 1만을 넘은 지 오래고, 곧 컴퓨터 속 CPU 하나가 지구상에 존재하는 모든 인류의 지능을 합친 것보다 높고 빠른 처리능력을 가질 소름 돋는 시대에 직면해 있다.

 2020년 MIT 공대 제임스 콜린스 교수는 대장균만 죽이고 내성이 생기지 않는 신약을 AI의 힘으로 짧은 기간에 개발했다. 신약 개발에 보통 10년이 걸리고 엄청난 연구비가 들어가나 콜린스 교수는 짧은 기간에 AI의 도움으로 인간이 상상할 수 없는 복잡한 화학 분자식을 통해 부작용과 내성이 없는 신약 '할리신'을 개발한 것이다.

 머지않아 내 곁에 내가 좋아하는 연예인 스타일의 로봇 여비서가 시중들 날이 올 수 있을 것 같다. 식량을 먹지 않고 한 번의 충전으로 장시간 움직이며, 화장실 갈 시간이나, 잠자는 시간 없이 사람 곁을 지킬 것이다.

 무뚝뚝한 큰아들 같은 남편보다 자상하고 영리한 AI 매니저와 사는 집도 생길 것이다. 생식능력을 갖춘 AI도 충분히 나올 수 있다고 하면 너무 앞서간다며 웃는 사람이 많을 것 같다.

 법으로 금지해도 인간의 원초적 욕망과 상업주의가 결탁하여 생식기를 가진 AI가 나올 가능성이 높고, 생명공학의 발전으로 한쪽 성의 체세포로 태어나는 인류가 생기면 사회는 매우 복잡해질 것 같다.

끝없는 욕망에서 벗어나 철학적인 문제를 고민하지 않으면, 인류 대부분은 AI에 의해 직업과 자유를 잃고, 기계의 노예가 되거나 자멸할 위험성도 높아졌다. 혼돈의 동굴 속에서 빛을 찾는 동지들이 많을 때, 더 큰 자유와 행복을 함께 누릴 수 있을 것이다.

―《경남신문》, 금요에세이(2024. 6. 7.)

내 걸음으로도
저 산을 넘을 수 있다네
조여항 에세이 산책

1쇄 펴낸날 2025년 11월 23일

지은이   조여항(조평래)
펴낸이   오하롱

펴낸곳   도서출판 경남
주 소   창원시 마산합포구 몽고정길 2-1
연락처   (055)245-8818
이메일   gnbook@empas.com
출판등록 제1985-100001호(1985. 5. 6.)
편집팀   오태민 심경애 구도희

ISBN   979-11-6746-208-4-03810

ⓒ조여항

＊잘못된 책은 바꿔 드립니다.
＊저자와 협의 인지 생략합니다.

값 18,000원